Matthias P. Farbig

Die Rückkehr des Schöpfers
The Code of Universe – Band 2

Matthias P. Farbig

Die Rückkehr des Schöpfers

The Code of Universe – Band 2

Rediroma-Verlag

Bibliografische Information der Deutschen Nationalbibliothek:
Die Deutsche Nationalbibliothek verzeichnet diese Publikation in der Deutschen Nationalbibliografie; detaillierte bibliografische Daten sind im Internet über http://portal.dnb.de abrufbar.

ISBN 978-3-98527-579-3

Umschlagillustration: artida (shutterstock.com)

www.rediroma-verlag.de
15,95 Euro (D)

Inhalt

Prolog

„Ihr kennt jetzt meine Geschichte, wie ich zu diesem Roboter geworden bin. Das Team ist bereit. Alle sind bereit. Viele denken wie ich, wir wurden alle irgendwie verraten. Jeder hat etwas verloren. Ich habe zwei Freunde verloren und etwas aufgegeben. Für mich war es aber nicht schwer, ich bin froh, dass ich diesen Schritt gemacht habe. Nun endlich habe ich den Entschluss gefasst, mich von diesem Anblick zu lösen. Den Anblick dieser Galaxie. Wir werden kämpfen, in dieser Schlacht, ohne Gnade, ohne Rücksicht, ohne Angst, ohne Angst zu sterben. Wir haben nur diese eine Chance, ihn zu schlagen. Er ist mächtig, mächtiger, als wir gedacht haben. Auch er hat sich geirrt, er hat auch uns unterschätzt, in unserer Entschlossenheit zu gewinnen. Nicht, dass unsere Gewinnchance groß ist, aber wir müssen das schützen, was uns wichtig ist, und das sind eben die Heiligen Objekte. Egal, was danach noch übrig bleibt, nach diesem Kampf, es ist genug. Deswegen blicke ich so zurück, aber ich muss noch loswerden, warum wir alles tun werden …“

Unwissenheit

„Flaffy, *Flaffy*, *Flaffy!!!*“ Die Stimme wurde immer intensiver. Aber er wollte irgendwie nicht aufwachen. Jemand rüttelte an ihm. Er schreckte auf. Er lag im Sand, um ihn herum waren laute Geräusche zu hören. Jemand brüllte seinen Namen und schrie ihn an: „Flaffy, Flaffy!“ Immer wieder, er taumelte einen Moment, bis er wieder richtig bei sich war. CS hatte ihn gerufen. Er stand auf einem Felsvorsprung. Sie waren in einer Schlucht aus Sandstein. Wie er dort gelandet war, hatte er in diesem Moment vergessen. Er blickte auf. Jetzt fiel es ihm wieder ein. Sie waren gerade auf einem Einsatz. Flaffy hatte den Dreh noch nicht raus, wie man sich auf einem Schlachtfeld verhält.

„Geht es dir wieder gut?“ CS sprang herunter. Flaffy schaute sich gerade selber an. Er hatte Einschlaglöcher von kleinkalibrigen Waffen. Was kleinkalibrig bedeutet, war bei dieser Truppe immer Auslegungssache. Für Wraith war alles unter 2000 Millimetern klein. Cat hatte dazu keine Meinung, wobei Flaffy glaubte, dass er alles als klein bezeichnete. CS war das egal, solange er mit seiner Schrotflinte rumlaufen konnte. Flaffy allerdings hatte die Auffassung, sie tun alle weh, egal, welche Größe sie haben. Flaffy drehte sich einmal im Kreis, dann erst war er in der Lage zu antworten: „Naja, ein bisschen groß, aber immer noch im Rahmen?“

„Das ist nicht wirklich eine klare Aussage.“ CS schaute ihn schräg an.

„Mir tut alles weh, und die Löcher brennen schon irgendwie.“ Flaffy sammelte ein paar Teile ein. „Wo sind wir?“

„Wir sind am südlichen Graben. Du wurdest bis hierher geschleudert, wir müssen uns beeilen, die Truppen brauchen uns“, trieb ihn CS an.

Flaffy hatte nun alles zusammen. Langsam verschmolzen die abgesplitterten Einzelteile wieder mit seinem Körper. „Ich weiß, ich will nicht schon wieder gegen dieses Ding verlieren.“

Die letzten sieben Mal hatte der Gegner sie unangespitzt in den Boden gerammt. Beide verspürten nur ein geringes Maß an Freude auf diesen Einsatz. Ein weiterer Körper von CS kam um die Ecke. Der, der bei Flaffy stand, sprach: „Ich habe die Route gesichert, damit wir freie Bahn haben.“ Die Maske dieses Roboters war blutbespritzt. Auf dem schwarzen Material des Mantels konnte man das Blut nicht ausmachen, allerdings hatte es immer noch einen guten Kontrast zu Gold.

„Warum kannst du so viele Körper einsetzen?“, fragte Flaffy CS.

„Anders als bei dir hat es mir Cat nicht verboten, in diesem Kampf mehrere Körper einzusetzen.“ CS‘ Antwort war spitz und kurz.

„Warum eigentlich müssen wir gegen dieses Monster kämpfen? Und wofür brauchst du mich eigentlich?“ Flaffy trottete ihm hinterher.

„Du bist nun mal unser Supporter. Ich komme ohne dich klar, aber du musst unsere Truppen wieder zusammenflicken, ohne die ich dieses Ding nicht besiegen kann.“

CS und Flaffy waren in einem Kampftraining gegen Yurai gewesen. Flaffy hatte gerade einen Angriff auf den gegnerischen Turm starten wollen und wurde von Cat etwas arg unsanft vom Himmel geschossen. Die Landschaft, in der sie kämpften, war riesig. Alle anderen Anläufe, gegen Cat und Yurai zu gewinnen, waren kläglich gescheitert. Am Anfang waren sie noch sehr stürmisch vorgegangen, jetzt aber waren sie vorsichtig. Allerdings änderte sich das Gelände mit jedem Neustart, also konnten sie sich nicht wirklich vorbereiten. Sie mussten das Gelände immer während des Kampfes erkunden. Ihr Startpunkt war ungefähr eine Tagesreise von dem Treffpunkt entfernt. Dieses Mal waren sie in einem Gebirge mit angrenzender Hochebene mit Schluchten. Flaffy und CS kamen aus der Richtung der Hochebene. Sie hatten lange gebraucht, bis sie das Zentrum erreicht hatten. Sie mussten am Grund der Schlucht reisen. Auf der Seite von Flaffy waren viele Schluchten und Risse, in denen sie sich gut verstecken konnten. Dahinter zog sich eine Ebene, die bedeckt war mit Sand. Dahinter kam eine Wand, von der aus zwei Wege auf die Seite von Cat führten. Sie waren tief in den Felsen eingeschliffen. Das Gebiet ähnelte schon irgendwie dem Gebiet um den Colorado River. Was hinter dieser Wand war, wussten Flaffy und CS nicht. Sie konnten schließlich keine Luftaufklärer schicken. Sie hatten bereits gelernt, dass Cat diese immer als erstes herunterschoss. Alles, was sie wussten, war, dass Cat einen taktischen Turm genau zwischen den beiden Wegen zu seiner Hauptbasis aufgestellt hatte. Alles, was über die Ebene zu ihm gelangen wollte, musste daran vorbei. Der Turm war um die 500 Meter hoch, nochmal 200 Meter darüber schwebte die Kugel, in der jemand stationiert war. Alles, was sich in dem Tal bewegte, bekam dieser Turm mit. Cat war mit seinen Truppen sehr schnell gewesen. Für ihn war diese Umgebung zu gut. Flaffy und CS waren verteidigungstechnisch im Vorteil. Allerdings hatte Cat auch einen Vorteil. Cat musste nur auf Zeit spielen. Die anderen Male waren die beiden kurz davor, Yurai und Cat zu besiegen, aber sie hatten nicht damit gerechnet, dass Cat noch ein Ass aus dem Ärmel ziehen würde. Er hatte sie in eine Falle gelockt, aus der sie nicht ohne direkten Kampf rausgekommen waren. In der Zeit, wo sie sich einen Plan ausgedacht hatten, hatte Cat eines seiner großen Geschütze vor dem Eingang platziert und als sie sich zeigten, hatten sie verloren. Wieder so unbedacht in eine Schlacht rennen wollten sie nicht. Cat hatte garantiert schon wieder solch eine Falle gestellt.

Sie wussten nur, dass Cat sehr schnell vorging. Er richtete seine Basis weit hinten ein. Allerdings sah er zu, schnell weit vorne Überwachungsanlagen aufzustellen. Sie wussten auch, dass er nicht wusste, welche Einheiten sie dabei hatten, allerdings galt das für beide Seiten. Flaffy hatte komplett auf Geschütze verzichtet. Durch Cats günstige Stellung hatte er immer genügend Vorwarnzeit, bis sie angreifen konnten. CS hatte drei Einheiten. Er hatte die Verteilung Flaffy überlassen. Er hatte viele schnelle Einheiten mitgenommen. Und eine Garnison mit Verteidigern. Als Aufklärer hatte er zwei Teams. Allerdings hatte Cat schon eines davon erwischt. Alle waren mit leichtgängigen Quads ausgestattet.

CS und Flaffy waren in einem kleineren Schwebepanzer unterwegs, der sehr wendig war. Mit großen Geschützen wären sie sowieso nicht bis zum Schlachtfeld gekommen. Auch wenn sie keine Zeitbegrenzung hatten, wollten sie diesen Trainingsangriff endlich hinter sich bringen.

Flaffy und die zwei CS-Schergen waren auf dem Weg zu ihrem Panzer. Manchmal trafen sie auf Späher, er verpulverte sie zu Kanonenfutter. Sie waren einfache Roboter, die wahllos durch die Schluchten rannten und für Unruhe sorgten. Flaffy hatte garantiert schon mehr davon gekillt, als er eigene Truppen hatte. Sie fragten sich beide: Woher hat Cat diese ganzen Einheiten? Irgendwas musste dahinterstecken, was sie aber noch nicht herausgefunden hatten, auch in den anderen Kämpfen nicht. Und schummeln konnte er nicht. Der gesamte Kampf wurde von Titan überwacht.

Es war nicht weit bis zu dem Panzer. Sie marschierten, obwohl einer der beiden mies drauf war, sehr schnell. Sie hatten ihre Armee aufgeteilt. Sie sollten sich selbstständig durch das Gelände bewegen. Wenn sie kurz vor der Sichtlinie waren, sollten sie Meldung machen, damit Flaffy wusste, wann sie angekommen waren. CS war vor allem alleine unterwegs. Also einer seiner Körper war meistens bei Flaffy, die anderen beiden beobachteten Cat. Er war ruhig, wie er dort stand, an der Klippe, dort, weit oben an seinem Turm, mit einem Fernglas, irgendwie machte seine Gegner das wahnsinnig. Von Yurai war weit und breit keine Spur. Die letzten Angriffe war sie auch nicht zu sehen gewesen. Langsam zweifelten sie sogar daran, dass sie bei dieser ganzen Aktion dabei war. Bei den anderen Einsätzen hatten sie es immer irgendwie geschafft, die Armee in die Nähe von Cat zu bewegen. Allerdings hatte er trotzdem immer gewonnen. Aber jetzt wollten sie mal etwas Neues ausprobieren.

„Was hältst du davon, wenn wir es einfach mal ohne Armee probieren?“, fragte Flaffy seinen Kameraden.

Der antwortete trocken: „Können wir machen. Aber wie wollen wir dann an diesem Turm vorbeikommen?“

„Wir setzen einfach die Armee als Köder ein“, fuhr Flaffy fort. „Also ein Kartenspielertrick, während auf der einen Seite etwas Großes passiert, passiert an einer anderen Stelle etwas komplett anderes, könnte klappen.“ Flaffy schaute ihn schief an. Auch wenn sie auf einem Schlachtfeld waren, fragte er sich, wo dieses Blut herkam. Sie kämpften schließlich gegen Maschinen. Er brauchte viel Mut, um ihn danach zu fragen.

CS antwortete allerdings: „Als ich auf dem Weg hierher war, kam so ein verdammter Sandwurm aus der Wand, ich habe ihm drei Schuss reingedrückt, daher die Blutspritzer. Mann, verdammt, langsam denke ich, dass Cat diese Umgebung nicht nur generiert hat, sondern uns einfach auf einem Planeten im Lager ausgesetzt hat.“

Flaffy überlegte einen Moment. „Kann sein – oder er wollte es einfach realistisch machen.“

CS war über diese Aussage auch nicht begeistert, aber das waren sie beide nicht. Alles wäre einfacher, wenn Flaffy sich zumindest einmal teilen könnte.

Der Weg zum Treffpunkt war nicht weit. Sie trafen sich dort mit dem Rest ihrer Offiziere. Auf dem Weg hatten sie sich einen Plan überlegt. Der Panzer, den sie mitgenommen hatten, hatte auch ein Langstrecken-Geschütz. Sie wussten, dass sie den Turm damit nicht zerstören konnten, aber sie konnten ihn zumindest stören. CS, der ein Meister der Verkleidung war, und Flaffy, der sich als einfacher Soldat tarnen konnte, so wollten sie an der Front kämpfen, einer von CS Körpern getarnt als Flaffy, damit sein Fehlen nicht auffiel. Wenn sie gerade auf dem Schlachtfeld waren, wollten sie sich durch den Aufruhr davonstehlen. Den Turm wollten sie mit einer Granate stören, das sollte ihnen genügend Zeit geben, bis sie die Klippe erreichen würden. Sie durften allerdings den Turm nicht anrühren, da Cat sonst in Alarmbereitschaft versetzt und sofort alles mobilisieren würde. Sie wollten Fernzünder platzieren, die dann, wenn sie schon längst drinnen waren, gezündet werden sollten. Somit konnten zumindest die Kommandanten in die gegnerische Basis eindringen. Was sie allerdings nicht wussten, war, was sie hinter der feindlichen Linie erwarten würde. Der Plan stand. Sie wollten erst einmal so tun. Sie mussten das Geheimnis lüften, warum Cat so viele Truppen hatte. Bei der Abreise hatten sie nach Punktestand dieselbe Anzahl. Sie riefen alle ihre Truppen zusammen und wollten einen Blitzangriff starten, um so nah wie möglich an den Turm heranzukommen.

Sie wollten gerade den Einsatz starten, als sie sahen, dass Cat auch einen Angriff startete. Sie mussten schnell handeln, um noch eine Chance zu haben. Sie setzten alles auf eine Karte und steuerten gegen. Alle Einheiten rannten in ihrer Formation an die Front. Cat allerdings war nicht dabei: Dachte er, er könnte Flaffy und CS mit purer Truppenstärke schlagen? Die beiden waren getarnt als normale Soldaten. Sie durften nicht zu sehr auffallen, also mussten sie sich zurückhalten. Leider hatte Cat auch Panzerwagen, die Flaffy Sorgen machten. Die konnten sie nicht wirklich zerstören, da kam Flaffy aber eine andere Idee. Der Kampf war erbittert, bis sich dann die Armee von CS und Flaffy endlich zurückziehen konnte. Cat hatte kein Interesse an der Armee. Da sie anscheinend nicht dabei waren, beließ er es auch dabei. Auch seine Truppen zogen sich zurück. Er hatte weniger verloren, als er gedacht hatte. Allerdings hatten sich CS und Flaffy in einem der Panzer versteckt.

Flaffy und ein Körper von CS verließen den Panzer, als sie in die Schluchten zurückfuhren. Die anderen beiden Körper von CS blieben in dem Panzer und folgten den anderen weiter, tiefer in die Höhle des Löwen.

Das Team Flaffy stand nun an diesem riesigen Felsen. Sie mussten den gesamten Weg klettern, fliegen würde auffallen. Es schien so, als wären sie unentdeckt geblieben. Es gab auf dem Weg viele Fallen. Hinabstürzende Felsen oder einfach abbrechende Steine. Kurz bevor sie oben angekommen waren, stoppte CS. Er hielt Flaffy davon ab, über die Klippe zu schauen. Oben auf dem Felsen stand gerade Cat. Mit einem Fernglas. Er hatte sie anscheinend noch nicht gesehen. Er überblickte das Schlachtfeld. Er setzte das Fernglas ab und stiefelte zurück zu seinem Fahrzeug. Als er weg war, kletterten die beiden hoch und platzierten ein paar Sprengladungen mit Fernzünder. Glücklicherweise hatte der Turm einen toten Winkel um seinen Fuß herum. Die Dinger waren echt nervig. Wenn sie nicht verdammt vorsichtig waren, würden sie den Alarm auslösen. Als sie fertig waren, tarnten sie sich als Mitstreiter des feindlichen Teams. Bald kamen auch die Absperrung und ein Tor. Sie schlichen sich hindurch mit der Ausrede, Cat hätte sie zu einer Erkundungstour geschickt. Glücklicherweise funktionierte das. CS in dem Panzer war auch relativ weit gekommen. Cat hatte dort hinter den Felsen eine gesamte Basis oder besser gesagt eine gesamte Stadt gebaut. Überall war Industrie zu sehen. Innerhalb einer Woche hatte er es geschafft, das alles aufzubauen. Überall waren Bau-Bots zu sehen, die darauf spezialisiert waren, Erze abzubauen und zu verarbeiten. Es schwebten auch kleine Laster umher, die das Gestein transportierten: So erhielt Cat seine Truppenstärke. Er spielte die Karte seiner Fähigkeit, auch Dinge erschaffen zu können, voll aus. Das verschaffte ihm einen Vorteil. Er musste nur an genügend Ressourcen herankommen. Die Vermutung der beiden lag nahe. Der Turm verbrauchte viele Startpunkte. Mindestens die Hälfte. Der Rest ging sicher in einen Elitetrupp, und das, was übrig blieb, in Bauroboter. So hatte Cat genügend Überblick, konnte sich genügend schützen und hatte die Möglichkeit, einfache Truppen in Massen herzustellen. Natürlich wollten sich CS und Flaffy noch etwas mehr in dem Gebiet umschauen. Wären sie nur eher dahintergekommen. Bei einem Erstschlag wären sie auf jeden Fall im Vorteil gewesen. Nur eins machte sie stutzig. Yurai war nirgends zu sehen. Die kämpften immer in Zweierteams, Flaffy und CS gegen Cat und Yurai. Sie schien keine eigenen Truppen mitgebracht zu haben.

Sie bewegten sich eine Weile im gegnerischen Gebiet. Das Gebiet war riesig. Cat war sonst immer darauf bedacht, sie von allem fernzuhalten, was sich weiter hinten befand. Sie erkannten, dass die Anlage noch wesentlich weiter ging. Diese war aber schwerer bewacht als der Rest. Sie schien so wichtig zu sein, dass er es von seinen Elitetrupps bewachen ließ. Flaffy und CS wussten nun, wie Cat vorging. Er nutzte das Zögern aus, um sich eine übermächtige Armee aufzubauen, die zwar nicht stark war, aber dafür alles überrannte.

Sie schlichen sich weiter in den hinteren Teil der Anlage. Hinter der Mine gab es einen weiteren Bereich. Dieser war in einer Schlucht befestigt und mit einer Mauer vom Rest abgetrennt. Dort musste sich etwas wirklich Wichtiges befinden. Als Team machten die beiden sich auf den Weg, um hinter diese Mauer zu gelangen. Die Mauer war wie ein Damm aufgebaut, sie ging weit in die Höhe und war sehr dick. Die Eingänge am Fuß waren schwer bewacht. Sie mussten herausfinden, was sich hinter dieser Mauer befand.

CS zückte den Fernzünder für die Sprengladungen an der Klippe. Flaffy stimmte ihm still zu. Sein Nicken wurde gefolgt von einer riesigen Explosion. Der Tower fiel mit der Klippe in sich zusammen. Der Rest von CS‘ und Flaffys Armee setzte sich in Bewegung. Alles, was noch da war, machte sich fertig zum Angriff. Aus den Toren der Mauer stürmten Hunderte Roboter heraus, die etwas liederlich zusammengeschustert waren, aber sie erfüllten ihren Zweck. Sie übersahen Flaffy und CS. Der Panzer, den sie vorhin entführt hatten, kam um die Ecke, mit ihm konnten sie das restliche Stück wegfahren. Dort sahen sie riesige Fertigungsanlagen. Sie wurden von Einheiten bedient, die Cat mitgebracht hatte. CS und Flaffy verteilten weitere Sprengladungen, während sie weiter vorrückten. Auf der anderen Seite der Mauer gab es eine kreisrunde Kuppel. Sie war schwarz gefärbt. CS und Flaffy teilten sich auf, um schneller einen Eingang zu finden. Sie fanden jeweils im Neunziggradwinkel einen Eingang, bis sie sich wieder hinten trafen. Dort gingen sie in das Gebäude hinein. Überall schien etwas Chaos zu herrschen, aber hier war alles ruhig. Als sie das Gebäude betreten hatten, sahen sie, was das war. Es war Yurais Stützpunkt. Sie selbst war nicht da, aber in der Mitte der Kuppel lag ihr Frachter, den sie immer als ihr Haustier bezeichnet hatte. Flaffy ließ die Schultern hängen: „Als hätten wir nicht genügend Schwierigkeiten, gegen Cat anzukommen, dann noch Yurai, und zum Schluss nochmal ein Drache, der so groß ist wie ein Berg.“

CS zuckte mit den Schultern: „Aber da müssen wir durch. Aber zumindest haben wir ihr Geheimnis gelüftet, warum sie so stark sind. Hab ich nicht recht?“

Ein Klicken ertönte. Yurai stand hinter den beiden und hielt ihnen jeweils einen Lauf in den Rücken. „Es scheint so, als hättet ihr verloren, ihr seid mir in die Falle getappt.“

Flaffy drehte sich um. „Ja, du hast uns, können wir jetzt endlich von diesem gottverdammten Planeten abhauen?“

Cat kam herein. „Oh, diesmal habt ihr euch von Yurai schnappen lassen.“

CS nickte. „Aber wir wissen nun, wie du vorgehst. Das ist mehr wert als jeder Sieg.“

„Nun habt ihr wieder was gelernt“, stimmte Cat zu.

„Flaffy, du wusstest, dass wir auf einem Planeten sind und nicht auf dem Holodeck?“, fragte Yurai ihn.

„Ha, hab ich dich, du bist auf meinen Bluff reingefallen“, freute sich Flaffy. Nun wusste er, dass sie wirklich auf einem Planeten trainiert hatten. Ihm gefiel das irgendwie nicht, Cat hätte ihn doch einweihen können, doch auch wenn sie wieder verloren hatten, ging das Leben weiter.

Willkommen und auf Wiedersehen

Sie kehrten wieder zu ihren normalen Tätigkeiten zurück. Die Reise dauerte nicht lange, sie waren nur ein Portal von der Titan entfernt. Flaffy war immer noch etwas sauer, dass Cat diese Schlacht wirklich auf einem Planeten im Lager der Titan durchgeführt hatte. Sie hatten nur Glück, dass der Planet unbewohnt war. Manchmal war er schon sehr exzentrisch drauf. Das letzte Mal hatte er für die Mannschaft einen Urlaubstag organisiert, an dem sie alle einen Platz auf den oberen Aussichtsdecks nehmen konnten. An dem Tag war die Titan schön langsam an einer Sonne vorbeigeflogen, damit sie sich sonnen konnten. Auf der einen Seite war das nicht schlimm, nur manchmal nervte es Flaffy. Wenn er gerade mal Ruhe von Cat brauchte, ging er in sein Labor. Er hatte es sich extra auf der Nano-Titan anlegen lassen, wo er an Sachen basteln konnte. Das machte ihm mehr Spaß als diese Einsätze. Er hatte sich schon mit dem Antrieb beschäftigt, aber was er meinte, was dem Schiff fehlte, wäre ein holografisches Interface. Überall brauchte man immer eine Konsole. Also überlegte er sich, wie er solch ein System integrieren könnte. Auf dem gesamten Schiff wäre das schwer möglich, er konnte ja nicht von Terminal zu Terminal rennen und so etwas verbauen. Er hatte bereits erste Prototypen gebaut. Man brauchte Sensoren, die direkt mit dem Hauptkern der Titan verbunden waren, um auch eine sinnvolle Steuerung möglich zu machen. Für sein eigenes Apartment hatte er etwas Besonderes konstruiert. Dort hatte der Rechner der Titan keinen Zugriff, es war schließlich mal die Suite von Cat. Er musste also einen eigenen Hauptrechner betreiben, um es nutzen zu können.

Seitdem Anthony und Chantal weg waren, war es hier einsam geworden. Nur mit Cat, CS, Yurai und Titan abzuhängen war auch nicht das Wahre. Auch wenn er seiner Arbeit nachging, war es so, als hätte er nichts zu tun. Er wurde immer schneller darin, Dinge aufzubauen.

Zeitweilig hatte er die Kontrolle über die Brücke. Er übernahm eine von den drei Schichten, die Cat täglich schob. Es war ihm sowieso ein Rätsel, wie er alles schaffen konnte. Geschweige denn, dass er sagen konnte, was er alles machte. Zwischendurch gab es noch die wöchentlichen Auseinandersetzungen mit anderen Zivilisationen. Kämpfe gab es nur selten. Nachdem sie gezeigt hatten, dass sie wieder da waren, war die Anzahl der intergalaktischen Kriege zurückgegangen. Aber es gab immer noch Probleme. Auch wenn es Abwechslung bedeutete, hatte Flaffy immer Respekt vor diesen Konfrontationen. Jede brachte neue Herausforderungen und alle hatten eine andere Waffentechnik. Er hatte auch aufgehört zu zählen, die Tage oder auch Jahre. Er wollte nicht wissen, wie lange er schon hier war. Dass sie Haydon gefangen hatten, war auch schon wieder eine Weile her. Die Aufgabe, die er bekommen hatte, war wie eine Endlosschleife. Cat hatte ihn dazu verdonnert, die Turbinen der Titan zu reinigen, mit einer Zahnbürste. Allerdings so groß, wie die waren, konnte er am anderen Ende wieder anfangen, weil der Anfang schon wieder dreckig geworden war. Auch wenn er etwas Schlimmes getan hatte, tat Haydon Flaffy irgendwie leid.

Auch wenn es manchmal langweilig war, hatte das Leben auf der Titan Vorteile. Wenn man gute Leistungen erbracht hatte, konnte man sich auch mal eine Auszeit nehmen. Dann durfte man sich für ein paar Jahrhunderte auf der Simulationsebene rumtreiben. Für alle anderen war dieses Angebot natürlich immer erstrebenswert. Allerdings musste man dafür wirklich lange arbeiten. Da es hier kein Geld gab, kam jeder nach einer gewissen Zeit dran. Allerdings war dieses Angebot für die anderen gedacht, nicht für die Führungspersonen. Die hatten andere Möglichkeiten, sich auszutoben. Wie zum Beispiel eine Trainingssimulation. Aber manchmal gab es auch Phänomene, die sie nicht einfach so ignorieren konnten.

Yurai kam mit Schwung auf die Brücke der Nano-Titan gestürmt, dort, wo Cat und Flaffy gerade den nächsten Kurs planten. Sie hatten vor, einen Sektor 783 anzufliegen, sie wollten überprüfen, ob dort noch alles im grünen Bereich lag. Cat hatte damals im Auftrag der Vereinten Planeten die Oberste Direktive verfasst. Das war ein Vertrag, der Kriege zwischen den beigetretenen Zivilisationen regelt. Er bestimmt, ab welchem Kräfteunterschied das Team eingreift. Nachdem Cat 4000 Jahre auf Eis gelegt war, konnte er die Oberste Direktive nicht ausführen. Die Oberste Direktive sollte das Universum vor dem Aussterben von Zivilisationen durch Kriege schützen. Waren sich zwei oder mehr Parteien ebenbürtig, griff die Titan nicht ein. Sie waren krampfhaft damit beschäftigt, diese Ordnung wiederherzustellen. Allerdings sollte es so kommen, dass sie diesen Sektor nicht anfliegen konnten, denn Yurai hatte etwas entdeckt. Auf einem bewohnten Planeten gab es große Ausschreitungen. Die Zivilisation war in sieben Tagen, also in einer Woche, um mehr als die Hälfte gesunken, es gab keine Anzeichen einer Seuche oder eines Giftes. Cat sollte dieses Problem mit der neuen Hyperraumantenne, die Flaffy an der Nano-Titan angebracht hatte, überprüfen.

Sie hatten wieder Hoffnung. Flaffy richtete die Antenne aus. Im Gegensatz zu den bisherigen Scannern der Titan brauchte sie eine Richtung, war aber dafür wesentlich genauer und konnte sogar in andere Dimensionen hineinsehen. Das Bild war sehr schnell da. Flaffy hatte die Steuereinheit schon mit seiner Holotechnik ausgestattet. Zuerst filterte er Vegetation heraus, dann die Topografie, danach ließ er sich Bewegungsströme von Lebewesen anzeigen, von intelligenten Wesen. Es gab eine Stelle, wo sich alles um einen Punkt zu drehen schien. In der Mitte war ein Wesen, das nicht von dieser Welt war.

Cat drehte sich weg: „Titan direkten Kurs in das Alderon-17-System, wir haben ihn gefunden. Endlich." Cat stellte sich in Positur und zeigte auf das Universum vor ihm. „Volle Energie!"

Alle Sterne begannen sich in lange Streifen zu verwandeln. Die Titan ging auf volle Beschleunigung. Sie schossen an Sternen vorbei, selbst wenn sie einen erwischen sollten, würde sie das nicht stören, es gäbe bloß einen Kratzer im Lack.

Die Titan war nun mehrere Lichtjahre pro Sekunde schnell. Und sie beschleunigte weiter. Ihre Turbinen hatten noch nicht einmal Betriebstemperatur erreicht, als sie den Befehl zum Abbremsen geben mussten, sonst wären sie an dem Planeten vorbeigerauscht. Nun schwebte dieses riesige Schiff über dem Sonnensystem, ohne jegliche Tarnung. Wahrscheinlich hatte die Zivilisation sie schon bemerkt, aber das war Cat egal. Yurai war aus dem Häuschen, sie freute sich, Wraith endlich wiederzusehen.

Cat lächelte. „Wir gehen ihn alle zusammen einsammeln.“ Er drehte sich rum und stiefelte auf ein Portal zum Hangar zu. Er setzte sich in seinen Flieger, Yurai und Flaffy nahmen einen Truppentransporter. Es dauerte nicht lange, da sahen sie, was auf dem Planeten abgegangen war. Sie landeten mitten in der Auseinandersetzung. Alles war verwüstet. Alles kam mehr einer Wüste gleich. Auf einem hervorragenden Felsen stand jemand. Es war Wraith in seiner Rüstung. Er sah genauso aus, als wäre er gerade erst verschwunden. Es war nun mehrere Jahrzehnte her, dass sie gegen Kryos gekämpft hatten. Yurai war die ganze Zeit so allein gewesen.

Wraith hatte seinen großen Zweihänder in der Hand. Für ihn war es kein Problem, ihn nur mit einer Hand zu schwingen. Er trug seine schwarze Rüstung mit dem linearen Licht, das aus ihr hinausströmte. Yurai sprang schon ab, bevor sie richtig gelandet waren. Sie waren ungefähr noch 50 Meter über den Boden. Während Flaffy landete, rannte sie auf Wraith zu, um ihn erst einmal zu umarmen. Als Cat und Flaffy auch endlich gelandet waren, begrüßten sie ihn mit sehr freundlichen Worten.

„Warum hat das so lange gedauert?“, kam es von Cat.

„Hi, wie immer hast du deine Manieren auf dem Schiff vergessen“, antwortete Wraith.

Cat lachte. „Hi, schön, dich wiederzusehen.“ Er reichte ihm die Hand.

„Schön, wieder in einer normalen Welt zu sein, und, wie lange war ich weg?“, fragte Wraith.

Flaffy antwortete: „Haben wir nicht gezählt. Wir waren nur froh, dass die Verdammten mal nicht geschrien haben.“

„Da weiß ich doch, dass es viel Potenzial gibt zum Nachholen“, antwortete er höhnisch.

Cat schaute sich um. „Was ist hier passiert?“

Wraith kratzte sich am Helm: „Naja, sie haben es auf einen Krieg angelegt und ich habe mitgespielt. Es ist lange her, dass ich mich mal austoben konnte.“

Cat nickte. „Verständlich. Los, alle aufsitzen, wir wollen wieder zurück auf die Titan. Wraith, auf dich warten ein paar Verdammte, die gequält werden wollen, die entwöhnen sich sonst noch.“

Yurai hatte ihm nichts zu sagen, sie wollte lieber etwas mit ihm unter vier Augen besprechen. Als sie und Wraith auf dem Transporter waren, kam von ihr das Verbot: „Flaffy, du musst dir wohl eine andere Mitfluggelegenheit suchen.“

Der zuckte mit den Schultern: „Warum? Lasst ihr mich hier stehen?“

„Spießer sind hier nicht erlaubt!“, kam die Antwort.

Flaffy zog den Kopf ein: „Yurai, das Schiff hat einen Autopiloten. Wenn ihr euch anstrengt, könnt ihr die Anreise auf eine Stunde ausdehnen“, antwortete er höhnisch auf das Verbot.

Hätte Yurai nicht die Maske aufgehabt, hätte man gesehen, dass sie ihm die Zunge rausstreckte. Flaffy lachte. Cat bot ihm an, dass er bei ihm mitfliegen könnte. Flaffy allerdings machte eine überschwängliche Bewegung mit der Hand: „Ich find da schon was.“ An der Stelle, auf die er zeigte, entstand der kleine Supportflieger, den er sich gebaut hatte.

„Ich sehe, du wirst immer besser im Materialisieren von komplizierten Objekten. Wir sehen uns auf der Brücke.“ Damit flog auch Cat los.

Flaffy setzte sich in seinen Flieger und hängte sich an Cat ran. Yurai und Wraith brauchten wesentlich länger als Cat und Flaffy, um auf das Schiff zu kommen. Nachdem sich alle auf der Brücke versammelt hatten, war ein kleines Briefing vorgesehen. Alle sollten auf den neuesten Stand gebracht werden. Wraith war traurig, dass er die letzte Schlacht verpasst hatte, er wollte Haydon so gerne unangespitzt in den Boden stampfen.

Flaffy drehte sich zu Cat um, es war ihm gerade eine Frage gekommen, die er unbedingt beantwortet haben wollte: „Cat, was hatte Haydon eigentlich vorgehabt, als er gegen uns gekämpft hat?“

„Sein Plan war es gewesen, das Heilige Objekt des Nahkampfes wieder in seine ursprünglichen Form zu versetzen. Dafür braucht man alle drei Objekte, den Würfel, das Schwert und den Kristall, in ihrer reinen Form, sie dürfen auch nicht von einem Siegel geschützt sein. Mit dem Erzeugen eines Fehlers konnte er das Siegel des Schwerts brechen. Wir hatten nur Glück, dass er nicht an der richtigen Stelle war, um die Fusion durchzudrücken. Dafür braucht es einen besonderen Altar, von dem glücklicherweise niemand weiß, wo er ist, noch nicht einmal ich. Diese Information steht nur im Buch ‚The Code of Universe‘. Die Information hat er glücklicherweise nicht bekommen“, antwortete Cat stumpf.

„Und warum gab es bei Wraith genau diesen Fehler?“, hakte Flaffy nach.

„Eigentlich sollte dieser Fehler auftreten, wenn eine Person alle drei Objekte in Besitz nimmt, um einfach das Zusammenführen zu verhindern. Seit der Stunde null hat sich dieser Fehler auf die Rüstung von Wraith verschoben. Bei dir scheint das kein Problem zu sein“, beantwortete Cat die Frage.

Flaffy war das alles nicht geheuer. Wenn Cat diese Erklärungen abgab, kam es ihm vor, als würde er ihm nicht alles sagen, gleichzeitig stellte sich die Frage, woher er all das wusste.

Als sie fertig waren, kam Wraith noch mal zu Flaffy: „Treffen nachher auf der Dreadnought. Ich habe noch was für dich, das kann ich dir hier nicht geben, Cat hat seine Augen überall.“

Flaffy nickte. Die Gruppe trennte sich. Alle gingen in verschiedene Richtungen, nur Cat blieb auf der Brücke, er hatte einen Sektor anzusteuern. Die Dreadnought war das Schiff von Yurai und Wraith. Unter Kennern nannte man es auch den Höllenofen. Wraith hatte eine schräge Vorliebe für die psychische Folter. Alle, denen er sich widmete, kamen auf dieses Schiff. Dort gab es auch eine Stelle, die wie die Hölle aussah. Es waren Ringe übereinander, auf denen sich verschiedene Plagen befanden. Es waren neun Ringe und am Ende wartete endlich die Ruhe auf die Verdammten. Warum er das machte, war Flaffy ein Rätsel, er hatte auch Cat schon mal auf dieses Thema angesprochen, der hatte dieses Thema aber sehr galant umschifft. Das Einzige, was er versichert hatte, war, dass die, die dort waren, die schlimmsten Verbrecher des Universums waren Wraith war daran interessiert, Schuldige zu foltern.

Flaffy machte sich still und heimlich auf den Weg auf die Dreadnought. Als er an der Scheibe vorbeigegangen war, sah er erstmals die wahren Ausmaße des Schiffes. Es war noch einmal um die Hälfte größer als die Nano-Titan. Er stiefelte nichts ahnend auf das Schiff. Überall waren Schreie von gequälten Seelen zu hören. Es war so, als würde er persönlich durch die wahrhaftige Hölle wandern. Er hätte sich besser Kopfhörer mitnehmen sollen. Leider gab es auf diesem Schiff keine Portale, die man benutzen konnte. Er musste also den gesamten Weg mit den Transportmitteln dieses Schiffes zurücklegen.

Als er endlich bei Wraith angekommen war, schaute er sich gerade eine brennende Seele an, die er in den Höllenofen gesteckt hatte: „Was wolltest du mir geben?"

Ohne wegzuschauen reichte Wraith Flaffy eine kleine Box: „Ich habe mir gedacht, ich sammle das noch für dich auf, ich weiß doch, dass du danach suchst."

Flaffy ergriff die Schachtel und blickte hinein. Es war die Kapsel aus dem Herz von Kryos. Er hatte sie ihm mitgebracht. Wraith drehte sich zu Flaffy um: „Wenn Cat in irgendeiner Form Wind davon bekommt, sind wir beide einen Kopf kürzer, hast du das verstanden?"

Flaffy nickte. „Aber warum gibst du mir dann diese Kapsel, wenn das Hochverrat ist?"

Wraith wandte sich wieder der Seele zu: „Ich finde, unser Leben könnte wieder etwas Schwung vertragen."

„Was meinst du? Du kennst das Geheimnis dieser Kapseln, wirst du mir das sagen?"

Wraith meinte, ohne den Blick abzuwenden: „Ich kann es dir nicht sagen, ich kann dir nur die Richtung weisen.

Wenn du den Altar gefunden hast, wirst du wissen, was zu tun ist.“

Mit diesem Satz war das Gespräch beendet. Flaffy machte sich schnellstmöglich vom Acker. Hier war es für ihn unerträglich. Wie konnten die beiden bloß hier leben?, das war im Moment seine dringendste Frage. Die Kapsel brachte er schnellstmöglich in sein Apartment, um sie dann in seinem Schlafzimmer in einer Vitrine zu verstecken. Verpackt in einem kleinen Modell von der Titan. Er dachte, Cat liebt dieses Schiff, er würde niemals ein Modell von ihr zerstören. Auch Titan hatte davon nichts mitbekommen. Er wusste nichts über die Verbindung zwischen diesen Dingern und Cat, aber es schien so, als wüsste Wraith alles, aber der konnte ihm nicht helfen, also brauchte er Yurai nicht fragen. Der Sektor war bald erreicht. Die Titan begann langsam zu bremsen. Sie überprüften den Sektor mit den normalen Sensoren und tatsächlich wurden sie fündig. Es schien eine Auseinandersetzung zu geben. Cat hatte schon fest damit gerechnet. Die Zivilisationen hatten schon immer einen Drang, sich gegenseitig zu bekämpfen. Cat machte bis zu diesem Punkt keine Anstalten einzugreifen. Schließlich waren sie kräftetechnisch auf demselben Stand. Die Direktive war nicht verletzt. Doch es kam etwas anders, als sie gedacht hatten. Eine Videobotschaft traf ein: „Wir, die Memag und die Szenack, fordern Cat zu einem Kampf heraus.“

Cat murmelte: „So kann man auch Streit schlichten. Hiernach werden die zwei andere Probleme haben.“

Flaffy hatte die Nachricht bekommen. Auch Yurai und Wraith trafen kurz nach ihm ein. „Leute, wir haben Stress, wir werden persönlich angegriffen“, lächelte Cat die drei an.

Von Wraith war ein leises Jubeln zu hören: „Jaha, endlich Arbeit.“

„Also, Flaffy, du bleibst bei mir, du bist am besten auf einem Schiff. Und für Wraith und Yurai habe ich einen kleinen Wettstreit. Die verdienen eine Abreibung. Also Yurai auf den Planeten der Szenack und Wraith bei den Memag. Mal sehen, wer als erstes nach Kapitulation schreit“, fuhr Cat fort. Beide legten einen Topsprint hin, um so schnell wie möglich auf den Planeten zu sein. Flaffy trat an Cat ran: „Meinst du nicht, dass das etwas willkürlich und übertrieben ist?“

Cat bewahrte Haltung. „Flaffy, ich weiß, dass du an Gut oder Böse glaubst. Aber ich muss dir schmerzhaft sagen. Wir sind nicht gut oder böse. Wir sind eine Graustufe zwischen schwarz und weiß und wenn man der Obersten Direktive den Krieg erklärt, ohne dass wir eingegriffen haben, dann ist das einfach frevelhaft. Ich sehe gern darüber hinweg, dass, wenn wir einen Krieg mit Gewalt beenden, dann noch eine Kriegserklärung hinterhergeschmissen bekommen, aber so ist das dann doch etwas dreist.“

Flaffy wollte nicht weiter fragen. Auch wenn es ihm etwas zuwider war, spielte er mit. Auf der einen Seite hatten sie diesen Vertrag abgeschlossen. Aber einfach so Cat jetzt den Krieg zu erklären ... Nach den Informationen der Titan hatte er hier noch nie eingegriffen. Es war nicht nachzuvollziehen.

Cat und Flaffy machten sich auf den Weg zu den Hangars, um sich ihre Schiffe zu schnappen, da sie es darauf angelegt hatten, sollte diesmal die gesamte Titan auch in diesem

Sonnensystem aufkreuzen. Die Titan gab Energie und schon waren sie über dem Sonnensystem. Die Auseinandersetzung, die die zwei Planeten hatten, war nur mehr vorgetäuscht.. Flaffy hatte eine Einheit und Cat hatte eine Einheit. Flaffy war in seinem kleinem Supporter und Cat hatte sich wieder einen Pfeil gebaut. Ein letzter Funkspruch an Wraith und Yurai von Cat: „Seid ihr beiden bereit? Start auf mein Kommando, haltet euch in Bereitschaft."

Nun kam der Funkspruch von Cat an die Herausforderer: „Hier spricht Cat Steloun. Sind Sie sich sicher, dass Sie diesen Krieg wirklich wollen? Ich gebe Ihnen jetzt die Chance für einen Rückzieher, ohne Konsequenzen. Ich erwarte Ihre Antwort."

Es vergingen nur wenige Augenblicke: „Steloun, Sie sind viel zu überheblich, Sie haben viel von Ihrer Macht eingebüßt. Wir wollen sehen, was davon noch übriggeblieben ist. Denken Sie nicht, wir haben Ihr Verschwinden nicht mitbekommen? Wir wollen diesen Krieg."

„Sie haben es so gewollt, Angriff." Alles startete blitzartig. Es waren zwei riesige Flotten, die auf sie zukamen. Cat und Flaffy hatten nur eine kleine Einheit, die allerdings ausreichen sollte. Alle schwärmten aus. Flaffy stellte sicher, dass ihre Schiffe keinen so großen Schaden erlitten. Cat war natürlich an vorderster Front, da, wo ein Kommandant sein sollte. Er war ihre stärkste Waffe und ihr größtes Schild. Cat flog ein waghalsiges Manöver nach dem anderen. Vier seiner Lanzen waren zur Steuerung des Schiffes. Die anderen vier umgaben ihm, um andere Schiffe zu zerstören und ihn zu schützen. Flaffy war aber auch nicht untätig. Er war eher damit beschäftigt, seine Flotte zusammenzuhalten, Schiffe zu reparieren, aber auch er verzeichnete Abschüsse. Er kam dem Kreuzer näher. Er sah fast aus wie ein Zeppelin. Hier kam es ihm gelegen, dass er keine Luft brauchte. Sein Schiff öffnete die Luke und er teilte sich. Einer der beiden sprang auf das Schiff. Flaffy flog wieder zurück, er stand doch unter starkem Beschuss der Bordkanonen. Der andere hingegen holte zwei flache Scheiben hervor. Es waren die von Mitchel. Die Schilder aus alten Zeiten. Sie klappten sich auf und ein blaues, durchsichtiges Feld entstand. Selbst die Granaten, die einschlugen, konnte er mühelos wegstecken. Diese Schilde waren echt Gold wert. Sie schadeten mehr sich selbst mit den Angriffen auf ihn, als dass sie ihm Schaden zufügten. Er kämpfte sich durch die Truppen, die langsam aus den Schleusen kamen, um ihn anzugreifen. Er versuchte, niemanden zu töten. Er rannte durch die Fronten, nach einiger Zeit war er umzingelt. Er rammte die Schilder in den Boden, um einen Kreis in die Außenwand zu schneiden. Ein Fön umströmte ihn und er konnte eintreten. Er sprintete durch die Gänge und zerschlug eine Tür nach der anderen mit den Schilden. Sein Training hatte sich auch bezahlt gemacht.

So ging es vorwärts, bis er irgendwann am Hauptreaktor angekommen war. Er zog seine Handwaffe und feuerte auf die Steuereinheit. Ein Alarm ging los und das System fuhr herunter. Das Schiff ging auf Notstrom und war damit kampfunfähig gemacht worden. Das andere Schiff der Memag sah wesentlich schlimmer aus. Hier hatte Cat Hand angelegt. Es war total durchlöchert von den Speeren. Er war etwas weniger zimperlich als Flaffy. Auch dieses Schiff war nicht mehr kampffähig. Seine Besatzung konnte froh sein, dass sie überhaupt noch am Leben war. Flaffy begab sich zum Ausgang, wo ihn Flaffy I wieder abholte. Beide waren fertig damit, Kreuzer zu schaffen. Alle sammelten sich.

Ein Funkspruch der Titan ging ein. Bis zu ihr hatten die Feinde es nicht geschafft.

„Cat, ich registriere eine ungewöhnlich hohe Energie des Netzes in diesem Sektor, und sie steigt weiter“, kam eine Nachricht von Titan rein.

„Gibt es eine Erklärung für dieses Phänomen?“, fragte Cat.

„Nein, keine.“

Eine weitere Frage konnte er nicht stellen, vor ihm öffnete sich ein Portal und er verschwand darin. Flaffy wollte ihm folgen, aber er schaffte es nicht mehr hinein. Es war so, als hätte es auf Cat gewartet. Das Portal war nicht durchsichtig, es sah eher wie ein Strudel aus Farben aus.

„Titan, versuche, Cat zu orten. Alle Scanner auf Maximum.“ Sofort teilte Flaffy sich wieder in drei auf. Alle mit einem kleinen Supporter.

„Ich kann ihn nicht finden. Er ist nicht mehr in diesem Universum, auch nicht in dieser Dimension. Ich kann ihn nicht finden“, kam es zurück.

„Dann finde eine Erklärung für das Portal, die Dinger können nicht aus dem Nichts entstehen!“, brüllte Flaffy.

Nur noch mit Ach und Krach konnte Flaffy gegen die restlichen Streitkräfte bestehen. Gut, dass Yurai und Wraith die Planeten dann zur Kapitulation zwingen konnten. Sie waren schnell, beide hatten sich gleichzeitig gemeldet. Flaffy gab es durch: „Bleibt unten und sorgt dafür, dass wir von denen keine weiteren Schwierigkeiten bekommen, Cat ist verschwunden. Ich werde die Dreadnought ausladen und mit der Titan erst mal verschwinden, bis wir das geklärt haben."

Von beiden kam ein: „Verstanden, Chef!"

Er machte sich wieder zurück auf die Titan. „Titan, gibt es eine Erklärung für dieses Phänomen?" Er stürmte durch die Tür der Brücke zur Nano-Titan. „Wo ist CS, wir brauchen ihn hier auf der Brücke."

„Der ist noch auf der Erde. Ich werde ihm sofort Bescheid geben, dass er kommen soll", antwortete Titan. „Yurai und Wraith werden erst mal hierbleiben und für Ruhe sorgen. Wir werden auf Abstand gehen", gab er den Befehl abzudrehen. „Und suche mir bitte alle Lektüre zu dem Thema Portale heraus."

Wenige Minuten später hatte er massenhaft Akten auf seinem Tablet. Er teilte sich sofort wieder in drei auf, um schneller alles zu lesen. Vorher aber ließ er sich noch eine kurze Zusammenfassung von Titan geben: „Es gibt verschiedene Varianten von Portalen. Es gibt bestimmte Portale, unbestimmte, Netzportale und davon auch wieder bestimmte und unbestimmte. Normale Portale müssen durch einen Leiter verbunden sein. Bestimmte Portale brauchen einen Anfang und ein Ende, unbestimmte sind da etwas willkürlich, sie können in der Nähe eines Zieles auftauchen. Wir hier verwenden nur bestimmte Portale, um sicherzustellen, dass jeder dorthin kommt, wohin er muss. Netzportale brauchen nur eine Verbindung über das Energienetz. Man könnte auch sagen, es ist wie eine drahtlose Verbindung. Aber auch hier braucht man einen Sender und einen Empfänger. Sie arbeiten alle auf die gleiche Weise."

„Aber keines stimmt mit dem überein, was wir gesehen haben?", stellte Flaffy fest.

„Ja, das stimmt. Ich bin auch noch dabei, die Akten zu durchsuchen."

Beide saßen dann Stunden daran, eine Erklärung zu finden. Schließlich stießen sie auf einen Namen. Ein alter Name aus der Rasse von Cat. Komisch, dass niemals ein Name für seine Spezies genannt wurde. Sein Name war Zeren. Er hatte damals mit Cat die Technologie der Portale ergründet. Er musste etwas darüber wissen. Er war im Ruhestand. Er wurde von Cat begnadigt. Flaffy wollte ihn eigentlich gerade aufsuchen, als ihm etwas auffiel. Das Schiff musste geführt werden. Also stellte er vorläufig seine Recherchen ein und beschloss, sich erst einmal um das Schiff zu kümmern. Auch CS war mittlerweile eingetroffen. Er stellte sich mit auf die Brücke, um das weitere Vorgehen zu besprechen. Da Cat nicht mehr da war, hatte jetzt Flaffy das Kommando über dieses überaus große Schiff. Und irgendwie war ihm etwas bange dabei. Er ließ sich in einen der Stühle fallen und dachte nach.

Ein blinder Passagier

Cat war verschwunden, ohne jegliche Erklärung. CS stiefelte ungeduldig im Kreis herum. Sie waren nur knapp einer Niederlage entgangen. „Und jetzt, was machen wir?“, fragte Titan fast schon aufmüpfig.

Flaffy lehnte sich auf seinem Stuhl zurück und fasste sich an den Kopf. „Ich würde sagen, wir versuchen, alles hier am Laufen zu halten, so gut es geht. Titan, du stellst mir eine Liste zusammen, was Cat alles erledigt hat und was es für eine Wirkung hatte.“

„Wird gemacht“, antwortete sie ihm.

„CS, du wirst dich weiter mit den Archiven beschäftigen, ob so etwas schon mal vorgekommen ist. Lass dir von Titan helfen. Ich werde mich darum kümmern, dass alles genehmigt wird“, beendete Flaffy seine Anweisung.

Alle entschwanden in eine andere Richtung. CS auf dem Weg in die Bibliothek, Flaffy auf die Brücke und Titan auf den Weg, um die Liste zusammenzustellen. Nachdem alles, was auf der Brücke zu erledigen war, abgehakt werden konnte, Dinge wie Kursberechnung, Einstellung der Trägheitsdämpfer oder der nächste Stopp, gesellte sich Flaffy wieder zu Titan, um mit ihr zusammen Cats Liste abzuarbeiten. Es stand viel mehr auf der Liste, als er gedacht hatte. Er wusste gar nicht, wie Cat das alles erledigen konnte. Es ging von banalen Sachen, wie das Essen der Kantine zu probieren, über das Reparieren des Schiffes bis hin zu der Arbeit mit den Forschern am Momenten-Energie-Reaktor, dem MER. Es gab viele Genehmigungen zu erteilen. Glücklicherweise gab es kaum Bürokratie. Alles lief digital ab. Die Anträge mussten auch nur von einer

Instanz genehmigt werden, und zwar von dem zuständigen Administrator. Allerdings war für vieles Cat zuständig. Flaffy konnte sich vor Anträgen nicht retten, auch wenn sie sehr kurz waren. Wenn einer mal eine gesamte Seite fasste, war er lang, sehr lang. Bis es Flaffy reichte: „Wie schafft er das alles, und dazwischen muss er sich noch um uns kümmern, er ist eindeutig kein normales Wesen. Titan!"

Sie kam angeflitzt: „Du hast gebrüllt?"

„Also Titan, du überlegst dir jetzt genau, wie und warum Cat auf diese Anträge geantwortet hat, und wirst die jetzt auch so beantworten. Du bekommst von mir die Berechtigung dafür!" Flaffy war etwas genervt.

„Wird gemacht" Titan begann sofort, die Anträge zu bearbeiten. Sie wusste genau, wie Cat handeln würde, außer bei speziellen Fällen, da fragte sie Flaffy.

Ein Funkspruch von CS ging ein, die Leitung war gesichert: „Flaffy, nimm das nächste Portal und komm sofort zu mir auf die Nano-Titan. Ende."

Er war etwas verdutzt, was könnte nur los sein? Die beiden machten sich auf zum nächsten Portal, es war drei Ecken weit entfernt. Bei dem MER waren nicht so viele Konsolen mit Portal. Auf der Nano-Titan trafen sie auf CS.

„Was gibt's?", fragte ihn Titan.

CS schaute sich um, streckte einen Arm von sich weg. Es entstand eine Blase um alle drei. „Titan, Flaffy, wir haben einen blinden Passagier an Bord unseres Schiffes!", antwortete er.

„Woher weißt du das?", fragte Titan ihn hektisch.

CS hob die andere Hand und zeigte mit dem Finger in die Luft: „Hört ihr dieses leise Klacken und Kratzen aus der Belüftungsanlage? Das kommt nicht von unseren Leuten, weil niemand durch die Schleuse auf die Nano-Titan gelangt. Wir sollten eigentlich die einzigen drei sein, die hier sind.“

Auch Flaffy hörte es jetzt. „Wie ist es dann hier hineingekommen?“, fragte er. „Hätte es nicht den Alarm ausgelöst?“

Titan zuckte mit den Schultern: „Ich habe nichts mitbekommen.“

„CS, ich werde in die Lüftung gehen, du überwachst die Gänge, so kommen wir schneller voran.“

Sie nickten sich zu und verschwanden. CS rannte los, während Flaffy sich in die Belüftung begab. Er versuchte in diesem engen Gang so wenig Geräusche zu machen wie möglich, aber der Gang war wirklich für ihn etwas zu schmal, um sich geräuschlos fortzubewegen. Durch die Akustik der Röhre war es schwer auszumachen, wohin er gehen musste, auch Titan hatte keinen Schimmer, weil sie die Lebensform nicht orten konnte. Allen war das ein Rätsel. Flaffy orientierte sich an der Lautstärke, um sich in die richtige Richtung zu bewegen. Es wurde immer lauter, bis er um eine Ecke bog. Am anderen Ende, an der nächsten Abzweigung, konnte er noch gerade einen dünnen Schwan verschwinden sehen. Er gab es durch, er hatte was gesehen. Er folgte dem Wesen leise, aber er musste sich wahnsinnig Mühe geben, Schritt zu halten, denn es war schneller als gedacht. Titan ließ ihm eine Karte der Schächte zukommen, damit er wusste, wo er es eventuell abfangen konnte. Wie man so schön sagt, alle guten Dinge sind drei, zweimal verpasste er es nur kurz, allerdings passte er beim dritten Mal den perfekten Moment ab. Er streckte gerade den Kopf heraus, als es noch drei Meter von ihm entfernt war.

Ihm wurde bewusst, was sie gerade verfolgten, es war kein Spion oder so etwas, sondern es war eine unbekannte Spezies, die sich irgendwie auf die Titan verirrt hatte. Sie blieb augenblicklich stehen und schaute ihn mit Augen so groß wie Untertassen an. Sie war den Menschen in einigen Zügen ähnlich, außer ihr Kopf und ihre Beine. Ihr Kopf war lang und schmal. Die Nase war weit nach vorne gezogen und ging in den Mund über, ein Kinn besaß sie nicht. Auch die Stirn war flach, die Augen etwas an der Seite, ihre Nase zierte ein kleines niedliches Hörnchen. Ihr Kopf war wirklich aerodynamisch geformt. Die Ohren waren lang, spitz und standen nach hinten ab, geziert von weißem Haar. Ihre Augen waren tieflila, umrandet von einem schwarzen Feld. Ihr gesamtes Gesicht war blau. Nur ein paar weiße Strähnen zogen sich darüber. Die Augenbrauen waren auch länglich nach hinten gezogen. Die Haare fielen nicht einfach nach unten, sondern hielten sich in der Luft. Sie standen mit den Ohren ab. Ihre Hinterbeine waren in drei Teile aufgeteilt, wie die von Cat, ihre Füße bestanden aus vier Zehen. Drei nach vorne, eine nach hinten, daran waren kleine Klauen, von denen das klackende Geräusch kam. Ihr Körper an sich ähnelte dem von Titan, relativ dünn und sehr gelenkig. Auch ihre Arme waren dünn und lang. Sie war auf das Fortbewegen in diesem Terrain bestens vorbereitet.

Keiner von beiden bewegte sich. Flaffy setzte eine Nachricht ab: „Titan, siehst du vor mir etwas?“

„Nein, ich habe nichts auf dem Schirm“, antwortete sie.

Es war ihnen ein Rätsel, wie konnte sie die Sensoren von Titan umgehen? Also war diese Spezies auch für Titan unbekannt. Sie war in Lumpen gekleidet, was Flaffy sagte, dass sie aus einer weiterentwickelten Zivilisation stammte. Sie drehte sich um und floh so schnell es die engen Gänge zuließen. Flaffy war es noch nicht einmal bei langsamem Tempo gelungen, ihr zu folgen. Er hatte sie schnell verloren.

Er verließ die Luftschächte wieder und gab durch, dass er sie verloren hatte. Sie trafen sich bei dem Kern. Dort konnte sie nicht hinkommen, da er ein eigenes Lebenserhaltungssystem hatte. Auf dem Weg dorthin hatte sich die Atmosphäre geändert. Das Klacken der Krallen hatte aufgehört und ein Schluchzen und Weinen hatte begonnen. Sie hatte sich am Ende eines Schachtes hingesetzt und zusammengekauert. Sie hatte Hunger, Durst und Angst. Verfolgt von einem fremden Roboter in einer Umgebung, die ihr total unbekannt war. Sie umschlang mit ihren Armen ihre Beine und hielt sie fest. Sie wusste nicht, was sie tun sollte. Flaffy fiel es schon fast schwer, an der Tür zu klopfen, er hielt sich die Mikrofone zu, über die er hörte. Es war ein wahrlich fürchterliches Geräusch, das durch die Gänge hallte.

Auch CS ging es nicht anders. Als er durch die Tür stiefelte, hielt er sich auch die Ohren zu.

„Entwickelt nun auch unsere lieber CS Gefühle? Ich dachte, du wärst so abgebrüht?“, fragte Titan ihn höhnisch.

„Ich habe Gefühle, ich habe kein Problem, jemanden leiden zu lassen, der es verdient hat, aber sie hat es nicht verdient, und, ja, es geht mir zu Herzen“, konterte CS.

Flaffy unterbrach die Diskussion: „Leute, bitte. Hat jemand konstruktive Vorschläge, wie wir sie aus der Lüftung bekommen? Wenn sie dort stirbt, haben wir ein viel größeres Problem, deswegen bitte schnell.“

CS und Titan überlegten einen Moment, bis CS sagte: „Ich könnte ihre Art imitieren. Vielleicht bekommen wir sie dazu, aus der Lüftung zu kommen?“

Flaffy überlegte einen Moment, bis Titan die Stille unterbrach: „Eigentlich nicht dumm, aber wir wissen zu wenig über sie, wir würden den Unterschied wahrscheinlich nicht merken, aber ihr fällt er sicher auf, wir würden ihr nur noch mehr Angst machen. Sie würde sich nur noch weiter in der Lüftung verstecken, mit Angst bekommen wir sie da nicht raus. Wir müssen etwas finden, was sie sich von selbst holen wird, wie einen Köder.“

„Das ist die Idee, Titan.“ Flaffy war etwas eingefallen: „Titan, du bist die Beste.“ Flaffy verschwand schnellstmöglich hinter der nächsten Tür in Richtung Kantine. CS und Titan hatten vergessen, dass normale Lebewesen unbedingt Nahrung und Flüssigkeit brauchen. Flaffy stellte sich in die Küche und begann an der Belüftung etwas rumzuspielen. Er vertauschte Abluft mit Zuluft. „Hoffentlich funktioniert das“, murmelte er vor sich hin. Er begann ein kleines Gericht zuzubereiten. Einfach ein paar Eier mit Speck, etwas, was schön intensiv roch. Er drapierte noch etwas anderes zu essen in der Küche, um es nicht zu auffällig wie eine Falle wirken zu lassen. Sein Plan war es, sie aus der Lüftung zu locken und ihr zu zeigen, was er wirklich war. Er ließ ein großes Messer bei der Lüftung liegen, um ihr eine Möglichkeit zu geben, sich zu wehren. Sie sollte sich nicht gänzlich ausgeliefert fühlen. Vielleicht konnte Flaffy sie dazu bringen, ihm für ein paar Momente zuzuhören. Er versteckte sich hinter einer Ecke, die man von vorne nicht einsehen konnte, wo er aber Sicht auf die Lüftung hatte. Es vergingen einige Stunden, bis das Geheule aufhörte. Sie hatte den Köder gerochen. Auch das Klacken war wieder zu hören, und es wurde immer lauter.

„Mit Speck fängt man Mäuse“, murmelte Flaffy vor sich hin. Das Geräusch wurde immer lauter. Sie war da. Flaffy konnte die Finger sehen, wie sie langsam das Gitter umschlossen und heraushoben, danach streckte sie den Kopf heraus, um sich umzusehen und sich zu vergewissern, dass niemand da war. Als sie sich sicher war, dass niemand in der Nähe war, kletterte sie heraus. Sie war relativ groß und schlank. Sie begutachtete das Ei mit Speck, es war ihr nicht ganz geheuer, dass es jemand einfach so hier stehen gelassen hatte. Sie orientierte sich um zu dem Gemüse, das Flaffy hingelegt hatte. Ihr Blick fiel auf das Messer, sie schaute es an und ergriff es. Ihr Blick schweifte über die Auswahl, alles schien ihr unbekannt zu sein, bis sie nach einem Apfel griff. Sie roch vorsichtig daran, bis sie endlich ein Stück abbiss. Sie machte in wenigen Minuten den gesamten Korb leer, in dem gute zehn Stück waren. Sie hatte schließlich seit einigen Tagen nichts gegessen. Sie stützte sich auf den Tisch, sie war müde, am liebsten wäre sie hier zusammengesunken und eingeschlafen.

Flaffy trat aus seinem Versteck. Er hatte absichtlich eine Waffe und ein Schwert dabei. Sie drehte sich panisch rum, als sie mitkriegte, dass sie etwas beobachtet hatte. Sie nahm Kampfhaltung ein. Sie war es nicht gewohnt, zu kämpfen. Sie richtete das Messer auf Flaffy, hielt es mit beiden Händen fest, aber sie zitterte so sehr vor Angst, dass jeder es sehen konnte. Flaffy hob beide Hände so, als wäre er verhaftet worden. Er hielt Abstand zu ihr. Sie überlegte, was sie tun sollte. Sollte sie sich wieder in den Schacht zurückziehen oder sollte sie die Gunst der Stunde nutzen, um ihren Feind zu töten? Flaffy wusste, dass sie ihn nicht verstand, weshalb er auch nichts sagte. Er bewegte sich ganz langsam. Sein Arm wanderte zu dem Schwert. Er machte es samt Schaft von seinem Gürtel ab und schmiss es in eine Ecke des Raumes. Sie zuckte zusammen von dem lauten Geräusch. Dasselbe machte er mit der anderen Waffe, er schmiss sie in die andere Richtung. An ihrer Reaktion hatte sich nichts geändert. Sie stand immer noch mit gezogener Waffe da. Sie fühlte sich aber trotzdem etwas sicherer. Flaffy begann langsam seine Rüstung abzulegen, zuerst die Armschienen, dann die Beinschienen, den Schulterpanzer, alles ließ er langsam fallen. Bis er fast komplett entkleidet war. Unter der Rüstung waren nur muskelähnliche Streben aus einem unbekannten Stoff zu sehen, inmitten seiner Brust der Kern, den ihm der Schöpfer geschenkt hatte, weitere Organe waren auch noch zu sehen, wie seine Regenerationseinheit oder der Energiespeicher.

Sie schaute ihn an. Er versuchte damit klarzumachen, dass er verwundbar war. Wenn sie ihn angriff, wäre sein Plan aufgegangen. Sie überlegte noch, was sie tun sollte. Flaffy stand da, wehrlos ohne seine Rüstung. Für sie war er nur ein Roboter, der sie verfolgte. Es dauerte nicht lange, bis sie sich entschieden hatte. Sie sprang auf ihn zu und stach ihm das Messer mitten in den Kern. Flaffy zuckte zusammen. Es tat höllisch weh. Sie nahm Abstand, während er zu Boden ging. Die Show, die Flaffy abzog, war schon oscarreif. Langsam hörten auch seine Lichter auf zu leuchten. Sie hielt sich den Mund zu, so, als würde sie ein Schreien unterdrücken, so als wäre ihr gerade ein schrecklicher Fehler unterlaufen. Sie kam wieder näher und betrachtete Flaffy genau. Sie hatte ihn getötet. Sein Körper schien noch zu pulsieren, so, wie ein lebendes Wesen, die Muskeln, diese gesamte Art ließ sie daran zweifeln, dass er eine Maschine war, der Anschein ließ sie denken, dass er wirklich lebte. Sie berührte die Muskelstränge an seinem Arm, um zu testen, ob er wirklich tot war, keine Reaktion. Sie drehte sich um und begann sich ein Behältnis zu suchen, womit sie Lebensmittel einsammeln konnte. Nachdem sie einiges zusammen hatte, wollte sie gerade wieder in dem Lüftungsschacht verschwinden. Da schaute sie noch einmal in Richtung des Roboters. Es schien sie etwas zu quälen, was wäre passiert, hätte sie ihn nicht umgebracht? Sie überlegte noch einen Moment, sie drehte sich rum und wollte gehen, sie konnte an dem Umstand sowieso nichts mehr ändern. In diesem Augenblick richtete Flaffy sich wieder auf, hustend setzte er sich hin. Sie ließ den Eimer fallen und einige Äpfel fielen heraus. Flaffy war etwas verkrampft, denn der Schmerz war echt, er setzte sich hin in den Schneidersitz und zog sich das Messer aus der Brust. Was sollte sie tun? Sie war nun viel ruhiger als vorher. Ein Wesen, das den Tod besiegt hatte, gegen das hätte sie nie eine Chance, dieser Gedanke raste durch ihren Kopf, sie würde für immer auf der Flucht sein.

Flaffy schmiss auch das Messer weg, um ihre Aufmerksamkeit zu bekommen. Sie sah ihm direkt ins Gesicht, dieser Kopf, der wie ein Helm aussah. Er legte seine Hände auf die Knie und versuchte, sie mit einer Handbewegung darum zu bitten, sich zu setzen. Sie schluckte auffällig und nahm eine seitlich sitzende Position ein. Flaffy wusste, sie hatte Angst, angreifen würde nichts bringen, und in diesen Schächten leben war auch keine Option. Er wünschte, er könnte diesen Helm absetzen, was ihm aber unmöglich war, und jetzt ein Gesicht vortäuschen, das könnte nach hinten losgehen. Er nahm einen kleinen Stift in die Hand, natürlich keinen normalen, es war einer, mit dem man in die Luft zeichnen konnte. Er begann zu zeichnen. Ein kleines Bild. Einen Vogel, dann zwei Menschen, die sich an der Hand hielten. Dann legte er den Stift auf den Boden und rückte nach hinten, gut doppelt so weit weg wie vorher. Er zeigte mit der flachen Hand zuerst auf den Stift, dann auf sie.

Sie kroch langsam auf allen Vieren, immer in „Habachtstellung", nach vorne, dann nahm sie den Stift und schrieb etwas in ihrer Sprache in die Luft. Er konnte es nicht lesen. Sie machte ängstlich eine Bewegung mit den Händen auf sich, es schien ihr Name zu sein. Ihre Stimme war hoch, aber weich: „Luna." Das war ihr Name. Sie machte einen Kreis um die Zeichnung von Flaffy, um ihn um Frieden zu bitten. Sie legte den Stift wieder auf den Boden und kroch zurück auf ihren Platz. Flaffy setzte sich wieder nach vorne, um ihren Kreis zu übermalen, er stimmte dem zu. Sie war erleichtert, sie hatte es so aufgefasst, wie es gemeint war. Er wollte sie nicht angreifen. Er schrieb seinen Namen in die Luft – „Flaffy" – und sprach ihn aus. Irgendwie entfiel ihr ein Kichern, das sie zu unterdrücken versuchte. Scheinbar hatte dieses Wort eine besondere Bedeutung in ihrer Sprache, oder es drückte genau das aus, wonach es klang: „Flauschig."

Flaffy griff hinter sich auf einen Tisch und holte einen Apfel hervor. Er rollte ihn zu ihr. Sie nahm ihn und biss hinein. Sie hatte keine Wahl, als das Spiel mitzuspielen. Angebotenes Essen auszuschlagen, könnte als abwertende Handlung betrachtet werden und den Frieden zunichtemachen. Flaffy stand auf und ging auf sie zu. Sie wartete ab, was er als Nächstes tun würde. Er ging langsam auf sie zu. Sie verspürte eine gewisse Angst vor dem, was nun kommen würde. Doch er reichte ihr eine Hand zum Aufstehen. Sie hielt sich fest und er zog sie hoch. Er musterte sie einmal von oben bis unten. Sie war, wenn sie sich lang machte, fast so groß wie er. Es fehlten nur Zentimeter. Aber normal war sie einen Kopf kleiner. Sie schaute ihn direkt an, ihre Augen wurden immer kleiner. Sie versuchte, nicht einzuschlafen, aber es gelang ihr nicht. Sie wusste nicht, warum das so war. Sie begann zu schwanken, aber Flaffy hielt sie fest. Sie schlief tief und fest. Er legte sie vorsichtig hin. Leise murmelte er vor sich hin: „Na endlich." CS hatte in alle Lebensmittel ein Beruhigungsmittel gegeben.

„Titan, kannst du mir ein Portal öffnen? Ich muss in die Brückenregion", fragte er an. Nicht weit von ihm öffnete sich ein Portal, das ihn dorthin bringen sollte. Er nahm Luna auf den Arm und lief auf das Portal zu. Dahinter stand er vor dem Raum des KI-Kerns, von dort aus ging er Richtung Brücke, nur das er vorher bei den Treppen nach oben abbog. In seiner Suite legte er sie oben im Schlafzimmer in das Bett und deckte sie zu, dimmte das Licht und ließ Titan ein paar Kleider in ihrer Größe holen, die er dann auf den Hocker neben dem Bett legte. Sie hatte die letzten drei Tage viel Stress gehabt. Er verließ den Raum und ging nach unten. Titan und CS warteten schon auf ihn.

„Warum hast du sie nicht auf die Krankenstation gebracht?", kam die Frage von CS.

„Naja, es ist schöner, in einem Bett aufzuwachen und in das Universum zu schauen, als unter diesen hoch technisierten Geräten aufzuwachen, außerdem kann ich sie hier besser kontrollieren. Sag mal, CS, wie viel hast du von dem Zeug eigentlich unter die Lebensmittel gemischt?“, entgegnete Flaffy scharf.

„Eigentlich sollte es sie nur beruhigen, aber ich konnte ja nicht wissen, dass sie gleich den ganzen Korb auf einmal futtert.“ CS zuckte mit den Schultern.

„Du, CS, um deine Maske anwenden zu können, muss das Opfer eigentlich bei Bewusstsein sein?“, hakte Flaffy nach.

Die Antwort kam ihm gelegen. „Nein, eigentlich nicht, es reicht Augenkontakt, sie würde davon nichts mitkriegen, ich weiß, was du vorhast, du willst die Maske nutzen, um ihre Sprache zu lernen, hab ich recht?“

Flaffy nickte. CS griff hinten in seinen Mantel und holte eine weitere Maske hervor. Flaffy nahm sie und bedankte sich. „Du hast sie in ein paar Minuten wieder.“

Damit ging er wieder nach oben. Sie hatte sich bereits in die Decke eingewickelt. Er hielt sich mit einer Hand die Maske der Seelen vor das Gesicht, mit der anderen öffnete er vorsichtig eines ihrer Augen. Es war tieflila. Keine Reaktion, sie war total weggetreten. Er aktivierte die Fähigkeit der Maske, nur einen Augenblick und er konnte ihre Sprache. Langsam entfernte er sich wieder und gab CS die Maske wieder zurück. Ein kurzer Austausch über das weitere Vorgehen. CS verschwand wieder in seine Bibliothek, Titan ging weiter ihren Aufgaben nach und begab sich wieder auf die Brücke. Flaffy blieb in seinem Apartment. Er überlegte, wann er das letzte Mal geschlafen hatte. Er wusste, er brauchte es nicht mehr, aber es war dennoch eine Angewohnheit aus alten Tagen, die er irgendwie nicht loswurde. Er packte sich auf die Couch, von der aus man direkte Aussicht auf das riesige Panoramafenster hatte, um in das Weltall zu blicken. Er blickte sich noch ein paar Minuten die vorbeifliegenden Sterne an, bis er sich dann auch in den Schlafmodus versetzte.

Langsam wurde Luna wieder wach, sie blinzelte. Sie war nicht mehr in der Küche der Kantine. Sie setzte sich hin und streichelte für einen Moment das Bett. Sie hatte gut geschlafen. Sie schaute sich um. Sie war in diesem riesigen Schlafzimmer, das in sterilem Weiß war, mit einigen blauen Streifen. Alles geschwungen und modern. Die Lichter wurden langsam heller. Ihr Blick fiel sofort auf das Panoramafenster, durch das sie die Sterne sehen konnte. Sie war im Weltall. Sie stand auf, ging zu der Scheibe und lehnte sich mit beiden Händen dagegen. Sie konnte nur staunen, so etwas hatte sie noch nie gesehen. Die Sterne hatte sie immer nur von ihrem Planeten aus betrachtet, aber diese Perspektive war neu. Sie war so fasziniert, dass sie ihre dünne Nase gegen das Glas drückte. Sie sah sich weiter um, bis ihr der Hocker auffiel. Jemand hatte Sachen für sie zurechtgelegt. Sie sah an sich herunter und stellte fest, dass ihre Kleidung total zerrissen war. Auch wenn es ihr im Moment egal gewesen wäre, ob ihr jemand zugesehen hätte. Die Kleider waren ihr zwar drei Nummern zu groß, aber das machte nichts. Hauptsache, die Lumpen waren weg.

Sie suchte sich den Weg nach unten in das Wohnzimmer. Die elegant geschwungene Wendeltreppe ging sie langsam nach unten, um zu sehen, ob jemand da war. Im ersten Moment konnte sie Flaffy gar nicht sehen. Alles war so hypermodern eingerichtet, steril und ordentlich. Ein langer grüner Kaktus zierte als einsame Topfpflanze das Zimmer. Sie schaute sich um, auch hier waren diese riesigen Fenster in die unendlichen Weiten. In der Ecke weiter hinten war eine kleine Küche. Auf dem großen Tisch in der Mitte des Raumes standen ein paar technische Geräte. Luna ging auf die Couch zu. Dort lag Flaffy, schlafend. Langsam wanderten weiße Streifen von seinem Kopf nach unten zu den Füßen. Sie sah sich ihn genau an. Er hatte wieder seine Rüstung an. Er musste sie dorthin gebracht haben. Es schien ihr so, als wäre sie in seiner Wohnung. Sie stellte sich vor die Couch und überlegte, wie sie Flaffy wecken sollte. Sollte sie ihn einfach antippen oder sollte sie ihn rufen? Sie entschied sich, ihn einfach an der Schulter anzutippen.

Flaffy schreckte auf und fiel mit einem lauten Krach von seiner Schlafgelegenheit, wobei er sie gleich mit umriss. Bis er seinen ersten klaren Gedanken fassen konnte, vergingen einige Augenblicke. Er lag auf dem Boden, sie kniete über ihm und stützte sich mit den Armen ab. Er riskierte einen Blick nach unten und schaute sie wieder an: „Guten Morgen. Und? Ausgeschlafen?“ Sie starrte ihn mit großen Augen an, man konnte erkennen, dass sie lila anlief. Luna war etwas verwundert, dass er ihre Sprache sprechen konnte, weil er sie vorher nicht beherrschte. Sie wusste gar nicht, was sie antworten sollte. Sie lehnte sich nach hinten und Flaffy rutschte nach vorne, um direkt aufzustehen. Sie kniete immer noch an derselben Stelle und legte ihre Hände auf die Oberschenkel. Flaffy kam es so vor, als würde sie sich für etwas schämen. Er reichte ihr wieder seine Hand, aber diesmal zögerte sie, bis sie sie ergriff.

„Luna, du musst dir keine Sorgen machen, dass du hier weitere Probleme bekommst, du bist in Sicherheit.“

Sie sah ihm nicht mehr ins Gesicht und zeigte auf die Stelle, wo sie ihn vorher erstochen hatte.

„Ach, deswegen … du schämst dich, weil du mich erstochen hast. So ein kleiner Kratzer haut mich nicht um“, antwortete Flaffy und ergriff endlich ihre Hand, um ihr beim Aufstehen zu helfen. Sie zögerte, etwas zu sagen, leise und ängstlich brachte sie eine Frage heraus: „Wo ... wo bin ich?“

„Du bist nicht mehr auf deinem Planeten, du bist im Weltraum, auf einem Raumschiff“, antwortete er auf die Frage und zeigte auf das Fenster.

Die zweite Frage konnte man auch irgendwie vorausahnen: „Was bist du?“, sagte sie zaghaft.

Flaffy zögerte mit der Antwort. „Das ist ein etwas schwierigeres Thema. Was hältst du davon: Du hast doch sicher immer noch Hunger. Ich mach dir was zu essen und dann beantworte ich dir alle deine Fragen?“

Sie nickte zögerlich. Er ging in die Küche, sie setzte sich an den kleinen Tisch, der dort an der Wand angebracht war.

„Erst mal … was willst du trinken?“ Flaffy schaute sie erwartungsvoll an. Sie überlegte einen Moment. „Ich hab Kaffee, Tee, verschiedene Säfte, Brause, oder etwas noch Stärkeres, Energie?“, bot Flaffy an. Er öffnete einen Wandschrank, in dem alles stand. Sie fuhr mit den Augen die Reihe ab und zeigte auf die bunte Dose: „Bitte?“

Flaffy nahm die bunte Dose, machte sie auf und stellte sie auf den Tisch. In diesem Moment fiel ihm auf: Sie konnte den Energiedrink nicht so trinken. „Warte, ich hab da noch was.“ Er kramte in einer anderen Schublade und holte einen Trinkhalm heraus und steckte ihn in die Dose. Sie nahm ein paar Schlucke und zuckte zusammen. Es war dermaßen süß. Er drehte sich zu ihr: „Ich bin zwar nicht der geborene Koch, aber etwas kann ich. Wie wäre es mit Nudeln mit Tomatensoße mit etwas Fleisch, oder bist du Vegetarierin?“

Sie nickte, sie konnte das Angebot nicht ausschlagen. Flaffy begann, alles zusammenzusuchen. Er band sich noch eine weiße Schürze um. Es hatte schon etwas, dieser Roboter, in einer Kochschürze. „Du, Flaffy? Warum tust du das alles … für mich?“, fragte sie ihn verlegen.

Ohne sich umzudrehen, antwortete er: „Ich kann doch niemanden einfach so in den Lüftungsschächten umkommen lassen, außerdem bist du sehr interessant.“

Sie wollte diese Aussage nicht gleich hinterfragen: „Und … wer bist du eigentlich?“

„Meinen Namen kennst du ja, ich bin der Oberste Befehlshaber dieses Schiffes“, antwortetet er, während er die Nudeln kochte.

„Ich meine …“, wollte sie weiter fragen, aber er wusste, was sie fragen wollte. „Du willst eher wissen, was ich bin, oder?“

Sie nickte schüchtern.

„Ja, ich bin kein Roboter, was man zuerst denken könnte, ich bin aber auch kein Lebewesen wie du, jedenfalls nicht mehr. Ich bin ein Hybrid aus einem Roboter, einer Seele und einem Heiligen Objekt. Ich weiß, das sind viele Dinge, die noch erklärt werden müssen, aber zu späterer Zeit. Ich bin gleich fertig mit dem Essen.“

Luna hatte nicht viel davon verstanden. Flaffy stellte einen Teller für sie und für sich hin: „Jetzt erzähl mal, woher kommst du?“

„Ich komme von einem Planeten der Welt So'Na. Ich war eine Angehörige der königlichen Familie, bevor ich durch dieses Tor gefallen bin." Sie senkte den Kopf.

„Du bist durch ein Tor hierhergekommen?", fragte Flaffy nach, sie meinte bestimmt ein Portal.

„Naja, nicht gefallen, eher hineingesaugt, gezwungenermaßen", fügte sie hinzu.

„Wann ungefähr war das?", fragte Flaffy, als er den ersten Topf auf den Tisch stellte.

„Ich denke, es war drei Tage, bevor ich von dir gefunden wurde."

Flaffy wurde hellhörig, das war ungefähr auch der Zeitraum, in dem Cat verschwunden war.

„Ich habe auch auf dem Weg durch das Tor etwas an mir vorbeirauschen sehen, etwas wie einen brennenden Pfeil, und dann war ich in diesem Schacht."

„Das Brennende war unser aller geliebter Cat." Flaffy sagte mit einem gewissen Unterton: „Cat steht nochmal eine Stufe höher als ich hier, aber er ist mein Freund und ist während der letzten Schlacht verschwunden."

Sie nahm noch einen Schluck von dem quicksüßen Getränk.

„Und, schmeckt's dir?"

Sie nickte und grinste. Flaffy stellte den zweiten Topf auf den Tisch: „Schön, das erste Mal, dass ich dich hier lächeln sehe."

Sie lief wieder lila an. Flaffy machte ihr eine kleine Portion auf den Teller: „Bitte erwarte nicht zu viel von meinen Kochkünsten."

Sie probierte, auch dieses Gericht kannte sie nicht, aber es schien ihr zu schmecken. „Flaffy, bitte entschuldige diese Frage, aber was bin ich auf diesem Schiff?", fragte sie, nachdem sie den Teller leergelöffelt hatte.

„Im Moment bist du mein Gast. Darf es noch etwas sein?", fragte er nach und sie nickte. „Da ich nicht weiß, wo du herkommst, kann ich auch zurzeit nicht mehr für dich tun, also dich zurückbringen, aber auf Dauer müssen wir dafür trotzdem eine Lösung finden."

Es dauerte nicht lange, bis sie auch den zweiten Teller leergemacht hatte. „Kannst du eigentlich auch etwas essen von dem, was du gekocht hast?"

Flaffy nickte: „Über ein paar Tricks kann ich das auch." Sein Helm begann langsam ein Gesicht herauszuformen, das dann auch Farbe bekam. „Ich kann mich als ein Lebewesen tarnen, als solches kann ich auch etwas essen." Er machte sich ein paar Löffel auf den Teller und aß auch etwas. Er war nach einer kurzen Zeit auch fertig.

Irgendwie schien Luna auf heißen Kohlen zu sitzen. „Du, Flaffy, ich weiß nicht, ob ihr auch so etwas habt …?" Sie beendete den Satz nicht. Flaffy brauchte einen Moment, bis er begriff, was los war. Er drehte sich zu einer Tür: „Dort ist die Toilette." Er hatte nie gedacht, dass er diese Einrichtung mal brauchen würde. Sie war schnell verschwunden. Flaffy überlegte: „Ich werde sie nicht fragen, ich werde einfach eine Generalreinigung der Lüftung veranlassen und das unter den Teppich kehren. Wenn Cat das erfährt, der zerreißt mich wie Watte in der Luft."

Schon bald kam sie wieder. „Du … Flaffy, also … ich hab da noch ein Problem wegen …"

Flaffy hob die Hand, um sie gleich zu unterbrechen: „Luna, ich weiß, was du meinst. Wir werden dieses Geheimnis mit ins Grab nehmen, wenn es das für uns noch gibt, denn das könnte uns beide den Hals kosten, wenn Cat wiederkommt."

Luna nickte, sie war vollends damit einverstanden. Flaffy begann, den Tisch abzuräumen. Als er fertig war, hob er den linken Arm nach rechts und strich zur linken Seite weg. Das gesamte Interface der Suite zeigte sich. Überall waren Konsolen erschienen, um Einstellungen vorzunehmen. An einer Konsole stellte er etwas ein. Um Lunas Handgelenk erschien ein kleines weißes Band, er stellte es auf Gastmodus. So konnte sie sich an Bord in Begleitung frei bewegen. Er drückte noch ein paar Knöpfe und die Anzeigen in der Luft verschwanden wieder.

„Was war das?", fragte sie ihn.

„Das habe ich verbaut, damit kann ich das Design und alles hier frei nach meiner Wahl gestalten. Ich kann sogar etwas an den Regeln der Physik rumspielen. Aber das müssen wir jetzt nicht ausprobieren", antwortete er.

Er freute sich irgendwie, dass ihn jemand danach gefragt hatte. CS und Titan nahmen ja an der Technik nicht viel Anteil, da sie selbst davon genug hatten, vor allem Titan. „Luna, was meinst du, ich zeig dir ein paar Teile des Schiffs und stell dich ein paar Leuten vor?" Sie nickte. Flaffy räumte schnell auf, danach machten sie sich auf den Weg. Flaffy stand schon in der Tür, Luna überlegte, blieb stehen und zeigte auf den Schrank. Mehr brauchte sie nicht zu sagen. Flaffy wackelte mit dem Kopf: „Nimm dir noch eine mit."

Sie holte sich noch eine Dose und folgte Flaffy. Zuerst ging er mit ihr auf die Brücke der Nano-Titan. „Von hier aus kann man das gesamte Schiff steuern. Du musst wissen, wir sind hier nur im Kern, das Schiff ist wesentlich größer, als du denken magst. Die gesamte Titan, der Name dieses Schiffes, misst ungefähr zwei Sonnensysteme, gemessen an dem Sonnensystem mit der Sonne Sol 1. Der Kern misst ungefähr 60 Kilometer.“

Hier konnte sie alle Steuerelemente sehen. Sie kam aus einer Zivilisation, die technisch zwar Ahnung hatte, aber sie waren noch nicht einmal in der Lage, Lebewesen zu ihrem Mond zu schießen.

Die nächste Station war der KI-Kern. „Das ist unsere KI Titan, sie steuert das Schiff und verwaltet alles.“

Von hinten sprang Luna etwas an. Sie zuckte zusammen und versuchte, es abzuschütteln. „Mach dir keine Mühe, selbst Cat hatte damals keine Chance gehabt Titan war immer noch etwas kleiner als Luna. Sie ließ von ihrem Opfer ab. „Darf ich vorstellen, das ist Titan, unsere KI.“

„Das ist also unser kleiner blinder Passagier?“, fragte sie Luna. „Woran liegt es, dass ich dich sehen kann, aber meine Sensoren erfassen dich nicht? Interessant.“

Luna wusste nicht, was sie sagen sollte.

„Aber … schön, dass wir dich gefunden haben.“ Titan umarmte sie.

„Ja, unsere liebe Titan, immer zu Scherzen bereit.“

Sie ließ ab und gesellte sich zu der Runde dazu. Der Kern hatte etwas Magisches. Alles auf diesem Schiff war für Luna äußerst interessant. Als Nächstes nahm er sie mit auf das oberste Deck der Nano-Titan, wo sie CS treffen sollten. Der konnte es sich nicht entgehen lassen, als ein Wesen des Schattens noch etwas Panik zu verbreiten. Als sie dort angekommen waren, verbarg er sich vor den Augen der anderen, bis er dann aus dem Schatten auftauchen konnte. Luna versteckte sich direkt hinter Flaffy, der aber sagte ganz trocken: „Luna, darf ich vorstellen, CS, der Meister der Schatten und der Seelen. Er liebt es, Panik zu verbreiten."

CS kam näher und begrüßte die beiden. Er zog an seinem Hut und reichte ihr die Hand. „Durch ihn konnte ich deine Sprache lernen, seine Maske hat besondere Eigenschaften."

Von diesem Punkt aus konnte man nach oben in das Universum schauen

„Titan, können wir uns einen kleinen Stopp leisten?"

Die Antwort kam aus dem Nichts: „Für dich immer, Flaffy."

Die Sterne hörten auf zu verschwimmen und wurden zu Punkten. Jetzt sahen sie noch viel schöner aus. Man konnte sogar einen Nebel erkennen, er war tieflila.

„Was denkst du … ob ich wieder nach Hause komme?", fragte Luna Flaffy.

„Ich weiß es nicht. Wenn wir wissen, wohin Cat verschwunden ist, wissen wir auch, wo wir dich wieder absetzen können. Aber im Moment gibt es für uns keine Anhaltspunkte."

„Trotz eures technischen Fortschritts?", fragte sie Flaffy belustigt.

„Trotz unseres Fortschritts, aber was möchtest du, worum geht es hier?"

Sie überlegte einen Moment: „Du hast mir ein paar Stellen dieser Welt gezeigt, die es mir sehr angetan haben. Bei uns war ich immer das fünfte Rad am Wagen. Ich weiß es noch nicht, ich hatte Angst, furchtbare Angst, aber jetzt, ich weiß, dass ich hier keine Angst haben muss, und ich finde diese Welt schön, sie hat etwas Magisches."

„Du hast noch gar nichts von der Magie dieser Welt gesehen, im Lager liegen Tausende schöne Planeten, die man bereisen kann, sie sind alle auf ihre Weise wunderschön.“

„Ihr könnt ganze Planeten transportieren?“, fragte sie fasziniert.

„Wir haben sogar meinen Heimatplaneten mit im Lager.“

Luna war fasziniert von allem, was dieses Schiff zu bieten hatte. „Ich weiß, ich habe noch nicht viel von dieser Welt gesehen, aber bis jetzt liebe ich sie.“

„Trotz unseres technischen Fortschritts?“, fragte Flaffy ironisch.

Sie lachte: „Trotz eures Fortschritts.“ Sie nahm wieder einen Schluck aus der Dose.

Flaffy hatte noch den ganzen Tag Zeit, er zeigte ihr noch ein paar schöne Stellen und erklärte ihr noch einige Sachen, was er war und vor allem, was die Heiligen Objekte waren, damit sie etwas im Bilde war über das, um was es hier ging. Sie hatte einen Gastausweis für die Nano-Titan, den sonst niemand bekam, was es ihr gestattete, sich dort frei zu bewegen.

Flaffy brachte sie wieder in das Apartment, denn er hatte auch noch seinen normalen Pflichten nachzugehen. Titan gesellte sich danach zu Flaffy: „Und was machen wir mit ihr?“

„Ich werde sie einfach hier etwas mit integrieren und ihr einfache Aufgaben zuteilen. Sieh es als ein Experiment. Vielleicht ist sie uns am Ende sogar noch nützlich. Vielleicht können wir sie als Vertreter einer neuen Spezies gewinnen“, überlegte Flaffy.

„Wenn du das für gut hältst, lass es aber nicht persönlich werden, falls es das nicht schon ist“, warnte ihn Titan.

„Ich konnte dir widerstehen, ich finde sie nett, aber sie ist nicht mein Typ. Dein Angebot steht doch sicher noch, oder?“, fasste Flaffy zusammen.

Titan grinste: „Natürlich.“ Und beide mussten lachen.

Die nächsten Tage waren abenteuerlich. Flaffy hatte viel Arbeit vor sich hergeschoben, die er nun erledigen musste. Die Luftschachtjagd nach Luna hatte schließlich lange genug gedauert. Derweil gab es keine Spuren von Cat. Sie wussten nur, dass Luna im Austausch für Cat in diese Welt gekommen war. Wie es ihm wohl erging? Aber Cat wusste sich zu helfen.

Die Erfindung

Flaffy musste oft daran denken, wie Luna in diese Welt gekommen war, aber er hatte im Moment nicht die Zeit, mit Zeren zu sprechen. Er war bereits fünf Tage auf Achse, um die Führung des Schiffes zu gewährleisten. Es war anstrengend. Auch wenn er sich teilen konnte, zwar nur zwei Mal, war es ihm zumindest erlaubt, einen Bruchteil von dem zu schaffen, was Cat alleine machen würde. Außerdem machte er sich Sorgen um Luna. Sie hier auf diesem Schiff. Das war absolut nicht ihr Lebensraum. Sie konnten ihr hier nichts bieten von dem normalem Leben eines wirklich lebenden Organismus. Hier war alles trocken und kühl. Alles war auf Leistung gezüchtet. Alles funktionierte und nur das Leben, wie es von der Evolution vorgesehen war, existierte nicht. Diese gesamte Spezies war in keiner Form auf dieses Leben ausgerichtet. Es schien so, als würden sie nur existieren, um hier auf der Titan zu funktionieren. Alle hatten zwar ein eigenes Bewusstsein für Bedürfnisse, Stärken und Schwächen, aber sie passten in dieses Bild. Nur deswegen funktionierte der Kommunismus auf diesem Schiff. Verbrechen kamen nicht vor, weswegen auch keine Polizei gebraucht wurde. Dieses Schiff zu verwalten, war trotzdem eine Heidenaufgabe.

Flaffy stand gerade auf der Brücke, um einen neuen Kurs anzusetzen. Sie wollten den nächsten Quadranten durchsuchen. Er stellte eine Verbindung zu der Dreadnought her: „Wraith, Yurai, wie sieht's bei euch aus?“

„Wir haben die Oberhäupter etwas vermöbelt und das Militär gekürzt. Sollen wir noch was tun?“, fragte Yurai.

„Nein, kommt zurück auf die Titan, dann sehen wir weiter, Ende und Aus“, antwortete Flaffy.

Die beiden machten sich umgehend auf den Weg zum Schiff. Flaffy überlegte, der nächste Quadrant enthielt einen Klasse-M-Planeten. Den könnten sie doch mal besuchen. Er schien keine wertvollen Zivilisationen zu enthalten. Aber von ihm gingen Hyperraumsignale aus, was bedeutete, dass dort etwas war. Etwas, das wesentlich weiter entwickelt war. Er gab den neuen Treffpunkt an die Dreadnought weiter. Sie sollten sich in einem Tag ein Lichtjahr weit entfernt treffen.

Die Titan beschleunigte nur langsam. In der Zeit, während er sich um Luna kümmern musste, hatte Titan etwas Eigenartiges gefunden. „Flaffy, ich muss dir etwas zeigen“, kam sie auf der Brücke an.

„Was gibt's?“, fragte er, während er gerade etwas unterzeichnete.

„Hier, schau, einige der unbearbeiteten Anträge sind einfach verschwunden. Nicht zurückgezogen oder gelöscht.“ Sie reichte ihm ein Tablet.

Flaffy schaute sich das an: „Und was ist mit denen passiert?“

„Ich habe weiter im System gesucht. Es tauchen dieselben Anträge ohne Bearbeitungssiegel wieder auf. Aber eindeutig von Cat genehmigt. Dieses System ist absolut sicher, es gab auch keine Angriffe oder Störungen im System. Und diese Anträge wurden nach meinem System von Cat höchstpersönlich unterzeichnet“, fasste Titan zusammen.

„Okay, aber das ist nicht möglich, oder?“, fragte Flaffy sie.

„Ich weiß es nicht. Oder es gibt hier etwas, das dieselbe Signatur wie Cat hat, das diese Anträge aufarbeitet. Das tauchte erst auf, als wir drei Tage im Rückstand waren mit der Bearbeitung. Als wir dann wieder im Zeitplan waren, verschwand das wieder“, folgerte Titan. „Also müssen wir davon ausgehen, dass es auf der Titan ein System gibt, das wir nicht kennen. Kannst du nachvollziehen, wo diese Anträge bearbeitet worden sind?“, fragte Flaffy.

Die Antwort war ernüchternd: „Nein, das Bearbeitungssiegel wurde entfernt. Wäre ich nicht auf diese Anträge gestoßen, wäre das nicht aufgefallen. In ihm sind diese Daten hinterlegt. Ich dachte, es sei unmöglich, dieses Siegel zu entfernen.“

„Aber es scheint ja zu gehen.“ Er schaute sie nachdenklich an. „Versuch dieses Problem zu klären, verfolge die Datenströme. Wir machen einen Feldversuch. Das heißt, wir fassen keine Anträge mehr an, bis das wieder auftritt.“

Mit diesem Befehl hatte er wieder etwas Zeit, sich um andere Dinge zu kümmern. Jeden Tag war er in seine Suite zurückgekehrt. Jeden Tag hatte er für Luna Essen gekocht. Es hatte etwas Erleichterndes für ihn, sich um sie zu kümmern. Sie hatte Freude an dem Leben, das sie hier genießen durfte. Flaffy legte sich auf seine Couch und sah aus dem Fenster. er sah die Sterne, die an ihnen vorbeiflogen, wie sie ihre Streifen zogen. Es hatte etwas Poetisches. Wie viele von den Lebewesen in diesem Universum durften diesen Ausblick genießen? Genau genommen nur eines. Denn diese Suiten waren der obersten Riege der Administratoren vorbehalten. Cat, Flaffy, Wraith, Yurai und Titan. Luna stellte dabei eine Ausnahme dar. Und dann kam dieser Moment, an dem Flaffy einschlief, tief und fest. Auch wenn er es nicht brauchte. Manchmal verfiel er einfach diesem Bedürfnis. Luna blockierte sein Bett, seitdem sie hier war.

Titan war an Flaffys Tür angekommen. Sie klopfte an, Luna steckte den Kopf aus der Tür, schaute sich hektisch um und signalisierte Titan, dass sie leise sein sollte. Sie holte sie rein. Beide schauten wie die Äckerchen über die Couch, wo er schlief. Luna hatte auf dem Boden am Kopfende einen Teller mit Sahne drapiert. Titan wusste sofort, was sie vorhatte, und war augenblicklich Feuer und Flamme für dieses Vorhaben. Zuerst versuchte Luna es mit einem Staubwedel, was aber leider nicht funktionierte. Sie blickte zu Titan, die zuckte mit den Schultern, zog einen Hammer und knallte ihn Flaffy voll gegen die Schulter. Er wachte auf und verlor das Gleichgewicht. Er rollte geradewegs von der Couch und mit der Vorderseite seines Helmes in die Sahne. Beide mussten lachen.

Flaffy stand auf und stützte sich auf die Couch. „Ich brauch wahrscheinlich gar nicht fragen.“ Er nahm es locker.

Luna wischte mit einem Finger ein kleines bisschen Sahne ab und kostete: „Sieh es mal so, jetzt bist du viel süßer.“

Titan musste lachen, laut lachen. Er wischte sich etwas von der Sahne ab und schmierte den beiden auch was ins Gesicht: „Damit ihr auch was davon habt, ihr zwei.“

Alle drei mussten lachen. Es war richtig lustig. Wann war das letzte Mal gewesen, dass er und Titan einen solchen Spaß hatten? Sie feierten noch einige Zeit. Titan war ursprünglich gekommen, um ihn zu holen, weil Wraith und Yurai eingetroffen waren.

„Was gibt es, Flaffy?“, fragte ihn Wraith, als er auf der Brücke ankam. „Auf diesem scheinbar unbewohnten Planeten gibt es etwas, was unseren Sensoren entgeht. Es scheint auch hoch entwickelt zu sein. Ich würde gerne ein Team runterschicken, um das zu überprüfen. Würdet ihr das übernehmen?“, fragte er die beiden.

Wraith antwortete gleich: „Klar, machen wir.“

„Kann ich euch diese Aufgabe allein überlassen? Ich habe mit Titan hier noch etwas zu untersuchen.“, fügte er hinzu.

„Klar, kein Problem“, kam es von Yurai.

Dann fiel es Flaffy auf, sie schaute ihn etwas komisch an, irgendwie schräg. „Yurai, gibt es ein Problem?“, hängte Flaffy an.

Sie kam etwas näher: „Du hast da was komisches Weißes am Hals unten an deinem Kopf, auf der rechten Seite.“ Sie zeigte mit dem Finger auf einen weißen Schaumfleck.

Flaffy wischte sich den Bausch vom Hals.

„Was ist das?“, fragte Wraith.

„Vielleicht eine Seuche für Roboter wie Flaffy? Wird er jetzt zu einer unkontrollierbaren Waffe, die wir bekämpfen müssen?“, fügte Yurai hinzu.

„Und wovon träumst du nachts? Das ist nur Sahne. Titan und Luna haben mir einen Streich gespielt“, antwortete Flaffy auf die absurde Idee.

„Wer ist das?“, fragte sie als Nächstes.

Er antwortete: „Titan, die kennt ihr doch, das ist dieser Roboter, der als junge Frau hier ohne Kleider über die Gänge sprintet und …“

Weiter ließ ihn Yurai nicht kommen: „Ja, die kennen wir, aber wer ist Luna?“

„Ach, stimmt ja, ihr habt dieses quirlige kleine Etwas noch nicht kennengelernt. Wenn ihr von dem Erkundungstrip zurück seid, stelle ich euch einander vor.“

Yurai war mit dieser Antwort sichtlich nicht zufrieden. Sie drehte sich auf dem Absatz um und schleifte Wraith von der Brücke herunter. „Flaffy, wird gemacht!“, brüllte Wraith ihm noch durch die sich schließende Tür zu.

Yurai schien neidisch zu sein. Am Anfang war sie noch die einzige Frau im Team gewesen. Aber es schienen sich immer mehr Nebenbuhlerinnen zu entwickeln. Sie war einfach neidisch. Erst Titan und jetzt noch eine andere. Flaffy und Titan machten sich an die Arbeit. Es gab schon wieder die ersten Anträge, die sich selbstständig unterzeichneten.

„Wohin gehen diese Anträge?“, fragte Flaffy.

„Die Dateien scheinen von den Personen zum Sammelserver zu wandern. Wenn sie weiterbearbeitet werden, gehen sie an meinen Kern, werden unterzeichnet und gehen wieder an die Original-Terminals. Liegen sie aber länger als drei Tage auf dem Server, dann gehen sie an die Kammer und kommen unterzeichnet wieder, ohne Siegel“, stellte Titan fest. „Also versteckt sich in diesem Raum etwas, das in der Lage ist, logisch zu denken, was aber mit Cats Verstand kommuniziert. Diese Kammer wurde vom Schöpfer gebaut. Wir fragen uns schon lange, was darin ist.“

„Ja, das ist alles merkwürdig. Titan, lass das so weiterlaufen, ich will aber, dass du jeden Eintrag gründlich überprüfst und mit allem abgleichst, was Cat je unterzeichnet hat, und schau nach, ob es damals, als er noch da war, solche Vorfälle gab“, befahl Flaffy.

„Wird bereits gemacht. Und was hast du nun vor?“, fragte Titan.

„Ich muss eine Retourkutsche planen“, antwortete Flaffy lächelnd. „Rache serviert man am besten kalt.“

Titan grinste ihn an. „Ich werde dich dann mal in Ruhe deine finsteren Pläne schmieden lassen, ich gehe dann mal."

„Das tust du nicht, ich habe es zu verhindern, dass sich die Frauen auf diesem Schiff gegen mich zusammentun. du bleibst hier und deine Kommunikation mit Luna lässt du schön", pfiff Flaffy sie zurück.

„Och Mann, du hast mich durchschaut", maulte sie rum.

In diesem Moment kam ihm eine schöne Idee, die ihm angemessen schien. Flaffy kehrte wieder in seine Suite zurück. Nachdem er seine Falle platziert hatte, setzte er sich auf die Couch. Luna schlich immer kurz nach dem Essen auf die Toilette. Flaffy hatte diesen Rhythmus herausgefunden. Als sie die Tür zumachte, ertönte ein lauter Knall und ein Schrei ertönte: „*Flaffy!?!*" Die Tür ging auf. Qualm stieg aus der Toilette auf, an die Decke.

„Ich würde sagen, du hast jetzt eine rauchige Note."

Sie sah aus, als hätte sie gerade einen Stromschlag bekommen. Ihre Haare standen gerade ab. Sie hatte eine gewisse Ähnlichkeit mit einem Igel. Sie schmunzelte. „Ich hätte damit rechnen müssen."

„Ja, meine Gute. Ich denke, jetzt sind wir quitt", antwortete er ihr.

Sie musste lachen: „Ja, das sind wir." Sie kam zu ihm rüber und lehnte sich auf das Sofa.

Flaffy schaute sie an. „Bist du mir böse?"

„Nein, warum?", lächelte sie ihn an. „Bist du mir böse?"

„Warum sollte ich, am Ende hat es uns viel Spaß gemacht. Schade, dass Cat nicht dabei war", überlegte Flaffy. Sie wollte gerade etwas sagen, als eine Nachricht von Titan kam: „Flaffy, Wraith und Yurai haben Probleme, sie haben einen Livefeed geschickt."

„Schick ihn mir." Vor Flaffy erschien ein kleines weißes Feld mit dem Link darin. Er klickte es an und auf der großen Scheibe entstand ein Bild. „Flaffy, hörst du uns? Wir werden hier unten von etwas fertiggemacht, wir können es nicht sehen, und es ist mit Waffen aus der alten Zeit ausgestattet. Auf so was sind wir nicht vorbereitet", antwortete Yurai. Auf dem Video war zu sehen, dass Schüsse aus dem Nichts auf sie zudonnerten.

„Dann nehmt die Beine in die Hand und seht zu, dass ihr Land gewinnt. Ich werde euch noch einen Transporter schicken, der euch zur Not abholen soll", antwortete er. Er sprang auf und sprintete in Richtung Brücke. Nach nur wenigen Augenblicken standen die beiden Erkunder vor ihm: „Ich weiß nicht, was das war, aber es war auf jeden Fall nicht von dieser Welt. Ich kann gut mit Gegnern umgehen, die ich auch sehe, aber etwas, das mit alter Technologie ausgestattet ist und sich vollständig tarnen kann, sodass selbst die Scanner der Titan es nicht finden, ist schon eine ganz andere Herausforderung. Wir müssen unseren Gegner sehen, um ihn zu fassen, also, was schlägt Eure Exzellenz vor?"

„Ich bin nicht die Exzellenz, ich werde die nächste Runde mit euch kommen. Wir brauchen noch einen taktischen Leiter vor Ort", überlegte Flaffy. „Wir haben einen Verteidiger und eine Schützin und einen Supporter …?"

„Wie wäre es mit Luna?", fragte Yurai. „Setzen wir sie einfach in einen taktischen Turm und wenn der Turm angegriffen wird, ist sie gleich in Sicherheit."

In diesem Moment kam sie herein: „Hi, Leute.“ Sie machte eine winkende Bewegung mit einer Hand.

„Darf ich vorstellen. Wraith und Yurai, das ist Luna. Luna, das sind Wraith und Yurai“, stellte Flaffy vor.

Er sah es schon in ihren Yurais Augen, sie wollte Luna testen. Bevor er etwas sagen konnte, sprang Yurai sie an und zog ein Messer. Luna allerdings griff nach ihrem Handgelenk und schlug ihr mit der anderen Hand das Messer aus der Hand. Yurai zog sofort das nächste. Luna ging auf Abstand. In dem Moment, als Yurai sie ansprang, tauschten sie die Plätze. Mit der überschüssigen Energie stieß Yurai sich von der Wand ab. Luna schien sie zu fangen, Yurai hatte damit nicht gerechnet. Luna kam einen Schritt auf sie zu, damit waren alle ihre Berechnungen überholt. Luna machte eine Rückwärtsrolle mit Yurai und schleuderte sie mit ihren Beinen gegen die Frontscheibe der Titan. Ihre Beine waren extrem kraftvoll. Yurai kam voll mit dem Rücken auf und ging in die Knie. Flaffy war ganz verdutzt, auch Wraith hatte damit nicht gerechnet. Luna betrachtete ihre Hände, sie war selbst verwundert. Sie sprintete zu Yurai, um ihr aufzuhelfen. Die lehnte dankend ab und blickte zu ihr auf. „Was bist du?“ Sie stand auf. „Flaffy, die Kleine ist verdammt gut. Sie hat meine Angriffe direkt vorhergesehen und gekontert, von ihr kannst du dir in Sachen Nahkampf noch drei oder vier Scheiben abschneiden. Aah, mein Rücken.“

„Ich würde sagen, wir gehen erst morgen wieder in den Einsatz“, stellte Flaffy fest.

Keiner von ihnen hatte mit diesem Kampfergebnis gerechnet. Wraith nahm seine Freundin auf den Arm und schaute Luna an, die immer noch nicht fassen konnte, was gerade passiert war: „Reife Leistung, du hast gerade eine der stärksten Kämpferinnen der Titan besiegt, Flaffy, wir sehen uns, ich komm nachher nochmal vorbei."

„Gut, wir sehen uns." Flaffy war auch etwas verdutzt.

Nachdem Wraith und Yurai durch die Tür waren, tauchte aus einem Portal Titan auf. Sie hielt sich beide Hände vor den Mund: „Du hast sie wirklich fertiggemacht? Was haben wir nur diesmal wieder aufgesammelt?"

Luna blickte sich um: „Flaffy, was ist hier gerade passiert? Ich wollte sie nicht verletzen, aber ich wusste einfach, was sie tun wollte, und habe darauf reagiert."

Flaffy nickte etwas benommen: „Ich glaube, wir haben eine neue taktische Leiterin für unser Team."

Titan schrie auf: „Ja, du bist Teil des Teams", und umarmte sie.

„Kannst du mir das erklären?", fragte Luna.

„Du hast eine Fähigkeit entwickelt."

„So etwas wie eine magische Kraft?", fragte sie unwissend.

„Nein, überhaupt nicht, diese Kraft basiert auf einem Heiligen Objekt. Das ist eine Manifestation des Kompasses, der einem immer den rechten Weg zeigen soll", antwortete Flaffy ihr erstaunt. „Soweit ich weiß, gab es bis jetzt keine solche Manifestation."

Luna sackte zusammen, sie war scheinbar traurig über diese Antwort: „Schade." Sie stand auf und schlich zurück in die Suite, die schließlich direkt über der Brücke war.

Flaffy blickte Titan an, die zuckte nur mit den Schultern. Flaffy rannte Luna direkt hinterher. Sie war nicht in der Stube oder der Küche, sie musste oben im Schlafzimmer sein. Flaffy ging die Treppe hinauf und klopfte an die Tür.

Keine Antwort. Er machte auf. Auf dem Bett war nur ein großer Hügel aus Decken. Sie hatte sich komplett darin vergraben. „Lass mich in Ruhe."

Flaffy blieb im Türrahmen stehen: „Kannst du mir zumindest sagen, was ich falsch gemacht habe?"

Sie schob die Nase hervor: „Du hast nichts falsch gemacht."

Flaffy kniete sich hin. Jetzt konnte er ihr durch den Deckenspalt direkt in die Augen schauen: „Was macht dich dann so traurig?"

Ein Seufzer ertönte. Sie machte sich lang und schlug die Decke zurück. Flaffy setzte sich an den Schreibtisch und dreht sich zu ihr. Sie begann zu erzählen: „Die Welt, aus der ich komme, die Welt der So'Na, baut auf magischen Fähigkeiten auf. Es gibt auch in dieser Welt eine Königsfamilie, die das Land regiert. Sie vererbt die mächtigsten magischen Fähigkeiten. Und die jetzige Prinzessin ist bis jetzt die stärkste Magierin, die das Land je gesehen hat. Und ich, ihre Schwester …"

Nun verstand Flaffy. Sie war die zweite Prinzessin des Landes, das von Magiern regiert wird, und besaß keinerlei magische Fähigkeiten.

„Seitdem ich den Test für Magiebegabung gemacht habe, bei dem ich null von tausend Punkten erreicht habe, bin ich im Schloss nur Zierde gewesen. Eine bessere Magd, mehr nicht. Ich hatte gehofft, dass ich meine Fähigkeiten endlich entdeckt habe. Da ich weiß, dass ich irgendwann zurückgehen muss, hatte ich die Hoffnung, vor meiner Familie glänzen zu können." Ihr rann eine Träne über das Gesicht. Ihre Augen wurden tiefgrau. Flaffy stand auf und wischte ihr die Träne aus dem Gesicht. „Du musst diese Welt nicht verlassen, wenn du das nicht willst. Glaub mir, egal, wie wertlos du für die in deiner Welt bist, wir hätten dich gerne bei uns dabei.“

„Und was ist mit Yurai, sie schien mich nicht zu mögen?“, fragte sie Flaffy, als ihr die nächste Träne über das Gesicht rann. „Die testet erst mal jeden, ich habe versagt, ich konnte nicht mal den ersten Angriff abwehren“, antwortete er.

„Wirklich? Du sagst das nur, damit ich mich besser fühle.“ Sie wollte das nicht wahrhaben. Der oberste Befehlshaber der Titan hatte bei diesem Test versagt.

„Glaub mir, frag Titan, Yurai hat mich und Cat total in die Enge getrieben, und glaub mir, Titan und auch ich haben dich gerne hier“, beruhigte er sie. Er setzte sich zu ihr auf das Bett: „Erzähl mir doch einfach alles, was dich bedrückt.“

„Ich weiß nicht … okay. Ich hatte zwar Angst, als ich hier aufgetaucht bin, aber jetzt bin ich richtig froh, dass ich hier bin. Meine Eltern wollten, dass ich den Prinzen eines benachbarten Königreiches heirate, um damit mehr Einfluss darauf nehmen zu können. Die erste Prinzessin, die auch das Land regiert, sucht sich einen Mann aus den eigenen Reihen. Sie darf sich ihren Gatten selbst aussuchen. Die Schwestern und Brüder sind nur da, um Heiratspolitik zu betreiben. Da ich als Nicht-Magierin nicht relevant für die Familie war, bekam ich auch den schlechtesten Mann an die Seite gestellt. Alle anderen hatten attraktive junge Männer, nur ich nicht, ich sollte einen bereits alten König heiraten, dessen Frau schon gestorben war. Im Königshaus war ich immer das fünfte Rad am Wagen. Ich durfte nicht bei den Treffen oder bei den Tanzabenden dabei sein. Man meinte, dass man sich für mich ja schämen muss. Ich verabscheue meine Familie, und ich will niemals wieder zurück in diese Welt. Hier habe ich das erste Mal das Gefühl, als hätte sich jemand um mich gesorgt, dort wären alle froh, wenn ich an einer Krankheit gestorben wäre oder einen Unfall gehabt hätte“, erzählte sie.

„Luna, es ist nicht so, dass es sich nur so angefühlt hätte, es ist so, wir sorgen uns um dich, sonst wäre ich nicht hier. Und ich hätte für dich auch einen Platz in der Truppe. Einen sehr wichtigen. Wenn du willst, kannst du dabei sein, du musst nie wieder in deine Welt zurück“, versicherte Flaffy ihr.

Sie sprang auf und umarmte ihn. „Womit habe ich das verdient, hier gelandet zu sein? Ich wünschte, du wärst auch einer von uns.“

„Verschwende deine Liebe nicht an eine alten Stahlbolzen wie mich. Und wer weiß, vielleicht erwarten dich auf unseren Reisen noch ein paar große Überraschungen. Auf der Titan ist alles möglich. Und weißt du, Luna, man muss nicht magische Kräfte besitzen, um großartig zu sein.“

Sie ließ ihn los und drückte ihm für diese Worte direkt einen Kuss auf die Mitte des Visiers. „Ich wünschte, meine Familie könnte das von dir hören. Sie würden im Boden versinken“, antwortete sie ihm.

„Und, kommst du mit uns auf Abenteuerjagd?“ Er stand auf und reichte ihr die Hand. Sie grub sich aus dem Haufen aus Decken aus, setzte sich auf die Kante und nahm seine Hand. Er zog sie nach oben: „Das deute ich als ein Ja, unser erster Einsatz beginnt morgen, ich werde dich einweisen.“

In diesem Moment lief ihr wieder eine Träne über das Gesicht, aber diesmal nicht aus Frust, sondern aus Freude.

Flaffy zeigte ihr das Schiff und den Tower. Wie alles funktionierte. Natürlich würde er dafür Monate brauchen, aber die Grundlagen konnte er ihr so zeigen. Sie lernte auch faszinierend schnell. Sie war genau das, was dem Team noch gefehlt hatte. Flaffy hoffte nur, dass Yurai sich bis morgen erholt hatte von ihrer kleinen Auseinandersetzung mit Luna. Ohne sie war sein Plan nämlich total nutzlos. Er brauchte unbedingt eine Scharfschützin auf dem Schlachtfeld.

Der nächste Tag kam schnell. Luna hatte ihm angeboten, dass er die Nacht bei ihr verbringen durfte, aber Flaffy hatte dankend abgelehnt. Er war so was von unbedarft. Er hatte sich mit Titan abgestimmt, was der Plan für den nächsten Tag war, auch Wraith war noch einmal vorbeigekommen. Er wollte mit Flaffy über Luna sprechen. „Was ist da vorhin abgegangen, Flaffy?"

Der lehnte sich zurück: „Wir haben das Entfalten eines Talentes gesehen. Ich weiß nicht, wie es bei euch beiden war, aber ich habe mein Talent bekommen, als ich mein Heiliges Objekt bekommen habe. Bei ihr hat es schon gereicht, in der Nähe eines Heiligen Objektes zu sein. Ihre Fähigkeit ist es, Angriffsmuster vorherzusehen. Egal, wie stark ein Gegner ist, wenn man seine Angriffe kennt, kann man sich dagegen wehren. Es ist wie bei dir und diesem Gegner, wir können ihn nicht sehen, also können wir uns nicht auf seine Angriffe vorbereiten. Sie ist mit dieser Fähigkeit ein unverzichtbares Mitglied, ich werde mich dafür einsetzen, dass sie in das Team aufgenommen wird. Außerdem können wir sie nicht in ihre Welt zurückschicken. Das wäre einfach nur grausam. Da könnten wir sie auch bei dir in den Höllenofen stecken."

„Wenn du das meinst, aber vergiss nicht, das letzte Wort hat immer noch Cat“, entgegnete Wraith ihm.

„Ich bin mir dessen bewusst. Und wie geht es Yurai?“, wollte Flaffy wissen.

„Ihr geht es besser, sie hat sich nur eine Blockierung zugezogen, ihr wird es morgen wieder gut gehen“, antwortete Wraith.

Flaffy beendete das Gespräch. „Sag ihr von mir gute Besserung und wir sehen uns morgen.“

„Da fühlt sie sich nur noch schlechter, wenn ich ihr das sage. Wir sehen uns“, erwiderte Wraith abwehrend.

Der nächste Tag kam, auch wenn es allen schwer fiel, sich zu bewegen. Vor allem Yurai hatte einen Kater. Flaffy hatte die Nacht mit Titan auf der Brücke verbracht. Alle trafen sich, diesmal nicht auf der Brücke, sondern gleich in einem Hangar, wo auch die Dreadnought lag. Flaffy hatte es schon überprüft, an Bord war ein kleiner taktischer Tower, mit Schild und Sicherheitskapsel. Er hatte etwas Schönes mit Titan vorbereitet. Es war ein riskanter Feldversuch, aber die einzige Möglichkeit herauszufinden, was Wraith so angekokelt hatte. Die Aufteilung war einfach. Flaffy I und Wraith waren an vorderster Front, um Aufmerksamkeit zu erregen. Yurai und Flaffy II bildeten einen Nebentrupp, der sich heimlich hinter dem ersten versteckte. Sie sollten den Gegner analysieren. Luna sollte in dem taktischen Tower am Rande des Geschehens alles beobachten und versuchen, ihre Fähigkeit zu nutzen. Sie war die, die am wenigsten in Gefahr war. Diese Tower waren echte Bunker, solange sie nicht auf einer Klippe standen. Aber selbst dann konnte man immer noch mit der Sicherheitskapsel fliehen. Bei einer der nächsten Einsatzbesprechungen sollte auch noch geklärt werden, wo sie diesem Wesen begegnet waren.

Wraith und Yurai waren auf dem Weg zu einer Höhle, die von Schrottresten umzingelt war. Dort wollten sie auch wieder anfangen zu suchen. Die Dreadnought war nicht unbedingt ein schönes Reisemittel, Flaffy hatte vorsorglich für Luna und sich Kopfhörer mitgebracht. Zuerst sicherte der Vortrupp die Umgebung, mehrere Kilometer entfernt schlugen sie ein kleines Lager auf. Wenige Minuten später wurde der Tower heruntergeschickt. Er wurde einfach fallen gelassen. Langsam drehte er sich in die Richtung, mit dem Fuß nach unten. Es gab einen riesigen Krach, als er ihn in den Boden rammte. Langsam fuhren die vier seitlichen Rampen herunter, woran nochmal extra Arme waren. Die eine Hälfte davon vergrub sich im Boden. Die andere wurden nach oben gehoben. Daran waren auch Geschütze verbaut. Er war nur um die 100 Meter groß. Aber die Aussichtskapsel konnte bis in eine Höhe von 500 Meter aufsteigen. Das verlieh einem einen guten Überblick. Vor allem über flaches Land. Nur vereinzelt standen dort Bäume, aber es lag viel Schrott herum für einen unbewohnten Planeten.

Sie legten eine Karte aus, mit der Höhle als Mittelpunkt. Der Turm war ungefähr fünf Kilometer entfernt. Sie waren alle im Schutzschild des Towers. Flaffy markierte einen Felsvorsprung für Yurai, wo sie sich in Stellung bringen konnte. Der Gegner hatte bestimmt schon mitbekommen, dass sie angekommen waren. Yurai und Flaffy II machten sich sofort auf, um sich dort zu verstecken. Yurai war ausgerüstet mit zwei MPs und einem Scharfschützengewehr. Flaffy II hatte einen Receiver und seine technische Ausrüstung dabei. Anders war es bei Wraith, der gefühlt diesmal seine gesamte Waffenkammer auf dem Rücken trug. Flaffy I war einfach Flaffy. Er hatte dafür Sorge zu tragen, dass Wraith nicht allen Schaden abbekam. Der war schon etwas sauer, dass ihn dieses Ding so fertiggemacht hatte. Es war für das Dreamteam nicht unbedingt die beste Woche gewesen. Sie hatten schon ganz andere Glanzzeiten erlebt. Sie waren nun in Augenkontakt mit der Hölle. Wraith war sich sicher, dass das Ding gleich angreifen würde. Beide waren in Habachtstellung, Flaffy mit gezogenen Schilden und Wraith mit seinem Zweihänder in der Hand und seinem Langschild. Das zweite Team hatte bereits Stellung bezogen.

Flaffy hatte für Yurai noch eine besondere Munition: „Erst schießen, wenn ich es sage."

„Wird gemacht", antwortete sie, und lud die erste Patrone. Flaffy öffnete seinen kleinen Koffer, den er mitgebracht hatte. Er öffnete mit der linken Hand eine Konsole. Yurai musste fragen: „Wie ist das eigentlich mit zwei Körpern, ist das je ein unabhängiges Bewusstsein oder sind sie miteinander verbunden?"

„Ich bin ein Kollektiv, ich bin alle. So kann ich eine Situation von mehreren Standpunkten betrachten, außerdem ist es hilfreich, wenn man dem Tod ins Auge blickt", antwortete er ihr. Er drehte sich auf das Feld vor ihnen und beobachtete das Team 1, das auf offenem Feld stand. Sie näherten sich langsam dem Eingang. Alles war ruhig. Bis ein Knacken ertönte. Ein Schuss folgte, er kam aus dem Nichts. Flaffy markierte die Stelle. Yurai feuerte sofort. In dem Moment drehte sich Flaffy II rum: „Wir haben ein Signal, Analyse gestartet."

Flaffy I und Wraith machten sich auf, um zu verteidigen. Langsam entstand auf Flaffys Konsole eine Struktur der Bewegungen. Flaffy I nickte Wraith zu, was bedeutete, dass er die Aufmerksamkeit auf sich ziehen sollte. Er schaffte es auch gut. Flaffy hastete vor, nach einigen Metern bekam er die volle Dröhnung. Die Waffen aus alten Zeiten waren schwierig abzuwehren, sie zogen immer in andere Richtungen. Luna schrie ihn über Funk an: „Vorsicht, es geht gleich in den Nahkampf."

Er hob die Schilde und fing einen Schlag von oben ab. Als der Gegner sich wieder aufrichtete, rammte Flaffy seinen Schild in den Fuß und markierte die Stelle. Sofort saß der zweite Sensor. Auch wenn er es nicht sehen konnte, machten sie weiter. Yurai machte noch einen Schuss ins Blaue und traf eine Hand. Und noch einen an der Schulter. „Flaffy, reicht das für eine Analyse?"

„Reicht, wir werden es noch ein paar Minuten kämpfen lassen, dann haben wir ein Ergebnis." Flaffy I und Wraith gingen in Defensivhaltung und schützten sich nur. Flaffy gab Yurai eine andere Ladung: „Es ist ein Roboter. Das sind Energieladungen. Das Magazin muss sitzen, dann legen wir ihn lahm."

Die Analyse war da. Es war ein Roboter, der den Menschen ähnlich war. Er war sehr fein aufgebaut. Die Waffen waren eine Sammlung aus verschiedensten Zivilisationen. Nun enttarnte es sich. Es war ein Roboter, der rot-schwarz gefärbt war. Sein Kopf war flach mit zwei länglichen Augen. Eher wie eine Platte. Sein System schien irgendwie beschädigt zu sein. Er murmelte immer etwas vor sich hin. Er kämpfte auch intuitiv. Seine Angriffe passten sich immer wieder den Verteidigungsmustern von Flaffy und

Wraith an. Auf dem Rücken war eine riesige Waffe, die bei Bedarf über die Schulter schoss. Mit einem kleinem Team war es wesentlich leichter, ihn zu fangen, als mit einer großen Armee.

„Beenden wir das Spiel.“ Flaffy warf Wraith eine Leine zu. Sie rannten um den Roboter, um seine Beine zu fesseln. Er versuchte krampfhaft, sich zu wehren. Aber es gelang ihm nicht. Er fiel um wie ein nasser Sack. „Yurai, dein Moment!“, gab Flaffy das Kommando.

Sie schoss das gesamte Magazin leer. Er drückte auf einen Knopf und ein Stromschlag betäubte den Roboter: „Räumen wir auf.“ Flaffy gab Titan das Kommando. Sie sollte einen Räumpanzer schicken. Sie wollten den Roboter vorsichtshalber auf dem Planeten untersuchen. Flaffy und Wraith zogen ihn mit dem Panzer Richtung Turm. Auch Titan war jetzt mit runtergekommen. Das zweite Team sah sich die Höhle an. Es gab daran nichts Spektakuläres zu sehen. Nur eine Kammer. Sie war ähnlich verziert wie das Schwert oder der Würfel. Allerdings war hier nichts. Ein Altar stand in der Mitte, aber der war leer. Flaffy musste an die Worte von Wraith denken. Aber er wusste auf einen Schlag, dass es nicht dieser Altar war. Es musste etwas viel Gewaltigeres sein. Auch sie kehrten wieder zum Tower zurück. Luna war mittlerweile von oben herabgestiegen. Sie trafen sich alle unten. Sie sicherten den Bereich mit einem extra Schild, um sicherzustellen, dass ihr Gefangener nicht abhauen konnte. Flaffy betrachtete ihn genau: „Ich weiß nicht, was das ist. Dieses System weist extrem viel Technologie aus der alten Zeit auf. Aber die Grundstruktur und der Rechenkern sind aus unserer Zeit.“ Als er das aussprach, fiel ihm etwas an diesem Roboter auf. Der

Computer, den der Roboter steuerte, war dem der Titan ähnlich. Es war ein anorganischer Neuronenkern, der erweitert werden konnte.

Titan schaute Flaffy an. „Wie ist das möglich?“

Flaffy schüttelte den Kopf. „Ich weiß es nicht.“

Luna kam zu den beiden hinzu. „Was meinst du?“

Flaffy erzählte: „Damals, als ich auf die Titan gekommen bin, kam ich mit drei Freunden. Zwei davon waren Lebewesen, einer davon ist gestorben, die anderen sind daraufhin weggegangen. Das andere war eine KI, ein Fahrzeug, wie die Titan, dasselbe Prinzip. Er ist aber, als die Titan erwachte, in ein Schwarzes Loch gefallen. Doch dieser Kern ist in der Grundstruktur exakt derselbe wie der von Reaktion.“ Der Kern saß direkt hinter der Brustpanzerung. Flaffy montierte einige davon ab. Dann sah er den Kern. Er war immer noch in derselben Halterung wie damals, als er ihn verloren hatte. Er zog einen Verbinder ab, damit unterbrach er die Verbindung zwischen dem Körper und dem Kern. Der Kern hatte glücklicherweise eine eigene Energieversorgung. Er überprüfte die Energiezelle. Sie war fast erschöpft.

„Hätte der Kern mehr Saft bekommen, hätte er uns sicher unangespitzt in den Boden gerammt“, stellte Flaffy fest.

„Aber warum hat er dich angegriffen, wenn er dein Freund war?“, fragte Yurai ihn.

„Ich weiß es nicht, ich würde auf einen Systemfehler tippen. Außerdem muss ich mir den Kern anschauen.“ Er hob die schwarze Box heraus und stellte sie neben dem Körper auf den Tisch. „Titan, hast du die Box mit Energiezellen dabei?“, fragte er nach.

Titan rannte sofort los: „Ich hole welche.“

„Und was machen wir jetzt?“, fragte ihn Wraith.

Er antwortete: „Eigentlich können wir zusammenpacken. Der Kern hat keine Möglichkeit, über Funk zu kommunizieren. Es droht keine Gefahr und an dem System wurde weiter nichts verändert, das Siegel ist auch noch intakt. Wir packen zusammen. Sagt ihr bitte Titan Bescheid, dass wir nachkommen?“ Damit beendete Flaffy die Aktion, und sie kehrten auf das Schiff zurück.

Als Flaffy endlich die Box öffnen konnte, stach ihm auch sofort der Fehler ins Auge. Einer der Drucker, die den Kern erweitern sollten, war zerstört worden. Er hatte seine Arbeit nicht verrichten können und ein riesiges Loch hinterlassen. Flaffy nahm die gesamte Konstruktion auseinander. Er versank förmlich in seiner Arbeit. Das war Flaffy. Alle sahen ihm durch die riesigen Panoramafenster am Labor zu. Er zerlegte jedes Teil. Auch die Technik, die er benutzte, war ihnen neu. Ein System, das alles intuitiv auseinandernehmen, analysieren und als Explosion anordnen konnte. Auch das hatte Flaffy gebaut.

Keiner wagte es, ihn zu stören, es dauerte fast drei Tage, bis er aus seiner Trance erwachte. Es war vollendet. Er hatte alle Köpfe der Drucker umgetauscht. Die Leisten erneuert. Die Stromzufuhr effizienter gemacht und eine neue Schnittstelle für den Datenaustausch hinzugefügt. Er schloss das System und steckte eine neue Energiezelle hinein. Über den kleinen Bildschirm in der Box schossen viele Befehle. Alle Drucker fuhren in Nullposition. Dann begannen sie sich zu ordnen und die fehlende Stelle zu reparieren. Er sah ihnen einfach zu, wie sie druckten. Es passierte nicht viel, aber es hatte etwas Magisches, wie die Köpfe sich bewegten. Sie waren fertig und der Kern begann sich zu drehen. Die Drucker stellten niemals ihre Arbeit ein, aber es waren einige inaktiv. Er hatte eine Kamera und ein paar Lautsprecher angeschlossen. Die Kamera begann zu blinken. Zuerst war nur ein Rauschen zu hören. Das Knacken hörte auf und etwas wie ein Schrei ertönte. Nach dem beängstigenden Lärm kam eine beängstigende Stille. Er schaute in den Kasten. Alles lief normal.

„Hörst du mich?“, fragte Flaffy.

Auf dem Bildschirm war ein „Ja“ zu lesen.

Flaffy stellte sich wieder in die Kamera. „Weißt du, wer ich bin?“, fragte er als Nächstes.

Wieder war auf dem Bildschirm nur zu lesen: „Admin“.

Also erinnerte er sich an Flaffy. „Weißt du auch noch meinen Namen?“, fragte er als Nächstes.

Es dauerte einen Moment, bis er eine Antwort bekam. „Flaffy“ stand auf dem Bildschirm.

Flaffy lachte. „Du erinnerst dich an mich.“ Es war fast wie ein Freudenschrei. „Kannst du versuchen zu sprechen?“

Diesmal erschien auf dem Bildschirm nichts. Es war wieder ein Knacken zu hören. Dann verschiedene Geräusche, ein Rauschen. Nur vereinzelt Buchstaben. Langsam formten sich Wörter. Er musste jedes Zeichen einzeln suchen, um es zu einem Wort zusammenzufügen. Er ging das Alphabet von a immer wieder nach hinten durch und stoppte bei dem Buchstaben, den er wirklich aussprechen wollte. Es war sein Name: „Reaktion.“

Flaffy war glücklich über die Antwort. „Schön, dass du wieder da bist.“ Er baute den Kern wieder in den Körper ein, vorher ließ er Titan ein inneres Schild errichten. Der Körper brauchte eine Weile, bis er sich bewegen konnte. Er erhob sich. Flaffy stand genau vor ihm. Reaktion sprang ihn an und griff nach ihm. Er wehrte sich nicht. Alle wollten eingreifen, aber Titan hielt den Rest des Teams davon ab. Im selben Moment ließ er Flaffy wieder gehen. Reaktion stellte ihn ganz behutsam wieder dort ab, wo er ihn geschnappt hatte. „Was ist bloß mit dir passiert?“, fragte Flaffy.

Reaktion schüttelte den Kopf und fiel nach hinten. So als würde er sich hinsetzen. „Ich erinnere mich nur ganz vage an die Geschehnisse. Es ist alles nur so verzerrt. Ich kann auf die Daten nur sporadisch zugreifen. Ich weiß, dass ich durch dieses Loch gefallen bin. Dann verschwimmt alles.“

Flaffy stellte ihm noch ein paar andere Fragen. Er hatte damals ein paar Systemfragen einprogrammiert, um später seine Integrität zu testen. Aber alles schien in Ordnung zu sein. Er war so wie zu dem Zeitpunkt, an dem er ihn verloren hatte. Damals in diesem Schwarzen Loch. Alles – nur dass sein Laufzeitstempel mehrere Millionen Jahre anzeigte. Flaffy wollte dem später auf den Grund gehen. Er war erst einmal froh, dass er ihn wiederhatte.

Geheimnisse

Flaffy musste sich auch wieder seinen normalen Aufgaben widmen. Da er bei den Anträgen bis jetzt keine Fehler finden konnte, ließ er das einfach so weiterlaufen. So war es schlicht einfacher. Und wenn alles normal ausgefüllt wurde, fand er das zwar komisch, aber es kam ihm irgendwie gelegen. Natürlich ließ er es weiter von Titan überprüfen. Er hatte vor, sich nach dieser langen Zeit ohne Pause mal wieder auszuruhen. Er kehrte wieder in seine Suite zurück.

Luna war gerade nicht da. Sie war mit der Trainingseinheit unterwegs. Sie hatte aber einen Zettel hinterlassen und darauf stand: „Bin heute nachher wieder da. Machst du was zu essen?"

„Typisch, wegen dir muss ich noch kochen lernen", murmelte Flaffy in sich hinein. Er stellte sich in die Küche und machte einen Auflauf. Er lehnte gerade an der Ablage, als Luna hereinkam. Sie sah etwas angekokelt aus. „Was ist denn mit dir passiert? Eigentlich beinhaltet das Training keine Feuerübungen", fragte er.

„Du hast gut reden, einer der Kadetten hat es geschafft, dass der Turm umfällt, natürlich ist er explodiert. Ich hab zwei aus dem Feuer herausgezogen." Sie war so was von fertig.

Er gab ein leises Lachen von sich: „Es war echt die beste Entscheidung, dich mit in das Team zu holen."

„Danke, und was gibt's zum Abendbrot? Warte, ich mach mich schnell frisch, dann bin ich da." Sie verschwand im Bad.

Flaffy hatte irgendwie Spaß daran. Das war eine neue Welt für ihn. Seitdem sie mit auf der Titan war, machte das

Leben wieder Spaß, es hatte etwas Erfrischendes, dass jemand da war, dem er abends zuhören konnte. Sich einfach mal nicht um seine eigenen Probleme sorgen zu müssen. Er hatte ihr auch angeboten, dass sie ihr eigenes Quartier bekommt, aber sie wollte es nicht. Ob es wegen Flaffys „gutem“ Essen war oder der Aussicht? Aber er war froh darüber.

Sie kam an, sie hatte sich ein Shirt und eine kurze Hose angezogen. Der Abend war noch lustig. Es gab immer viel zu erzählen. Was sie gemacht hatte oder auch nicht. Flaffy hatte immer nicht viel zu erzählen.

Nachdem das Essen durch war, ging sie schlafen und er machte sich wieder auf zur Brücke. Er wollte mit Titan Zeren suchen, den Techniker, der die Portale mit Cat gebaut hatte. Die Suche war mühselig, sein Standort war nicht auf den Karten verzeichnet. Sie mussten sich durch die Bevölkerung fragen, bis sie endlich wussten, wo er war. Sie hatten nicht mitbekommen, wie schnell die Zeit vergangen war. Sie hatten nur telefoniert. Eine Nachricht ging ein, sie war von Luna: „Flaffy?“ Sie war noch müde. „Was gibt's zum Frühstück?“

Flaffy legte den Kopf auf seine Hände, die auf der Konsole waren. „Ich muss sagen, dumm ist sie ja nicht, eher im Gegenteil. Aber kochen kann sie überhaupt nicht, die Kleine lässt Wasser auf dem kalten Herd anbrennen.“

Titan warf ihm einen ironischen Blick zu. „Oh, du tust mir leid.“

„Deine Heuchelei kannst du dir sparen. Ich muss Essen machen, wir sehen uns in einer halben Stunde wieder.“ Damit machte Flaffy sich auf den Weg nach oben.

Während des Essens kam Luna auf die Idee, sie könnte doch mit in die Materie der Titan eintauchen und mit ihm zu Zeren gehen. Flaffy ging auf die Bitte ein. Er nahm sie mit in die Hülle. Hier war alles viel größer als in der Nano-Titan. Die Gänge waren groß genug, um ganze Häuser zu transportieren. Sie mussten in die oberen Decks, die Antriebssektion. Also weit hinten im Schiff. Zeren hatte eine mittelgroße Wohnung an der Außenhaut. Es waren fast alle Wohnungen in der Außenhaut, aber sie war auch nicht schlecht. Sie war im Ansatz des Armes für die Triebgondel. Er hatte fast freie Sicht nach vorne. Flaffy und Luna fanden die Tür nur mit Mühe und Not. Sie war sehr versteckt. Sie klopften an. Die Tür öffnete sich einen Spalt. Zeren schaute hindurch. Die Tür ging zu, ein Klacken ertönte und sie öffnete sich. Er sah fast genauso aus wie Cat, nur schon etwas lädiert. Sein Fell war sehr struppig. Er hatte auch ein paar offensichtliche Narben. Er schaute sie beide an. Er wusste nicht, was er sagen sollte. „Guten Tag. Was ist passiert?“ Es war lange her, dass jemand von der Führungsebene bei ihm war.

„Guten Tag, es ist nichts passiert, wir wollen Sie nur sprechen“, antwortete Flaffy. Zeren war etwas kleiner als die meisten an Bord, selbst Luna war größer als er.

„Bitte, treten Sie ein.“

Die Wohnung war anders als die von Flaffy, sie war farbenfroher und wohnlicher, nicht so steril und hypermodern. Sie traten ein in die gute Stube. Er bot ihnen einen Platz am Tisch an und fragte: „Was gibt es für Probleme?“

Flaffy fing an: „Ich weiß nicht, wie weit es hier die Runde gemacht hat, aber Cat ist verschwunden.“

„Nein, das haben wir nicht gewusst. Verdächtigen Sie mich, dass ich etwas damit zu tun habe?“, fragte er ängstlich.

„Nein, Sie haben überhaupt nichts damit zu tun, aber wir brauchen Ihre Hilfe. Sie haben doch damals mit Cat an der Portaltechnik geforscht. Können Sie uns etwas darüber sagen, dass Portale einfach so auftauchen und verschwinden können?“, fragte Flaffy.

Zeren seufzte: „Die Portaltechnik. Ich hatte gehofft, nie wieder damit zu tun zu haben.“

„Warum, ist Ihnen etwas Schlimmes passiert?“, fragte Luna.

„Damals, als Cat die Titan baute, gab es ein Problem. Wie transportiert man alles in der Titan? Dieses Schiff ist einfach zu groß, um einfach von einem Ende zum anderen zu fahren. Kein Transportmittel ist dafür schnell genug. Also begann Cat, an der Portaltechnik zu forschen, damals war ich noch ein überzeugter Wissenschaftler, der begeistert von Cat war. In dieser Zeit war Cat wie ein Heiliger, begleitet von der Macht des Schöpfers. Wir haben mehrere Jahrzehnte damit verbracht, diese Technologie zu verfeinern und sie für die Titan vorzubereiten. Allerdings gab es auch Unfälle. Damals haben wir auch versucht, Portale einfach unbestimmt im Raum auftauchen zu lassen. Einfach so, ohne Receiver, der in der Nähe stehen musste, ohne Endpunkt. Leider funktionierte es nur sehr instabil. Cat konnte hindurchgehen. Er schien die Energieform zu verstärken, die das Portal brauchte. Es war uns damals nicht bewusst. Dann versuchte ich es bei einem Test. Und er schlug fehl. Danach war ich durchlöchert wie von tausend Kugeln. Cat gelang es nur knapp, mich zu retten. Danach verwarf er die Forschung, er entließ mich und fragte, was ich als Nächstes machen möchte: Ich antwortete nur: In Ruhe leben. Ich schwor dieser Welt ab,"

Eine Tür ging auf, es schien seine Frau zu sein. Sie ließ vor Schreck das Tablett fallen, auf dem sie zwei Teller und Tassen trug.

Flaffy drehte sich rum. „Ich bitte vielmals um Verzeihung."

Sie versuchte krampfhaft, Haltung zu bewahren. Luna stand auf, um ihr zu helfen, die Scherben aufzusammeln.

„Bleiben Sie doch sitzen, ich mach das schon", entgegnete sie. Aber Luna ließ sich nicht davon abhalten.

Sie wurden in dieser Sektion behandelt, als wäre Gott persönlich vorbeigekommen. Flaffy drehte sich wieder zu Zeren um: „Ich bin zwar schon eine Weile hier, aber ich verstehe immer noch nicht, wie diese Gesellschaft funktioniert."

Zeren sah sich argwöhnisch um: „Flaffy, alles, was Cat tut oder lässt, hat einen Grund. Manchmal erkennt man ihn nicht, aber hinter ihm steht mehr, als man denkt. Ich frage mich auch, warum er dich an Bord geholt hat. Aber ich denke, du sollst die Geheimnisse dieses Schiffes lösen, denn er kann es nicht, weil er zu tief drin steckt."

Flaffy war etwas erstaunt: „Was bedeutet das, Cat steckt zu tief drin?"

„Er selbst ist aus einigen Bereichen seines eigenen Schiffes ausgesperrt. Sektionen, die er nicht betreten kann, die niemand betreten kann", antwortete Zeren.

„Kannst du uns mehr über Cat erzählen, also seine Geschichte, vor allem, was um die Stunde null geschehen ist?", fragte Flaffy ihn.

In diesem Moment waren auch seine Frau und Luna fertig mit aufräumen. „Ich danke Ihnen, kann ich Ihnen etwas anbieten?“, fragte Zerens Frau.

Luna lehnte dankend ab und setzte sich wieder mit an den Tisch, die Frau folgte auch. Zeren begann, die Geschichte zu erzählen: „Cat war vor der Stunde null ein ganz anderer. Er war ehrgeizig, ein brillanter Forscher. Ein Ingenieur der höchsten Klasse. Er konnte das bauen, was niemand für möglich gehalten hatte. Als er die Portaltechnik anfasste, hatte jeder geglaubt, sie sei nicht zukunftsweisend. Aber wir schafften es. Die Titan wurde ein Symbol für Fortschritt. Alles, was an neuer Technik erfunden wurde, verbaute man in ihr. Das meiste wurde schließlich auch hier entwickelt. Wir waren nur an wenige Regeln gebunden. Worüber Cat sehr erbost war, war die Regelung der Vereinten Planeten über die Entwicklung von KI-Systemen. Er wollte unbedingt die Titan mit einer KI ausstatten, um ihr ein eigenes Leben zu geben. Aber er durfte nicht. Man hatte die Angst, dass sie zu mächtig war. Ich weiß nicht, ob er es bis heute geschafft hat oder nicht …“

An dieser Stelle unterbrach Flaffy ihn: „Ich kann Ihnen versichern, Cat hat ein funktionierendes KI-System gebaut.“

„Da bin ich aber froh, und wo wurde es eingesetzt, wie arbeitet es?“, wollte Zeren unbedingt wissen.

„Ich beantworte Ihnen diese Frage, wenn Sie uns unsere Fragen beantworten“, brachte Flaffy vor.

„Also, Cat hatte irgendwann die Idee, eine ganze Welt zu schaffen“, begann Zeren. „Ein Paradies, wie man es bezeichnen will, ist egal. Er begann damit, eine riesige Maschine zu bauen, die in der Lage sein sollte, diese Welt zu schaffen. Er zog alle Register, um Leute heranzubekommen. Leider macht er auch einen Vertrag mit den Führern der Vereinten Planeten. Die Titan war unabhängig, aber er brauchte sie, sie drängten ihn dazu, das Projekt schnellstmöglich fertigzustellen. Geblendet von Gier und Macht über dieses System wollten sie es aktivieren, aber Cat war eindeutig dagegen. Er wehrte sich mit allen Mitteln und drohte sogar damit, das Projekt zu beenden, aber sie stellten ihm eine Falle. Eines Tages kam Cat total aufgelöst zu mir. Er war am Boden zerstört. Er wollte nicht, dass jemand ihn so sah. Man hatte ihm die Hände abgeschnitten. Er gab mir befristet das Kommando und sagte mir, ich solle mit der Titan alle Planeten, die bewohnt sind, aufsammeln, bevor die Welle sie erreicht. Ich übernahm diese Aufgabe. Cat aber verschwand spurlos. Wir dachten, er wäre während der Stunde null gestorben, aber er tauchte wieder auf. Wie Phönix aus der Asche, aber verändert. Er war nicht mehr dieser Enthusiast. Er zog sich von allem Neuen zurück. Ab dem Zeitpunkt wurde seine Welt grau, er war auch kaum noch anzutreffen, wir haben es an ihm geliebt, dass er nicht abgehoben war, er gab sich immer mit uns ab und half uns immer, wo er nur konnte, aber das hörte auf, bis er dann 4000 Jahre verschwand. Und irgendwas hat ihn wieder zurückgebracht. Er war wieder der Alte.“ Damit war er fertig. Flaffy überlegte.

Währenddessen fragte Luna: „Warum hat man das mit ihm getan, ich meine, mit seinen Händen?“

„Die Maschine brauchte eine Hand von Cat, um sich zu aktivieren, die andere nahm man ihm, damit er sie nicht abschalten konnte. Viel schlimmer aber war, dass man sie ihm mit seinem eigenem Schwert abschlug. Das heißt, er konnte sich lange nicht davon erholen. Was aus denen geworden ist, weiß niemand. Da müssen Sie ihn selber fragen, aber ich glaube, das wird er Ihnen nicht erzählen.“ Seine Frau tippte ihn an: „Erzähl ihnen auch von der Orgel.“

„Was meinen Sie, was für eine Orgel?“, fragte Flaffy.

Zeren zögerte. „Naja, schon als Cat auftauchte, hatte er eine abgrundtiefe Liebe zu Musik. Er konnte fast alle Instrumente spielen, die wir kennen, aber da gab es auf der Titan diese riesige Festorgel. Er hat sie geliebt, abgöttisch geliebt, und er war sehr gut darin, auf ihr zu spielen. Er hat sogar Konzerte gegeben. Aber dann …“ Er wurde von Flaffy unterbrochen: „Dann kam die Stunde null und er konnte nicht mehr spielen?“

Zeren zeigte mit dem Finger auf ihn: „So ist es, er versuchte, es wieder zu lernen, aber da es nicht ging, hat er sie zerstört. Er hat sie komplett, wie sie war, in ein Schwarzes Loch gestoßen. Seitdem hat er nie wieder Musik gehört, gespielt oder getanzt. Es gab sogar eine Zeit, da hat er auf dem Schlachtfeld zur Musik gekämpft. Auch wenn er sich wieder gut gemacht hat, seine Glanzzeit ist vorbei.“

Zerens Erzählung machte sie traurig. Cat war ärmer dran, als sie je gedacht hatten. Nur sie wussten davon. Allen anderen auf diesem Schiff hatte er die Wahrheit verschwiegen. „Ich habe dieses Geheimnis niemandem verraten. Aber, Flaffy, nur Sie können ihm helfen, vielleicht können Sie den alten Cat wiederfinden in diesem Schatten seiner selbst!“, fügte er noch hinzu.

Flaffy nickte: „Das ist eine schlimme Geschichte. Wissen Sie, wie wir ihm helfen können?“

„Geben Sie ihm das, was er nie hatte in seinem Leben, geben Sie ihm einen Grund, glücklich zu sein, und nicht nur einen Grund, um zu leben“, antwortete Zeren Flaffy.

„Vielen Dank für diese Hilfe. Ich habe nur noch eine Frage an Sie als Experte. Danach werden wir Sie nicht mehr belästigen. Ist es möglich, ein unbestimmtes Portal ohne Receiver zu bauen und, wenn ja, unter welchen Voraussetzungen ist es möglich?“, fragte Flaffy.

Zeren überlegte einen Augenblick: „Es ist möglich. Es gibt zwei Wege. Zuerst zu dem praktischen. Man braucht einen verdammt starken Sender, genügend Energie und einen Stabilisator. Wenn das erfüllt ist, braucht man eine Energieform, der es möglich ist, aus ihrer Natur heraus die physikalischen Kräfte zu verändern. Ich habe das nur einmal erlebt, dass das funktioniert hat“, antwortete er.

„Und die theoretische Möglichkeit?“, hakte Flaffy nach.

Die Antwort war ernüchternd: „Es muss ein Art Zentrum geben, wo alle Portale ihren Ursprung haben. Wo alle hin- und wieder wegführen. Von diesem Ort aus könnte man jeden Punkt aus erreichen, egal, wie unerreichbar er scheint, aber wir konnten diese Theorie nie beweisen.“

Flaffy nickte wieder: „Ich möchte Ihnen sagen, es ist möglich, denn meine Kumpanin ist durch solch ein Portal in diese Welt gekommen. Ich habe mich zu bedanken. Wie kann ich mich Ihnen erkenntlich zeigen?“

Das, was Flaffy über das Portal gesagt hatte, interessierte Zeren nicht, er wollte nur eines: „Darf ich darum bitten, das Zentrum der Titan einmal sehen zu dürfen?“

„Warum nicht, ich sehe dabei kein Problem.“ Flaffy gewährte es ihm, auf die Nano-Titan mitzukommen. Sie standen vor der Tür zu dem KI-Kern. Sie öffnete sich und der Kern strahlte sie an.

„Er hat seinen Traum am Ende doch noch vollendet, er hat es geschafft“, murmelte Zeren vor sich hin. Er trat in den Raum ein. Er ging um den Kern. Seine Augen waren voller Glanz, er begann, sich wieder aufzurichten. Er erschien jetzt größer. Das Licht schien ihn in seinen Bann zu ziehen. Diese riesigen Ringe, die sich um ihn drehten. Die Feinheit dieser Mechanik, die Geschwindigkeit, diese unbeschreibliche Leistung, die es bringen konnte. Das Gehirn der Titan. „Es war immer sein Traum, diesem Schiff Leben einzuhauchen.“ Es war für ihn, als wäre eine längst vergangene Zeit wieder zum Leben erwacht. Er hob die Hand und streckt sie nach dem Kern aus, dann drehte er sich um: „Flaffy, ich muss dir noch etwas sagen, du willst wissen, wie und warum unsere Zivilisation so existieren kann, geh auf die untersten Decks. Quadrant 7 Deck 23, es ist niemandem möglich, diesen Bereich zu betreten. Vielleicht findet ihr dort die Antworten, die wir euch nicht geben können. Ich wünsche euch viel Glück und dass du deinen Verstand behältst. Auf Wiedersehen.“ Mit diesen Worten entfernte er sich und ging wieder zurück in die Hülle der Titan. „Wollen wir uns das mal anschauen?“, frage Flaffy an Luna gewandt. Sie nickte nur stumpf.

Flaffy ließ sich von Titan alle Informationen über diesen Bereich geben. Es war angegeben als Lagerraum, der aber mit altem Zeug zugemüllt war. Aber wenn dort nur Müll war, warum hatte Zeren ihnen überhaupt diese Informationen gegeben? Was, wenn dort die Geheimnisse begraben lagen, die er so lange zu lüften versuchte? Beide stiegen hinab in die Tiefen der Titan. Dort waren die Portale auch nur sehr spärlich ausgebaut. Man musste viel laufen, um zu seinem Ziel zu gelangen. Das nächste Portal, das sie nehmen konnten, war an einem Wartungsschacht. In dieser Röhre mussten sie einen besonderen Gleiter nehmen, der dort in den Wänden verankert war. Er hatte genau den Durchmesser der Röhre. In der Mitte war die Steuereinheit, in der sie saßen. Das Fahrzeug beschleunigte schnell, aber sie brauchten dennoch mehrere Stunden, um an ihr Ziel zu kommen. Sie gingen einen endlos scheinenden Gang entlang, bis sie endlich an einer Tür angelangt waren. Sie sah anders aus, sie war im Gegensatz zu allen anderen Türen der Titan komplett schwarz. Flaffy stellte sich daran. Es schien ein eigenständiges System zu sein. Titan hörte sie auch nicht mehr. Es war keine Kommunikation mehr möglich. Sie versuchten, die Tür zuerst durch die Konsole zu öffnen. Aber nach einer Stunde war es Flaffy zu dämlich, wie ein nasser Sack an einer Tür zu hängen. Er holte den Würfel aus einer Tasche und drückte ihn fest gegen die Tür. Der Prozess der Schöpfung, den er normalerweise auslöste, schien rückwärts abzulaufen. Auf der Tür bildeten sich die blauen Linien und sie begann langsam zu verschwinden, allmählich verloren auch die Linien an Leuchtkraft und verblassten. Nachdem die Tür verschwunden war, traten sie ein. Vor ihnen lag ein Raum. Ein Eingang, ein Ausgang. Sie traten ein und eine Schutztür schloss sich hinter den beiden. Sie schauten sich um. In der Mitte war ein Kreis. Er sah so aus, als sollte man sich daraufstellen, aber es könnte auch eine Falle sein. Er blickte sie an, sie nickte nur. Beide stellten sich auf die gekennzeichnete Fläche. Um sie herum begann sich der Boden abzusenken. Der Raum wurde kugelförmig. Nur sie standen auf dem Zylinder in der

Mitte des Raumes. Eine weitere Kugel bildete sich um sie herum. Sie war bläulich und durchsichtig.

Eine maschinengenerierte Stimme fragte: „Wollen Sie das Rätsel lösen?“

Flaffy fragte zurück: „Was für ein Rätsel?“

Zurück kam: „Drei Fragen beantworten, die Spielregeln: Erstens, es sind keinerlei Hilfsmittel erlaubt. Zweitens, Sie müssen die Frage in unter zehn Sekunden beantworten. Drittens: Jeder von Ihnen muss mindestens eine Frage beantworten. Viertens, jede Frage muss richtig beantwortet werden. Wird gegen eine diese Regeln verstoßen, wird die Existenz der Kandidaten ausgelöscht. Wollen Sie beginnen?“

Flaffy überlegte. Sie kamen nicht einfach so aus diesem Raum heraus, auch wenn er den Würfel hatte. Sie waren scheinbar in einem Raum, der nicht mehr von Titan kontrolliert wurde. Außerdem waren alle Möglichkeiten zu kommunizieren beseitigt worden. Dieser Raum musste etwas beherbergen, von dem niemand auf diesem Schiff wissen durfte. Das Einzige, was sie in dieser Situation tun konnten, war zu fliehen. Und zwar nach vorne. Beide nickten sich zu. Es gab kein Zurück.

„Die erste Frage, an Luna: Was schafft einen Gott?“ Ein Countdown begann zu zählen. Zehn … Neun … Acht … Sieben. Es war erdrückend. Was könnte einen Gott erschaffen? War damit der Sinn gemeint, oder waren sie direkt gemeint? Sechs … Fünf … Vier… die Gedanken schossen durch ihren Kopf. Drei … Zwei …

„Des Körpers Taten, des Herzens Wünsche, des Geistes Wille!“, schrie sie in den Raum. Der Countdown stoppte.

Die erste Frage war beantwortet. Flaffy wollte wissen: „Woher wusstest du das?“

„Ich war einmal an einem Schrein, der Gott beschreibt. Und um den Altar standen genau diese Worte“, antwortete Luna. Die Fragen waren also auf die Personen bezogen, denen sie gestellt wurden.

„Flaffy, bist du am Leben?“ Wieder fing der Countdown an. Zehn … Neun … Acht … Sieben … Was war er eigentlich? Rein geistig gesehen war er am Leben. Aber das wäre zu einfach. Wodurch zeichnet sich Leben aus, Energieverbrauch, die Fähigkeit sich fortzupflanzen, sich weiterzuentwickeln und zu sterben. Er erfüllte einige dieser Punkte, aber einige nicht. Sechs … Fünf … Vier …

„Ich bin nicht am Leben, aber auch nicht tot. Ich weiß nur: Ich denke, also bin ich.“

Die Antwort wurde akzeptiert, der Countdown hörte auf. Die zweite der drei Fragen war geschafft. Leider gab es immer noch keinen Grund zum Feiern. Eine Frage hatten sie noch zu beantworten, ohne dabei zu sterben. Die letzte Frage stand an: „Auf diese Frage können beide antworten, ihr habt Zeit, euch zu beraten: keine zeitliche Begrenzung. Was ist das Instrument des Schöpfers?“

Diesmal ertönte kein erdrückender Countdown. Das Instrument des Schöpfers. Was könnte das sein?

„Was ist damit gemeint? Ist damit ein Musikinstrument gemeint?“, fragte Luna ihn.

„Ich denke, nicht, es wird damit so etwas wie ein Werkzeug gemeint sein, aber ich denke, es wird im übertragenden Sinn gemeint sein.“

Was könnte ein Instrument des Schöpfers sein? Waren damit die Heiligen Objekte gemeint? Aber sie waren mehr erhaltende Systeme, sie schufen nichts im direkten Sinne, oder war es eines der Heiligen Objekte, das sie noch nicht kannten? Aber die Frage musste beantwortbar sein. Was ist die Grundlage des Schaffens? Luna murmelte etwas vor sich hin: „Die Fähigkeit, alles zu verändern?“ Es war mehr eine Frage als eine Aussage. Aber sie schien richtig zu sein. Das System hatte es als Antwort erkannt. Der helle Kreis um sie herum wurde grün. Sie schauten sich an. Sie hatten es geschafft. Sie konnten weitergehen. Ein Pfad zu der nächsten Tür tat sich auf. Die Tür war nicht viel anders als die, zu der sie hineingelangt waren. Aber jetzt gab es kein Zurück mehr. Sie mussten weiter. Ein Geheimnis wartete auf sie. Eines der großen Rätsel dieser Zivilisation. Sie gingen auf die Tür zu und Flaffy öffnete sie. Er zögerte nicht, denn er wollte diese Geheimnisse lüften, egal, wie schrecklich sie auch waren. Hinter der Tür war ein riesiger Raum. In ihm hätten locker mehrere Planeten Platz gefunden. Er war abartig groß. Was aber noch viel interessanter war, war diese riesige Maschine, die dort stand. Sie nahm fast den gesamten Raum ein. Sie war aufgebaut wie ein riesiger Reaktor. Der Kern war rund und in sechs Teile aufgeteilt. Um sie herum waren viele kleine Behälter. Sie waren mit lila Flüssigkeit gefüllt. Flaffy und Luna standen erst mal da und blickten nach oben. Von überall kamen Kabel und Leitungen aus der Wand. Die Maschine schien mit der gesamten Titan vernetzt zu sein. Aus der Decke kam ein riesiges Energiekabel, sie waren charakteristisch dafür, denn die Energieform, mit der die Titan betrieben wurde, konnte man als zäh fließende Masse betrachten, was sie aber nicht war.

Flaffy versuchte wieder, Titan zu erreichen, aber er hatte damit kein Glück. Es kam nur ein Rauschen. Diese Maschine schien wirklich nicht unter der Kontrolle der Titan zu stehen. Luna schrie einfach mal in den Raum: „Hallo, ist hier jemand?“ Ihre Stimme hallte eine Weile durch den Raum, aber es antwortete niemand. Sie waren allein hier.

Etwas weiter standen kleine Schiffe. Sie sahen anders aus als das, was sie bis jetzt kannten. Sie hatten vier Sitze und waren ohne jegliche Verkleidung. Überall kamen Kabel raus. Sie waren überhaupt nicht der Stil, in dem Cat bauen würde. Ob Cat überhaupt von dieser Maschine wusste, war sowieso die Frage. Sie flogen näher heran. Sie konnten nur auf Sicht forschen, da die Scanner der Titan hier nicht aktiv waren. Sie wussten nicht, wofür die Schiffe gebaut worden waren, aber sie schien nicht aktiv zu sein. Sie flogen an den Kern heran. Es waren einige Wege zu sehen. Dann sahen sie einen Landeplatz. Er schien extra für diese kleinen Flugzeuge gemacht zu sein. Sie landeten. Es gab einige Wege, aber nur einer führte in diese Maschine herein. Sie folgten dem Weg. Ein wenig weiter hinten kamen sie an einen Schlitten, der an zwei Schienen befestigt war. Flaffy war absolut kalt, aber er hatte keine Angst. Luna hingegen war nicht so bodenständig. Sie zögerte etwas, bis sie einstieg, aber die Neugier siegte über die Angst. Sie wagten sich immer tiefer in die Höhle des Löwen. Der Schlitten schoss los. Sie wurden immer schneller. Die Lichter, die an ihnen vorbeiflogen, begannen langsam, sich in einen Streifen zu verwandeln. Irgendwann war diese Schlittenfahrt auch wieder vorbei. Sie waren in einem Kern inmitten der Maschine. Es war wie ein Labor aufgebaut. Überall waren verschiedene technische Einrichtungen. Sie liefen einen

Gang entlang, bis jetzt hatten sie keine Seele angetroffen. Eine große Tür schien den Weg zu versperren. Sie gingen darauf zu. Flaffy öffnete sie mit dem Würfel. Dahinter war eine Steuerzentrale. Sie liefen durch den Raum. Von dort aus hatten sie Sicht auf den Reaktorkern. Das Geräusch einer sich öffnenden Tür hallte durch den Kern und sie konnten auch zwei Personen sprechen hören. Luna konnte es nicht verstehen. Für Flaffy war es leicht, sich anderen Sprachen anzupassen. Aber sie war immer noch dabei, die Hauptsprache der Titan zu lernen. Die beiden versteckten sich sofort in einer Ecke des Raumes, hinter einem kleinem Schrank. Die Stimmen kamen immer näher. Luna fragte ihn: „Und was sagen sie?"

Er überlegte: „Es geht um eine Art Projekt, einen Versuch, sie scheinen eine neue Lebensform erschaffen zu wollen. Aber sie scheint nicht auf Kohlenstoff zu basieren. Jetzt geht es um den Eingang. Sie fragen sich, ob die ungebetenen Gäste es zu dem Reaktor geschafft haben. Falsch gedacht. Sie sagen noch, sie haben im Moment keine freien Plätze." Flaffy hatte grob übersetzt.

Es schien nicht um den Raum zu gehen, sondern es schien von etwas anderem abhängig sein, warum sie nicht weiterarbeiteten. Sie kamen immer näher. Die Tür der Zentrale öffnete sich. Sie waren von derselben Spezies, von der auch Cat war. Sie gingen zu der Konsole, stellten etwas ein und wollten wieder gehen. Doch Flaffy stellte sich ihnen in den Weg. Er hatte sich dafür geteilt. Er stellte sich. Einer der beiden zog vor Schreck ein Taschenmesser. Flaffy nickte: „Denken Sie, Sie können mir mit dem Zahnstocher etwas tun?" Der Forscher schaute sein Messer an und steckte es wieder weg. „Danke, sagen Sie mir erst mal, wer Sie sind und was das hier ist“, fragte Flaffy streng.

Die beiden zögerten.

„Wird’s bald, ich weiß, welche Sprache Sie sprechen, und ich weiß, dass Sie mich verstehen“, half er nach.

„Ich bin ZX01 und das ist ZX02. Wir sind Forscher“, antwortete einer der beiden.

„Und woran forschen Sie?“, fragte Flaffy weiter.

„Naja,“ eierte ZX01 rum. „Forscher eher weniger, wir wenden eine Forschung an. Wir setzen bestimmte Seelen in geklonte Körper ein.“

„Und was klonen Sie hier?“, fragte Flaffy weiter.

„Wir halten diese Zivilisation am Laufen, unsere Körper sind aus Energie und vergehen nicht, wir sterben nicht einfach so, können uns aber nicht einfach fortpflanzen. Unsere Rasse besitzt nicht die Fähigkeit, sich zu vermehren. Also hat jemand, wer, wissen wir nicht, es veranlasst, dass zwei abgeschirmte Individuen anfangen, uns immer wieder zu klonen“, antwortete der andere. „Eigentlich sollte dieses Geheimnis niemals ans Licht kommen. Es gibt nur wenige, die etwas geahnt haben, und die glaubten, es sei ein Traum gewesen.“

„Das heißt, diese gesamte Zivilisation wurde von Ihnen erzeugt?“, wagte sich Luna vor.

„Man kann sagen, wir haben die Arbeit eines anderen fortgesetzt. Aber hier kommt diese Zivilisation her“, antwortete ZX01.

„Warum wird die Zivilisation dann nicht größer?“, fragte Flaffy.

„Weil wir nur Körper erzeugen können, ohne Seele sind sie nutzlos. Dieser riesige Generator ist eigentlich keiner, es ist eine riesige Antenne. Unsere Seelen vergehen nicht, sie wandern zu uns und bekommen einen neuen Körper. Gibt es keine Seelen, wächst die Zivilisation nicht. Egal, wo sie sterben, sie kehren immer zu uns zurück. Sie bekommen einen neuen Körper und werden auf der Titan wieder ausgesetzt, viele bekommen das nicht einmal mit“, fuhr er fort.

ZX02 ergänzte: „Wir forschen eigentlich nur daran, wo wir herkommen. Es gibt einfach keine Erkenntnisse darüber, wie wir entstehen.“

Flaffy nickte leicht. ZX01 musste eine Bitte loswerden: „Ich weiß, was wir hier tun, ist fragwürdig, aber bitte schalten Sie es nicht ab, nur hierdurch kann unsere Zivilisation weiterleben.“

„Ich habe nicht vor, diese Abteilung zu schließen. Ich habe nur eine Umstrukturierung vor. Ich habe eine Frage: Wenn Sie sagen, Sterbende kehren immer wieder hier an diesen Ort zurück, führen Sie Listen darüber?“, fragte Flaffy.

ZX01 antwortete: „Natürlich, wir führen Listen darüber, welche Seele mit welchem Körper versehen wurde, welche Todesursache vorlag und unter welchen Umständen das passiert ist.“

„Ich will wissen, wie viele noch nie hier waren.“

ZX02 drehte sich rum und schaute an einer Konsole nach: „Ich habe nur einen gefunden, der noch nie hier war, abgesehen von uns.“

„Wer ist es?“, fragte Luna nach.

„Cat Steloun, er war noch nie hier“, antwortete er.

Flaffy musste nachhaken: „Welche Daten werden hier alles angesammelt?“

ZX01 antwortete: „Alles, wir speichern alles, nur von ihm haben wir überhaupt keine Aufzeichnungen, er war auch noch nie hier.“

„Wie kommt es eigentlich dazu, dass es immer mehr geworden sind?“, fragte Luna.

„Naja, manchmal bekommen wir einfach Seelen, die wir nicht kennen. Sie sind neu, sie bekommen einen neuen Körper und werden mit eingegliedert. Sie sind wie kleine Kinder“, antwortete ZX02.

„Ist es möglich, dieses System mit der Hauptkontrolleinheit der Titan zu koppeln?“, fragte Flaffy die beiden.

Beide mussten lachen, „Wenn die Titan endlich einen neuen Hauptrechner bekommt, der das rafft, können wir das gerne machen.“

Luna nickte. „Ich glaube, unsere gute KI schafft das.“

Flaffy bestätigte: „Der Rechner schafft das.“

„Solange diese Einrichtung vor allen verborgen bleibt, das würde sonst alles zunichtemachen, was wir aufgebaut haben.“

Flaffy sagte zu, dass die oberste Geheimhaltung für dieses Labor erhalten bleibe. Alles baute darauf auf, dass sie nicht wussten, woher sie kamen, was auch ein Grund dafür sein konnte, warum sie keine Namen hatten. Dieses System musste es auch schon länger geben als die Titan selbst. So musste auch dieser Planet existiert haben. Eine Rasse, die ewig lebt, ohne Ausweg aus diesem Kreislauf. Aber welchen Sinn erfüllten sie dann in diesem Universum? Es schien, so als wären sie dafür geschaffen worden, um irgendwann auf der Titan zu arbeiten. Was aber komisch war, war, dass alle schon mal gestorben waren oder hier durch dieses System in die Gesellschaft aufgenommen wurden, aber Cat war noch nie hier gewesen, er war noch nicht mal hier angekommen. Er kam von außen. Oder hatte diese Gesellschaft einen komplett anderen Nutzen, als sich alle vorstellen konnten?

Alte Geschichten

Luna und Flaffy konnten endlich wieder auf die Nano-Titan zurückkehren. ZX01 und ZX02 schlossen die Antenne an das System der Titan an. Flaffy richtete die Sicherheitsfreigaben ein. Nur die Führungsebene hatte direkten Zugang. Also Wraith, Yurai, CS, Cat, Flaffy und Luna. Das hieß aber nicht, dass alle davon erfahren sollten. Ihm war sowieso schleierhaft, ob Cat überhaupt davon wusste, aber es war zu vermuten. Aber all das, was hier auf der Titan existierte, schien von vorneherein auf ein bestimmtes Ziel ausgelegt zu sein. Niemand wusste, wieso. Eines beschäftigte Flaffy dennoch, Zeren musste davon gewusst haben, sonst hätte er ihnen niemals diesen Tipp gegeben. Sie hatten ihn gesucht. Sein Quartier war leergeräumt, niemand wusste, wo er hingegangen war. Er war nicht mehr aufzufinden. Flaffy hätte ihm gerne noch ein paar Fragen gestellt. Vor allem zu seiner Theorie, dass alle Portale irgendwo zusammenlaufen. Er war an einem toten Ende angekommen, einem Punkt, wo er einen anderen Ansatz brauchte. Er musste erst einmal wieder zum Anfang gelangen, um weitermachen zu können. Er wusste: Die Titan basierte auf den Fähigkeiten des Schöpfers, alles auf ihr war einem bestimmten Zweck gewidmet, wahrscheinlich auch er und alle anderen des Teams. Deswegen glaubte er nicht, dass Luna nur ein Zufall war und nach allem, was passiert war, konnten auch die unmöglichsten Dinge Wirklichkeit werden. Die Titan arbeitete auf Hochtouren, der Ausfall von Cat war mittlerweile ausgeglichen. Alles lief gut. Auch wenn er nicht da war, die Welt drehte sich weiter und Flaffy dachte nicht daran, die Füße hochzulegen und sich eine schöne Zeit zu machen. Er hatte immer noch viele Fragen.

Er wollte aber erst mal andere Dinge erledigen, also machte er sich auf den Weg in die Werkstatt. Er hatte Reaktion bis auf unbestimmte Zeit dort unter Arrest gestellt, bis Näheres bekannt war über die Zeit, die er nicht in diesem Universum verbracht hatte. Er war in einer der Schiffswerften untergebracht. Flaffy wollte unbedingt mehr über diese Welten erfahren, die er durchlebt hatte. Reaktion schob schon Langeweile, er konnte nichts machen. Aber er hatte etwas gefunden, womit er sich beschäftigen konnte. Flaffy öffnete die Tür, er sah nach links, niemand da, rechts auch – niemand da. Er lief zu dem Wächter, der an der Tür stand: „Ist er abgehauen?"

„Der ist hinten in der Kantine", kam die Antwort.

„Was macht der in der Kantine?", fragte Flaffy.

Der Wächter zuckte nur mit den Schultern. Flaffys Ziel war nun das andere Ende der Werft. Schnurgerade marschierte er durch die Halle. Als er dort ankam, stockte er. An der Kantine war ein Andrang von Leuten, so, als würde ein Star Autogramme verteilen. Sie drängelten sich überall, nur um weiter Richtung Buffet zu kommen. Er tippte einen an: „Was läuft hier ab?"

Der drehte sich um: „Haben Sie es noch nicht mitbekommen? Hier soll es unvorstellbar leckeres Essen geben."

Hätte Flaffy Augenbrauen gehabt, hätte er sie gehoben. Er drängelte sich weiter durch, an der Essensausgabe vorbei. Direkt in Richtung Küche. Als er die Tür öffnete, konnte er nicht glauben, was er sah. Reaktion, ein riesiger Kampfroboter, stand in der Küche und kochte. Er flambierte gerade mit einem riesigen Flammenwerfer ein Essen.

„Was zum Teufel geht hier ab?!“, schrie Flaffy ihn an. Er musste sehr laut gewesen sein, alle verstummten. Niemand wagte zu atmen. „Was zur Hölle hast du geraucht!?“, fragte er weiter.

Reaktion wagte nicht, sich zu bewegen. Flaffy machte eine abfällige Bewegung mit der Hand nach vorne. „Ich konnte deine Antwort nicht hören?“

„Geraucht habe ich nichts“, kam eine leise Antwort.

„Und?“, baute Flaffy noch mehr Druck auf Reaktion auf.

Es war immer noch still, man hätte eine Büroklammer auf dem Boden aufschlagen hören können. „Ich hatte das Bedürfnis, etwas zu kochen, und es hat mir Spaß gemacht“, antwortete er.

Flaffy fiel aus seiner festen gestreckten Haltung in eine lockere. Er schlug sich leicht mit der Frontseite gegen den Kopf und schüttelte ihn.

„Was ist mit dir?“, fragte Reaktion.

Flaffy schüttelte weiter den Kopf. „Ich weiß nicht, wie, aber offenbar habe ich es hier nur mit Kranken zu tun.“

„Wie meinst du das?“, fragte Reaktion ihn.

„Unsere KI kann mit Kleidung und Kapitalismus nichts anfangen, Wraith ist ein Psychopath ohnegleichen, der eine Freundin hat, und du bist ein Kampfroboter, der sich die Beschäftigung ‚Kochen‘ ausgesucht hat?“ Flaffy wusste irgendwie nicht, wie er darauf klarkommen sollte. „Ich werde mich jetzt nach draußen begeben. Du räumst auf und ich hoffe, dass ich mich dann nicht mehr erinnere, was gerade passiert ist.“ Damit drehte Flaffy sich auf dem Absatz um und ging. Er schlug die Tür hinter sich zu. Es dauerte noch eine Minute, bis wieder einzelne Stimmen erklangen. Reaktion beendete seine Arbeit. Nicht, dass er alles einfach stehen und liegen ließ, nein, er beendete noch sein Werk. Er bewegte sich langsam nach draußen.

Flaffy hatte sich in einen sehr tiefen Stuhl gesetzt, der schon fast mit einem Sitzsack vergleichbar war. Reaktion stellte sich ihm gegenüber: „Okay, was brauchst du?“

Flaffy wippte mit dem Kopf: „Ich will eigentlich nur wissen, was in der Zeit passiert ist, nachdem du in das Schwarze Loch gefallen bist?“

Reaktion eierte hin und her. Flaffy war bewusst, dass er sich nicht vollständig an alles erinnern konnte und dass auch einige Datensätze beschädigt waren. Er wollte ihn mehr darauf testen, wie er auf ihn reagierte. Und Reaktion fing an zu erzählen: „Mit dem Moment, als ich dem Zentrum näherkam, verschwimmt alles in meinen Gedanken. Alles brach zusammen. Alles war hell. Alle Sensoren spielten verrückt. Dann kam eine Schwelle. In diesem Moment waren alle Störungen weg. Entweder fehlten mir die Sensoren oder sie funktionierten wieder. Ich trieb einige Zeit durch einen Raum. Ich konnte nur wenige Sterne ausmachen. Sie waren nicht weit entfernt. Alles, an das ich mich erinnere, kommt mir so vor, als wären es nicht meine Erinnerungen. Sie fühlen sich so unecht an. Nach einiger Zeit schlug ich auf einem Planeten ein. Mein Körper war zu schwer beschädigt, um sich wieder zu regenerieren. Nach einiger Zeit fand mich jemand. An sein Gesicht erinnere ich mich nicht, ich kenne auch diese Spezies nicht. Auch hier existiert sie nicht. Sie nahmen mich mit. Alles ist nur noch verschwommen. Sie bauten mich auseinander. Und wieder zusammen. Zuerst waren es nur kleinere Veränderungen. Ich war ein stationärer Geschützturm mit intuitiver Handlungsweise. Sie baute mich immer wieder um. Es wiederholte sich immer. Es gab kein Ende. Ich wanderte durch die Schlachten von einer Fraktion zur anderen. Ich sah auch einige wieder. Sie kamen immer wieder, ein Krieg, der niemals endet. Sie bauten diese alten Waffen in mich ein, um mich noch stärker zu machen. Ich wanderte von einer Fraktion zur nächsten. Ich hatte gerade einen Kampf zu Ende geführt, als ein gleißendes Licht mich traf. Es zog mich magisch an. Ich durchschritt es. Aber an dieser Stelle hören meine Erinnerungen auf. Dieses Licht, es war düster. Es war kein Licht, das Sicherheit garantiert. Es war böse und finster, aber ich konnte mich ihm nicht widersetzen. Es zog mich in sich. An dieser Stelle enden meine Erinnerungen. Dann kommt der Moment, an dem ich neu gestartet wurde. Als ich wieder in dieser Welt erwachte."

Das war alles. Es war trotzdem mehr, als Flaffy erwartet hatte. Diese Welt hinter dem Schwarzen Loch war ein Überbleibsel aus der Zeit vor der Stunde null. Auf irgendeine Weise hatte sie es überlebt. Sie existierte noch. In einer endlosen Schleife, ohne jemals ein Ende zu finden.

„Sehr interessant, diese Welt", stellte Flaffy fest. „Ich werde dir ein einfaches Angebot machen. Entweder wir lassen dich hier, als Koch für alle, oder du trittst unserem Team bei, unter der Voraussetzung, dass du mit Titan gekoppelt wirst zur Überwachung. Es gibt nur diese beiden Möglichkeiten." Er wollte ihm die Wahl lassen. Ihn einfach so ohne Überwachung in das Team aufzunehmen, ging nicht. Er musste auch daran denken, welche Verantwortung er hatte.

„Der Kern, er funktioniert?", fragte Reaktion aufgeregt.

Flaffy nickte: „Er funktioniert und die KI, sie ist sehr lebendig.“

„Und … und was ist mit Chantal und Anthony, sind sie auch noch da?“, fragte Reaktion als Nächstes und diesmal schüttelte Flaffy einfach nur mit dem Kopf: „Sie sind beide leider nicht mehr da, Chantal ist nach dem Tod von Anthony gegangen. Sie haben die Titan verlassen. Ich wünschte, sie wären geblieben.“

„Schade, ich hätte sie beide gerne wiedergesehen. Weißt du noch, als wir von der Erde geflohen sind?“, fragte ihn Reaktion.

„Klar, es war der grandioseste Moment in meinem Leben, diese staubige alte festgefahrene Welt zu verlassen“, antwortete Flaffy. „Ich werde dir etwas Zeit zum Überlegen geben, ich allerdings hätte dich gerne mit im Team.“

„Ich brauche keine Zeit. Meine Entscheidung steht schon fest. Ich werde alles dafür tun, um wieder mit dir unterwegs sein zu können!“, antwortete Reaktion. Flaffy stand auf. „Na dann. Die Entscheidung ist gefallen. Wir werden dich noch etwas modifizieren und du bist bereit.“

Flaffy rief Titan. Sie sollte antreten und einen Sender mitbringen. Er war sehr klein. Flaffy baute ihn direkt am Kern ein. Reaktion war fasziniert. Er hatte sich nicht verändert, auch wenn dieser riesige Blackout dazwischen war. Was Flaffy absolut vergessen hatte, war, dass Reaktion die meisten vom Team nicht kannte. „Du, Flaffy, wer war eigentlich die Frau, die dir den Sender gebracht hat?“

Flaffy hatte gerade die Klappe zugemacht. „Das war unsere liebe Titan, die KI dieses Schiffs. Ich will fast meinen, sie hat dich umgebracht. Aber du lebst ja noch.“

„Und was ist mit Cat? Hast du ihn letztendlich gefunden?“, fragte Reaktion weiter. Flaffy überlegte einen Moment, er wollte antworten, aber er wurde unterbrochen.

Eine Schleuse ging auf. Luna kam herein, sie hatte keine Angst vor Reaktion. Eigentlich hatte Flaffy etwas anderes erwartet. Sie war in so kurzer Zeit so abgehärtet worden.

„Flaffy?“

Flaffy streckte den Kopf hinter dem Metallberg vor ihm hervor. „Was gibt's?“

„Also, du bist jetzt schon seit ungefähr einer Woche hier unten und, naja …“ Man konnte ein Grummeln hören. Er wusste schon, was die Stunde geschlagen hat. „Ich hab Hunger. Alles, was im Kühlschrank essbar war, ist aufgebraucht!“, Luna schaute ihn mit großen Augen an.

Wie Flaffy bereits vorausgeahnt hatte, konnte Luna nicht kochen oder in irgendeiner Form mit Lebensmitteln umgehen.

Flaffy kam zu ihr herunter: „Luna, so sehr ich es genossen habe, ich werde nicht mehr für dich kochen.“

Das trieb ihr die Tränen in die Augen. Sie wusste, ohne ihn würde sie hier nicht überleben. „Ich denke, diese Aufgabe wird jetzt jemand anderes aus unseren Reihen übernehmen.“ Er schielte über die Schulter zu Reaktion. „Luna, darf ich vorstellen, Reaktion, jetzt erst richtig, ein Kampfroboter, ein Freund von mir und unser neuer Koch!“ Lunas Augen wechselten wieder die Farbe von traurig trüb zu glänzend hell. Sie schubste Flaffy mit einer Hand leicht weg: „Du bist fies, Flaffy.“

Reaktion war sofort Feuer und Flamme für Flaffys Plan. Er sprang auf, um ein Essen vorzubereiten. „Ich denke, heute gibt es ein ganz besonderes Essen!", entgegnete er Luna.

Sie schüttelte nur den Kopf: „Du weißt echt, wie man jemandem Angst macht."

Der Tag versprach noch lustig zu werden. Flaffy und Reaktion unterhielten sich über die Zeit, bevor sie auf die Titan kamen. Sie feierten und den gesamten Tag wurde nur an die alten Zeiten gedacht.

Reaktion hatte für Luna extra Steaks gemacht. Sie waren fertig. Luna war satt. Flaffy wartete nur noch auf Titan, sie sollte Flaffy den Sender bringen. Die Tür ging auf und sie kam rein. Reaktion war überrascht, wie sie aussah. Es war ihm nicht klar, dass KIs sich auch geistig unterscheiden. Sie war ganz aufgeregt: „Flaffy, komm schnell, wir müssen auf die Brücke, wir haben eine Nachricht über die Notfallfrequenz bekommen!"

Flaffy sah kurz zu Luna: „Wir machen uns jetzt schnell nach oben, das müssen wir uns anhören."

Reaktion wartete in seinem Hangar, die drei eilten zur Nano-Titan, um sich die Nachricht anzuhören. Sie war über eine besondere Leitung gekommen. Cat und Flaffy hatten zusammen eine Möglichkeit gefunden, verschlüsselte Nachrichten über das Netz zu schicken, über das auch die Portale verbunden waren. Der Nachteil war einfach, dass sie nicht zurückverfolgbar war, niemand wusste also, wo sie herkam. Sie standen auf der Brücke. Flaffy drücke auf den Knopf. Ein Rauschen ertönte. „Hier spricht Cat Steloun." Er hörte sich erschöpft an. „Mir geht es einigermaßen gut. Ein kurzer Lagebericht: Ich bin in einer mir unbekannten Welt und Dimension gelandet. Hier herrscht eine Monarchie ähnlich wie im 18. Jahrhundert auf der

Erde. Ich werde verfolgt, weil man glaubt, dass ich eine Prinzessin des Reiches entführt habe, was indirekt sogar stimmen könnte. Ich bin hier Staatsfeind Nummer 1. Wenn ich meine Verfolger abgehängt habe, werde ich mich sofort an die Entwicklung eines Portals machen. PS: Flaffy, geh in den Raum der KI, an die Wand mit den vielen Kapseln. Verwende die Verschlüsselung 7560153X, dort wirst du Informationen zu Austausch-Portalen finden. Falls ich fertig werde, halte bitte das Portal mit der Nummer 009 offen, ungesichert, aber umhüllt mit einem Schild. Geh kein Risiko ein. Mein Verschwinden war kein Versehen. Ich muss jetzt weiter, meine Verfolger sind mir auf den Fersen …“ Damit war die Nachricht beendet.

Luna schaute etwas entgeistert. „Das klingt sehr nach meiner Familie. Ich hätte nie gedacht, dass die sich mal so eine Mühe geben, um mich wiederzufinden. Aber wenn sie Cat bekommen, werden die ihn foltern, bis er mich ihnen zurückgibt.“

Flaffy entgegnete ihr: „Folter ist nicht das Problem, Cat kann man ohne ein Heiliges Objekt keine Schmerzen zufügen. Eher ist es ein Problem, dass er das Portal nicht bauen kann. Er ist zwar so brillant, dass er in einer Welt, die so etwas nicht kennt, eins bauen kann, aber das in einem Gefängnis zu tun, ist so ’ne Sache, und so, wie er sich angehört hat, ist seine Kraft auch nicht mehr so vollständig.“

„Abwarten, Cat wird einen Weg finden, wieder hier auf die Titan zu kommen“, fügte Titan hinzu.

„Flaffy, wer ist eigentlich Cat, du hast immer nur um den heißen Brei geredet, wer ist er eigentlich?“, fragte Luna ihn.

Flaffy tippte auf der Konsole rum. Einige Bilder von Cat tauchten auf. Er hatte welche herausgesucht, auf denen Cat in seiner Uniform steckte. „Kurz gesagt ist Cat einfach nur der Chef auf diesem Schiff. Wie du weißt, ist diese Schiff älter als dieses Universum und alle anderen Dimensionen, die es im Moment gibt. Cat hat dieses Schiff gebaut und wie ich vermute, ist er auch noch viel mehr als das, was du mitbekommen hast. Cat hat die Fähigkeit, die Gravitation zu manipulieren, wie ich die Fähigkeit habe, mich aufzuteilen. Er hat als Symbol das Schwert der Unendlichkeit bei sich. Ich halte ihn für einen fähigen Anführer. Was Führung angeht, ist er gut. Aber er hat auch Defizite", antwortete Flaffy.

Luna war positiv angetan von Cat. „Sieht nicht schlecht aus. Aber was meinst du mit Defiziten?"

Titan antwortete, bevor Flaffy reagieren konnte: „Er ist in diesem Beziehungskram nicht gut, er kann Gefühle manchmal nicht deuten und ist auch sehr exzentrisch."

Flaffy stimmte mit einem Kopfnicken zu.

„Und wie ist er so drauf?", fragte Luna weiter.

„Wie sind denn alle anderen auf diesem Schiff drauf? Nimm das hoch zehn und multiplizier es mit der Länge dieses Schiffs in Millimetern", antwortete Flaffy trocken.

Lunas Augen wurden ganz groß. „Du wirst es schon merken. Andere finden ihn komisch, aber für diese Schiff ist das perfekt", ergänzte Titan.

Flaffy musste lachen: „Ich denke, wir sehen ihn bald wieder."

Alle machten sich auf den Weg wieder zurück in die Werkstatt. Reaktion brauchte noch den Sensor. Sie wollten endlich wieder anfangen zu suchen. Reaktion sollte fürs

Erste mit CS arbeiten. Der hatte immer noch mit den Archiven zu tun. Sie sollten weiter nach dieser Welt suchen. Die umfassenden Karten der Titan waren echt eine Herausforderung. Flaffy hatte sich aber nochmal seine Konstruktion angeschaut. Sie sah aus wie ein Flickenteppich. Flaffy war auch die Fähigkeit gegeben, sich in andere Formen zu transformieren, und hatte noch ein paar Modifikationen vorgenommen, damit Reaktion auch wieder seine alte Form annehmen konnte. Dabei waren noch die alte Form als Auto, die Form als Raumschiff und ein Panzer, der dem Raumschiff sehr ähnlich sah. Er wurde förmlich in eine Multifunktionswaffe umgebaut. Flaffy war froh, dass er wieder da war. Ein weiterer Mitstreiter auf dem Schlachtfeld gegen diese unbekannte Macht.

Leben und existieren

Das Leben auf der Titan veränderte sich kaum, aber es schien nie seinen Reiz zu verlieren, so, als würde man in einen Bann gezogen werden, wie von einer wunderschönen Sirene, die die Seefahrer mit ihrem Gesang in die Falle lockt und sie letztendlich verschlingt. Der Weg war steinig. Sie kamen kaum an Informationen, auch von Cat kam keine neue Nachricht. Es schien ihm nicht möglich zu sein, eine weitere Nachricht abzusetzen. Was sich aber ab und zu meldete, war das Portal 009. Es flackerte hin und wieder. Ein Zeichen, dass Cat daran arbeitete, ein Portal aufzubauen, aber auch diese Verbindungsanfragen, die immer eingingen, waren nicht zurückzuverfolgen. Der Sender schien ja schon zu funktionieren, nur das Portal war noch nicht aktiv. Sie konnten nur abwarten, bis er es fertiggestellt hatte. Also galt es, sich in Geduld zu üben. Flaffy hatte Luna mit einem Administratorrang ausgestattet und sie mit Titan auf die Brücke gestellt. Sie sollten die Umgebung im Auge behalten. Flaffy suchte krampfhaft mit CS nach einem Weg, die Signale des Portals zurückzuverfolgen. Aber vergeblich. Die Ergebnisse waren sehr ernüchternd. Sie konnten gerade mal die Information bekommen, dass die Quelle nicht in dieser Dimension war. Cat war nicht mehr in diesem Universum. Sie hatten sich auch die Kapsel angeschaut. Sie war voller Informationen der damaligen Forschungsergebnisse. Sie hatten herausgefunden, dass das ein Austauschportal sein musste. Ein Portal, das einen ähnlichen Input aus zwei verschiedenen Welten brauchte. Es tauschte zwei Wesen aus. Luna gegen Cat. Allerdings gab es eine wichtige Frage zu beantworten. Der

Tausch musste auch in einem gewissen Rahmen ausgeglichen sein, aber wo war die Verhältnismäßigkeit und wonach wurde dieser Tausch beurteilt? Luna gegen Cat. Ein Tausch, der für alle kräftetechnisch keinen Sinn machte. Oder gab es dort etwas, was sie nicht sahen? Etwas an Luna, was sie nicht sahen? Etwas in ihr, was sie zu so etwas Besonderem machte wie Cat, was sie auf dieselbe Stufe brachte wie ihn. Doch das Einzige, was ihnen im Moment auffiel, war, dass Titan sie nicht sehen konnte, nur wenn sie direkt vor einer Kamera stand. Bei ihr waren alle Sensoren völlig sinnlos. Dieser Frage wollte Flaffy aber gerade nicht nachgehen. Er wollte nur herausfinden, wo Cat abgeblieben war. Aber er hatte allen Grund, mit Dingen um sich zu schmeißen.

CS zog den Kopf ein, als Flaffy ein Messgerät an die Wand schmiss. CS hatte ihn nur selten so wütend gesehen: „Wow, bitte erschlag mich nicht mit so einem Teil!“

„Ich komme einfach nicht weiter, wir haben nahezu alles ausprobiert, aber wir haben gerade mal herausgefunden, dass das Signal nicht aus diesem Universum stammt. Mist.“ Flaffy setzte sich auf eine Bank.

„Was hältst du davon, wenn ich weitermache und du dich erst einmal ausruhst?“, fragte ihn CS.

„Und was soll ich tun?“ Flaffy betonte es etwas abfällig.

„Warum gehst du nicht mal in eine Bar im unteren Bereich des Schiffes?“, schlug CS vor.

„Und was soll ich da?“ Flaffy war nicht begeistert.

CS wollte einfach nur, dass er sich mal nicht um die Geschehnisse auf diesem Schiff kümmerte. „Was hältst du von der Idee, deinen Kopf mal wieder freizumachen?“ CS sagte das mit etwas mehr Nachdruck.

„Wenn du meinst, ich verdünnisier mich dann mal.“ Flaffy drehte sich um und stiefelte Richtung Portal 008, er hatte auch keinen Bock, so weit zu laufen. Der Weg durch die Nano-Titan war ihm schon lang genug. Er trat aus dem Portal aus. Die Nummer war so lang, dass er sich nicht die Mühe machte, sie sich einzuprägen. Er ging um ein paar Ecken. Die Gänge waren hier viel enger, die Lichter waren auch nicht mehr ganz so gut. Flaffy wusste, er war hier in der Unterwelt der Titan angekommen. Was ihn schon fast wunderte, war, dass er keine Kriminellen fand. Es war halt nur nicht ordentlich. Er stand vor einer Tür. Sie war nicht groß, es machte den Eindruck, als wäre dahinter eine Untergrundspelunke. Er dimmte sein eigenes Licht. Von überall zog er Augen auf sich. Es schien so, als würde hier nicht wirklich oft einer von der oberen Ebene vorbeikommen. Er öffnete die Tür und trat ein. Sofort hörte er die Musik. Der Bass pumpte. Er hörte auch, dass Leute feierten. Das Gemurmel ging in der Musik unter. Noch eine Rechtskurve und er war da. Er stand in einem Nebeneingang eines riesigen Festsaals. Auf der Bühne tanzten alle. Auch so etwas wie ein DJ war dort. Hinter ihm riesige Bildschirme und Lichtanlagen. Die Musikboxen waren vom Allerfeinsten. Alles tanzte, sprang und feierte. Er schien der Einzige zu sein, der sich nicht im Rhythmus der Musik bewegte. Alles war voll auf die Bühne fokussiert. Niemand beachtete ihn. Er war auch froh darüber, mal nicht als Oberbefehlshaber wahrgenommen zu werden. Hinten gab es eine Bar mit Tischen davor, wo man sich hinsetzen konnte. Flaffy nahm sich einen Stuhl und drehte sich zu der Menge. Er beobachtete sie ganz genau. Er untersuchte sie förmlich. Wie sie sich bewegten, wie sie feierten, wie sie sich gaben. Die Truppe war wild zusammengemischt. Einige hatten männliche Züge, breite Schultern und deutlich sichtbare Muskeln, andere waren wieder weiblicher, mit angedeuteten Brüsten und einem breiteren Becken. Welchen Zweck hatte das? Diese Spezies war nicht in der Lage, sich fortzupflanzen, also wofür waren dann dieses Geschlechtsmerkmale? Was war das Geheimnis? Eine Dreiergruppe Frauen hatte ihn entdeckt. Sie machten Anspielungen darauf, mit ihm tanzen zu wollen, aber Flaffy gab sich ganz uninteressiert. Er wollte nicht aufstehen. Aber das musste er auch nicht. Eine Frau setzte sich an die andere Seite des Tisches. Flaffy sah sie kurz an. Sie hatte in ihrem Haar ein paar lila Strähnen mit blauem Ansatz. Ihr Outfit war sehr freizügig. Sie trug nicht mehr als einen Sport-BH und ein kurzes Sporthöschen. Sie schob ihm ein Glas mit einer seltsamen blauen Flüssigkeit zu. „Und was verschlägt Sie in eine Bar wie diese?"

Flaffy winkte ab. Auch das Glas interessierte ihn nur wenig. Sie fragte weiter: „Ist es etwa so schwer, den Helm einmal abzusetzen und einen Schluck zu trinken?"

Flaffy drehte den Kopf zu ihr und schaute das Glas an: „Und was, wenn ich kein Gesicht habe?"

Sie lächelte: „Ich weiß, dass Sie kein richtiges Gesicht haben. Sie sind Flaffy."

Er nickte leicht. Sie streckte ihm die Hand hin: „Ich bin Laila, mir gehört diese Bar."

Ihre Hand war zierlich, er überlegte, ob er sie schütteln sollte. Er lehnte sich nur langsam zu ihr rüber und schüttelte ihre Hand: „Meinen Namen kennst du ja schon, ich muss mich nicht vorstellen."

„Kann ich Ihnen irgendetwas bringen oder etwas Gutes tun?“, fragte sie ihn.

Flaffy antwortete trocken: „Lass das Blöde ‚Sie‘ weg und bleib einen Moment hier.“

„Na gut.“ Sie war von dieser Forderung etwas überrascht.

„Was seid ihr nur für ein komisches Volk“, stellte Flaffy fest.

„Was meinst du damit, es ist doch so wie immer?“

„Ich meine das Verhalten eurer Spezies, eure doch sehr deutlichen Unterschiede zwischen den Geschlechtern und euer Auftreten? Wird dieses Leben nicht langweilig?“, überlegte er. „Kannst du mir als Barfrau das erklären?“

Sie überlegte einen Moment, dann grinste sie ihn an: „Ich erzähle es dir, aber nur unter der Bedingung, dass du etwas für mich tust.“

„Was willst du haben?“

„Ich will einen Tanz.“ Die Forderung war sehr einfach.

„Und was, wenn ich nicht tanzen kann?“, entgegnete er.

„Dann werde ich führen.“ Das Wortgefecht begann.

„Was, wenn ich dir auf die Füße trete?“

„Dann werde ich sie wegziehen.“

„Und wenn ich den Takt verliere?“

„Werde ich dich mitziehen.“

Flaffy stand auf und reichte ihr die Hand. „Bevor ich mich schlagen lasse.“

Sie lächelte und ergriff seine Hand. Sie ging über den Tisch und zog ihn zu sich hoch. „Ich hatte schon immer mal den Traum, mit jemand Besonderem auf einer Bühne zu tanzen.“

Flaffy hielt ihre Hand hoch und führte sie über die Reihe von Tischen zur Bühne. Alle wichen zurück. In diesem

Moment begriffen sie, wer in diesen Saal eingekehrt war. Alles wurde still. Die Musik stoppte. Sie machten einen großen Schritt auf die Bühne. Alle machten ihnen Platz. Sie machte eine Bewegung mit der Hand und ein Lied begann zu spielen. Es war kein typisches Lied zum Feiern, sondern ein Tanzlied. Sie nahmen Tanzhaltung ein. Und sie begannen sich zu drehen. Zuerst führte Laila, aber dann übernahm Flaffy intuitiv. Das Licht drehte sich. Alles schaute nur auf sie, wie sie sich drehten, immer gewagter wurden die Bewegungen. Flaffy war zuerst nicht begeistert davon, aber jetzt zog es ihn in seinen Bann. Den Bann der Freude, einfach mal die Welt zu vergessen. Doch irgendwann musste es enden. Das Lied verklang, nur ein leises Echo hallte zurück und der Zauber war vorbei. Ein lauter Applaus folgte für die beiden. Flaffy machte eine kurze Verbeugung und Laila einen Knicks.

Flaffy sprang von der Bühne, er hob sie noch runter, und die Musik begann erneut zu spielen. Wieder die alte Musik zum Feiern. Alle ließen Flaffy und Laila durch und das wilde Treiben ging unverändert weiter. Sie setzten sich wieder an den Tisch. „So schlecht warst du doch gar nicht?“, fragte sie und nahm einen Schluck aus ihrem Glas.

„Ich denke, du bist mir eine Antwort schuldig“, antwortete er trocken.

„Okay, gut, ich beantworte deine Frage, die Wahrheit ist schlicht und einfach. Wir waren alle mal Angehörige einer anderen Rasse. Als wir hier ankamen, wussten wir nicht, wer wir waren. Wir begannen zu lernen und uns zu entwickeln. Aber die Träume blieben. Daher kommt die sexuelle Neigung zu einem bestimmten Geschlecht. Auf diesem Schiff hat jeder einen Platz. Bevor ich in meiner Welt erschossen wurde, war ich Erotiktänzerin. Mein Traum war es immer, diese Bar aufzumachen und anderen beim Feiern zuzuschauen. Als ich gestorben bin, verlor ich alle Erinnerungen. Doch dann kam ich an diesen Ort. Für mich ist es der Himmel, es war so, als wäre ich für diesen Platz bestimmt gewesen. Ich war klein, in der Ausbildung, wie sie jeder auf diesem Schiff machen muss, mir war nicht klar, was ich wollte. Aber als ich dann diese Bar aufbauen durfte, war ich glücklich, es war meine Berufung. Und so ist das mit allen hier. Sie alle waren mal etwas anderes. Aber hier haben sie ihren Traum gefunden. Im Bann der Titan leben wir. Ohne jemals diese Eintönigkeit zu empfinden. Ohne dass die Ewigkeit jemals langweilig wird. Wir sind im Himmel, kurz gesagt, wer hier auf das Schiff kommt, wird ohne Erinnerungen geboren, aber man findet sie wieder mit der Zeit“, erzählte sie.

Flaffy nickte „Aber ich verstehe nicht, warum schlaft ihr noch, oder warum esst ihr noch was, warum gibt es bei euch noch Liebe?“

„Es gibt uns das Gefühl, noch am Leben zu sein. Bei dir ist es doch nicht anders. Du brauchst auch mal eine Mütze voll Schlaf. Das sind einfach noch Überbleibsel aus der Zeit, als wir noch sterblich waren, die wir aber nicht ablegen können. Dadurch fühlen wir uns noch so, als würden wir leben und nicht bloß existieren.“ Sie lächelte, „Das ist der Bann der Titan, dem niemand entkommt. Wir verlieren nie die Lust am Leben. Jeder, der hier sein will, wird auch nicht gehen. Sterben kann man nur mit der Erlaubnis des Schöpfers, der diese Maschine gebaut hat.“

Flaffy schreckte zurück. Sie wusste von dieser Maschine, die sie immer wiederbelebte. Er wollte nicht nachfragen, woher sie davon wusste. Es war eines der Geheimnisse der Titan. Die Unsterblichkeit dieser Rasse. Jeder, der dazugehörte, war zu ewigem Leben verdonnert. Aber es schien nicht viele zu kümmern. Flaffy nickte: „Ich danke dir für diese Antwort, jetzt verstehe ich diese Welt etwas besser.“ Er wollte aufstehen und wieder gehen. Aber sie stand auf und hielt ihn fest. „Was gibt es noch?“ Er drehte sich wieder um. „Ich weiß nicht, ob du diese Frage beantworten kannst? Ich möchte Gewissheit haben. In dem Moment, als ich wiedergeboren wurde, bin ich in eine Vision gefallen. Ich habe diese riesigen Kugeln gesehen und diese brennende Lanze, die mich mit ihrem Licht verschlang. Kannst du mir verraten, was das war?“, fragte sie schüchtern.

Flaffy überlegte, eine ganze Weile stand er nur da und dachte nach.

„Wenn du diese Frage nicht beantworten willst, ist das auch in Ordnung“, wollte sie die Situation entschärfen.

„Ich werde dir sagen, was du gesehen hast. Es waren die Zeit, das Raster und der Kern der Gravitation. In ihrer Mitte hast du den Feuersturm gesehen. Ich habe ihn auch gesehen, nur dass ich nicht gestorben bin“, antwortete er.

Sie musste lachen. „Ich danke dir und hoffe, dass wir uns wiedersehen.“

Sie reichte ihm die Hand zum Abschied und Flaffy schüttelte sie. „Ich möchte dasselbe behaupten. Auf dass wir uns wiedersehen.“ Mit diesen Worten ging er wieder. Dieses Gespräch hatte ihm viel verraten, aber auch wieder Fragen gestellt. Warum existierte diese Zivilisation auf der Titan? Sie war da, um die Lehre zu füllen. Um das Leben und die Ordnung aufrechtzuerhalten. Woher wusste sie davon? Als Barbesitzerin war sie nicht in der Position, irgendwie an diese Information gekommen zu sein. Diese Spezies musste noch einen weiteren Sinn erfüllen, der enger mit dem Schöpfer zusammenhing, als alle dachten. Sie mussten sich darum kümmern, dass Cat wieder zurückkam. Flaffy wollte ihn fragen, wie das alles zusammenhing. Er kam den Geheimnissen immer näher. Er musste sie lüften, das war seine Aufgabe. Er musste auch daran denken. Er musste herausfinden, wer im Hintergrund noch die Strippen zog. Wer hatte Haydon manipuliert? Alles war ein großes Mysterium. Aber er wollte sich davon nicht entmutigen lassen. Die paar Minuten hatten ihm Spaß gemacht. Sie hatten etwas beflügelt. Mit neuer Energie, wieder weiterzumachen, um Cat zu finden. Aber er wusste auch, dass er nicht alle Energie daran verschwenden sollte, Cat zu finden. Es gab noch viele andere Geheimnisse, die er lüften sollte. Und er kehrte wieder auf die Nano-Titan zurück. Dort, wo CS immer noch auf das Portal aufpasste. Aber auch er hatte sich eine Auszeit genommen.

Als Flaffy in den Saal trat, dachte er, ihn tritt ein Pferd. CS hatte sich in nur ein paar Stunden einen Thron hinstellen lassen, neben ihm ein kleiner Tisch mit einer Tasse schwarzen Kaffee. Vor ihm stand ein riesiges Orchester mit einem Chor. Alle hatten Klamotten in einem goldschwarzen Design an. Alle trugen Masken, wie es ihr Instrument hergab. Die Musik war überwältigend. Ein Klang wie für Götter. Wo CS all diese Personen hergeholt hatte, war Flaffy auch ein Rätsel. Er stellte sich neben ihn. „Meinst du nicht, du übertreibst ein wenig?“

CS antwortete trocken und ohne sich abzuwenden: „Nein, ich bevorzuge normalerweise mehrere Orchester und Chöre. Und du, du bist ja schnell wieder da?“

„Ich muss mit Titan reden, du passt weiter auf das Portal auf. Aber noch eine Frage: Was bedeutet dir das Leben?“, fragte Flaffy nach.

CS überlegte. „Das Leben ist so viel wert wie die Taten eines Individuums oder einer Gruppe. Beide unterscheiden sich allerdings, da die Ansichten meistens unterschiedlich sind. Es kommt immer auf den Sinn an. Und es muss auch manchmal einen geben, der einer Zivilisation die Richtung weist. Der die drei Gewalten in sich vereint und keine Gnade kennt und auch in der Lage ist, mal ein Leben zu beenden.“

CS‘ Maske bekam einen freudigen Schimmer. Flaffy fand das gruselig. CS, der nicht vor einem Genozid zurückschreckte, dieser Schlächter war in der Lage, Personen zu lenken und zu manipulieren. Stand er im Schatten einer Zivilisation, war er in seinem Element. Am gruseligsten fand Flaffy diese Maske, die immerzu ihre Ausstrahlung änderte, ohne sich zu verändern. Das Lächeln blieb gleich, nur die Wirkung veränderte sich.

Flaffy bedankte sich, schlich auf die Brücke und ließ CS mit seiner Musik alleine. Auf der Brücke war auch nicht viel los. Titan hatte alles im Griff. „Hi Flaffy, schon wieder zurück von der Forschungsauszeit?“

„Ja, sag mal, wo hat Cat eigentlich gewohnt vor der Stunde null, er hatte ja auch mal eine Suite, oder?“, fragte Flaffy.

„Nach der Stunde null war er überall mal, er hatte nicht wirklich einen festen Wohnort. Vorher war er aber, glaube ich, unten in den untersten Decks.“ Das klang eher nach einer Frage und nicht nach einer Antwort.

„Woraus schließt du das?", fragte Flaffy nach, weil er schon mitbekommen hatte, dass sie es nicht wirklich wusste.

„Ich habe keinen Zugriff auf die untersten drei Decks. Am wahrscheinlichsten ist, dass Cat dort, naja, einen privaten Bereich hat", erklärte Titan. Flaffy wollte gleich losstürmen, aber Titan hielt ihn auf: „Hast du nicht was vergessen?" Flaffy war verdutzt, er konnte sich nicht erinnern, noch eine andere Verpflichtung eingegangen zu sein. „Im Moment wirst du vermisst, du hast immer noch eine Beziehung am Laufen", pfiff ihn Titan an.

Flaffy stand da wie ein dummer Schuljunge, der seine Hausaufgaben vergessen hatte. Er wusste gar nicht, dass man das eine Beziehung nennen konnte. Bis zu einem gewissen Grad hatte sie ja recht. Er lebte mit ihr zusammen, sie machten viel zusammen, wenn er mal da war, und sie wartete auf ihn, wenn er lange nicht da gewesen war. Jetzt wurde es ihm bewusst. Flaffy war das noch nicht aufgefallen.

Titan schlug vor: „Warum untersucht ihr nicht gemeinsam die untersten drei Decks? Wäre doch ein schöner Ausflug, und die Aussicht ist von dort garantiert auch nicht schlecht."

„Ob sie da mitmacht?", fragte er sich.

„Fragen wir sie einfach." Titan setzte eine Nachricht ab. Luna sollte mal kurz vorbeikommen. Sie antwortete nur mit: „Bin gleich da."

Wenige Sekunden später ging die Tür auf. Beide drehten sich um „Was gibt es?", fragte Luna fröhlich.

Flaffy war etwas perplex, Titan war neidisch. Sie hatte gerade nur ein Handtuch um. Sie war direkt nach dem Duschen runtergeschlichen. Der Weg von Flaffys Suite bis zur Brücke war schließlich nur eine Treppe.

„Wow." Flaffy konnte seine Gedanken nicht für sich behalten. Auch wenn sie nicht zur selben Spezies gehörten, war er ihr gegenüber nicht abgeneigt:

„Wie hast du es eigentlich geschafft, in deiner Welt keinen Freund zu finden?" Flaffy rutschte die Frage einfach so heraus.

Sie genierte sich auch überhaupt nicht. „Das ist mein Geheimnis."

Flaffy schüttelte den Kopf, um wieder einen klaren Gedanken zu bekommen. „Ich will nachher mal die untersten Decks der Nano-Titan untersuchen. Willst du mitkommen?"

„Klar, wieso nicht." Sie freute sich, dass sie etwas mit Flaffy unternehmen konnte. Es machte ihr Spaß, hier zu sein. Flaffy musste diese Frage loswerden: „Meinst du nicht, es ist hier etwas kalt, um so rumzulaufen?" Er meinte das auch im übertragenen Sinn mit dem Unterton: „Ist dir das nicht doch irgendwie peinlich, hier so rumzulaufen?"

Luna verstand die Fragen sofort und antwortete auf das, was zwischen den Zeilen stand: „Ist doch sowieso niemand hier, der mir was weggucken könnte."

Flaffy war von dieser Einschätzung nicht überzeugt, er blickte Titan an, die ihr gierig nachschaute. Luna drehte sich rum: „Wir sehen uns in 20 Minuten. Ich zieh mir nur schnell was an."

Das, was er dann sah, erschreckte ihn. Sie hatte auf dem Rücken zwei riesige Narben, sie sahen aus, als wären sie schon alt. Sie musste noch etwas am Rücken gehabt haben.

Die zwei Narben erstreckten sich von den Schulterblättern bis zu ihrer Hüfte. Es war fast so, als wollte sie, dass sie die Narben sahen. Sie konnte nichts sagen. Aber sie konnte es zeigen. Diese Narben, wo kamen sie bloß her? Die Türen schlossen sich. „Wow, im guten und schlechten Sinne", stellte Flaffy fest.

„Auch mit ihr ist etwas Schlimmes passiert … ob sie es uns irgendwann erzählt?", fragte sich Titan.

„Ich denke, wir sollten es sehen, aber wäre es in ihrer Welt schön gewesen, wäre sie nicht so glücklich hier und vor allem so schnell von dieser Welt überzeugt worden. Ich denke, sie hat ein Trauma erlebt. Und auch, dass sie in ihrer Welt keinen Lebenspartner gefunden hat, hängt mit diesen Narben zusammen, oder was meinst du?", fragte er Titan.

Die konnte nur nicken, ein leises Murmeln entfleuchte ihr: „Ich würde sie gerne mal gründlich untersuchen." Diese Aussage klang sehr zweideutig.

„Wag es nicht", holte er sie wieder auf den Boden der Tatsachen zurück.

„Du bist so ein Spießer, Flaffy", entgegnete sie wie ein trotziges Kind.

Cats Natur

Luna war wieder auf der Brücke, wo Flaffy auf sie wartete. Sie wollten gemeinsam in die untersten Decks gehen. Die Spannung stieg mit jeder Minute, die sie sich vorbereiteten. Sie betrachteten die untersten Decks als unbekanntes Terrain. Damit war auch etwas Angst verbunden. Wenn noch nicht einmal Titan darüber Bescheid wusste ... Luna hatte einen Rucksack gepackt, mit etwas zu essen, das Reaktion ihr zubereitet hatte, alles andere Wichtige besorgte Flaffy. Er war nicht ganz so locker drauf, er war angespannt und fragte sich, welche Geheimnisse sie diesmal lüften würden. Luna war ja mehr auf dem Trip: Wir machen einen lustigen Ausflug. Sie standen bereit. Titan gab die Nummer 001 ein. Es war das Portal, das in die unteren Ebenen der Nano-Titan führte. Es öffnete sich und sie waren auf Deck vier. Sie schauten sich um, niemand da. Das Portal schloss sich hinter ihnen. Es war still. Keine Geräusche, gar nichts. *Das* waren die untersten Decks. Alles war leer. Nur wenige Leuchten erhellten die Gänge. Alles war minimalistisch ausgebaut. So, als würde man sich sagen: Hier kommt sowieso niemand her.

Sie folgten dem Gang, immer weiter in Richtung Treppe. Sie kamen ihrem Ziel immer näher und sahen eine weiße Tür. Sie hob sich auf jeden Fall von dem Rest ab. Sie war schön verschnörkelt. Flaffy rief Titan: „Titan, kannst du mir sagen, wann diese Tür sich das letzte Mal geöffnet hat?“

Einige Sekunden kam nichts von ihr. „Ich brauche eine Weile, diese Tür gehört nicht mehr zu meinem Gebiet. Ich sichte nur schnell die Aufzeichnungen … diese Tür hat sich seit der Stunde null nicht mehr geöffnet.“

Flaffy nickte. Luna ging zu dem Schild, das an der Seite hing. Sie wischte mit ihrer Hand den Staub von der Platine: „Flaffy, du hattest recht.“

Auf ihr stand der Name von Cat in voller Länge. Flaffy schaute es sich an. Sie waren hier genau richtig. Das war das alte Apartment von Cat. Es schien die kompletten drei Decks zu umfassen. Flaffy versuchte, die Tür zu öffnen, aber sie war verschlossen. Der Schlüssel war sicher längst verloren gegangen. Er musste daran denken, wie er damals den Raum zum Kern geöffnet hatte. Er versuchte es. Er versetzte die Tür mit Energie. Es funkte, ein lautes Knirschen war zu hören. Die Schlösser öffneten sich. Es schien, als hätten die untersten Decks ihre eigene Energieversorgung. Hinter der Tür bekamen sie einen ersten Eindruck von Cats Leben vor der Stunde null. Alles war vom Feinsten. Die Möbel, Tische und Wände. Sie waren schick und modern. Es schien sich seitdem nicht viel verändert zu haben. Sie standen an einer Treppe. Sie war breit und etwas geschwungen. Sie gingen auf das Deck 3 und schritten die Treppe hinunter. Alles war sehr großzügig ausgelegt. Von dort aus hatten sie nahezu dieselbe Aussicht wie aus Flaffys Suite. Hinter der Treppe war eine Art Küche eingerichtet. Mit einem Esszimmer. Es war trotz Cats Vorlieben sehr familiär eingerichtet. Der Tisch hatte acht Stühle. Mit wem hatte er hier wohl gegessen? Waren es seine alten Kameraden?

Luna schlich herum. An einer Wand hingen Bilder. Sie wischte den Staub herunter. Auf dem Bild war Cat zu sehen, wie er gerade mit Yurai und Wraith vor der Nano-

Titan stand und eine Auszeichnung erhielt. Wie prunkvoll sie damals angezogen waren ... Auch Wraith hatte damals eine andere Rüstung angehabt. Sie hatte andere Farben und war wahrscheinlich nur für diesen Moment gedacht. Sie ging zu einem anderen Bild. Sie nahm es ab und trug es zu Flaffy. Er nahm es. Man konnte die drei an einem leeren Strand sehen. Sie lachten zusammen. Sie schienen gute Freunde zu sein, damals.

„Wie wäre es wohl gekommen?“, murmelte Flaffy vor sich hin. Was wäre gewesen, hätten sie ihm damals nicht die Lebensfreude genommen? Wie wären sie dann heute? Luna und Flaffy durchsuchten weiter die Bilder an der Wand nach weiteren Informationen. Auf keinem Bild war sein altes Team. Oder Zeren. Alle Bilder waren immer nur von Wraith, Yurai und Cat. Kein Bild von ihm allein. Da waren sogar Bilder von Wraith und Yurai. Wie sie zusammen waren. Die Galerie schien kein Ende zu nehmen. Auf einem anderen Bild, das kurz vor der Stunde null aufgenommen worden war, konnte man Cat sehen, wie er in die Kamera grinste. Er saß an seiner Orgel. Neben ihm stand Wraith an einem Glockenspiel, das mit der Orgel verbunden war. Es gab kein Bild von Wraith, wo er mal seinen Helm abgenommen hatte. Die Orgel war riesig. Cat schien glücklich zu sein. Das war die Galerie der schönsten Momente, die Cat erlebt hatte. Flaffy verstand nun, warum Cat nie wieder hier gewesen war. Er wollte nicht daran erinnert werden, was er verloren hatte. Für ihn war alles zerbrochen, sein Status, seine Freundschaft und sein Leben.

Flaffy hatte ein Bild gefunden, auf dem Cat mit Wraith versuchte, etwas zu bauen, auch Yurai sah aufgeregt zu. Cat lachte, Wraith scheiterte kläglich an diesem Projekt. Er war einfach nicht dafür geboren, Dinge zu bauen, er machte sie lieber kaputt. Sie gingen zurück zu der Treppe und in die nächste Etage. Hier war eine Couch, also das Wohnzimmer, dahinter war ein Schlafzimmer. Die letzte Ebene war mit einer separaten Tür verschlossen. Flaffy hatte auch keine Probleme, diese zu öffnen. Sie gingen nach unten und standen in einer Kuppel. Sie war unten an der Titan und komplett durchsichtig. In der Mitte stand ein Objekt. Eine Maschine. Flaffy fiel sofort auf, was es war. Es sah ähnlich aus wie der Kern der Titan. Es war ein Prototyp. Cat hatte es damals schon geschafft, eine KI zu bauen. Deswegen waren die Räumlichkeiten abgetrennt von dem Rest der Titan. Flaffy lief um den Kern herum. Der Kern war schon mal aktiv gewesen, aber nicht lange. Cat musste ihn angehalten haben, bis er den Schaden sah. Die Energieversorgung war nicht stark genug gewesen, um den Kern zu versorgen. Das System hatte einen Kurzschluss bekommen. Er überprüfte den Kern. Es gab augenscheinlich keine Beschädigungen. Aber das mussten sie von Titan überprüfen lassen. Sie versuchten, Titan zu erreichen. Kein Kontakt. Sie waren hier abgeschnitten.

Während Flaffy den Kern untersuchte, schaute Luna angestrengt zur Decke. Ihr war etwas aufgefallen. Dort, wo die Kabel in der Decke verschwanden, zogen hauchdünne Linien ihre Bahnen. Sie verfolgte sie und fand eine Klappe. Sie ging in die Hocke und sprang an die Decke. Sie konnte wirklich hoch springen. Sie schlug mit der Hand auf einen Schalter und die Klappe öffnete sich. Dort war ein Schaltkasten. Flaffy drehte sich rum. Er war erstaunt, dass ihr das aufgefallen war. An einen Schaltkasten konnte Luna nicht ran, sie hatte davon keine Ahnung. Dafür aber Flaffy. Es schien nicht so, als hätte Cat ihn oft verwendet. Flaffy baute sich eine Leiter und überprüfte die Kontakte. Er drehte an ein paar Knöpfen und schloss zwei Kabel wieder an. Ein Krachen ertönte. Der gesamte Raum begann sich zu drehen. Einmal um 180 Grad. Die Treppe war nun nach hinten gerichtet zu einer anderen Tür. Flaffy und Luna gingen die Treppe wieder hoch und durch die Tür. Ein langer Gang folgte. Er führte unter der Suite durch nach hinten. Er war nicht sonderlich hoch. Er war gerade so hoch, dass Cat aufrecht laufen konnte. Durch eine weitere Tür. Hier waren die zweite Ebene und die dritte zusammengefasst zu einer riesigen Werkstatt. Dort standen alle Erfindungen von Cat oder die Prototypen dazu. Sie fanden eine Reihe von KI-Kernen, die alle nicht funktioniert hatten. Zeichnungen von Maschinen. Alles, was er vorgehabt hatte. Hier wurden auch die Portale gebaut, mit denen Zeren und Cat Versuche gemacht hatten. Flaffy schlich um eines der Portale herum. Es sah sehr lädiert aus. Es war kaputtgegangen. Luna ging durch eine andere Tür zu einem weiteren Labor. Sie blieb in der Tür stehen. Flaffy fragte in den Raum: „Luna?“ Keine Antwort kam. Er folgte ihr panisch. Sie stand dort. „Warum antwortest du nicht?“, fragte er sie.

Sie sah sich begeistert etwas an. „Flaffy, was ist das?“ Sie zeigte mit dem Finger auf einen der Panzer. Ihre Augen waren riesig und strahlten.

„Du weißt nicht, was das ist? Hattet ihr das nicht im Unterricht?“, fragte er sie. Sie schüttelte nur den Kopf. „Das ist einen abgewandelte Variante des Schwebepanzers.“ Er sah schnittig aus, wesentlich eleganter als die, die Flaffy verwendete.

Luna war begeistert, so was schien es in ihrer Welt nicht zu geben. Sie schaute Flaffy mit großen Augen an, sie konnte das genauso gut wie Cat. „Können wir eine Runde damit drehen, bitttttteeeee?"

„Du findest das wohl klasse?", fragte Flaffy nach.

Sie nickte nur. „Okay, wenn wir hier fertig sind, testen wir die mal durch. Okay?", machte er den Vorschlag.

Luna stimmte zu. Sie liefen durch die Hallen. Hinter den Reihen fanden sie ein Gerüst. Es war das Grundgerüst eines Panzers. Es schien Cats letztes Projekt gewesen zu sein. Flaffy fiel sofort auf, dass es ein Hybrid aus Schwebe- und Kettenpanzer war. Er war wesentlich größer als die anderen. Sein Aufbau war auch nicht typisch für Cats Bauformen. Man konnte noch nicht erkennen, welchen Zweck er erfüllen sollte. Hier standen verdammt viele Erfindungen. Das Deck war noch lang, auch ein Hangar war dabei, von dem aus Cat seine Erfindungen transportieren konnte. Flaffy machte Luna den Vorschlag, ihre Erkundung beenden. Wenn sie fertig waren, würde er mit ihr mal eine Runde mit den Panzer drehen. Sie gingen wieder zurück durch die Gänge und durch den Wohnbereich. Flaffy sicherte noch den Kern. Sie bewegten sich immer weiter Richtung Ausgang. Luna hinkte etwas hinterher. Flaffy war schon an der Tür und wartete auf sie. Dann machte ihn etwas stutzig. Dort hing ein Zettel für ihn. Er klappte ihn auf. Dort standen sein Name und eine Botschaft. *Gut gemacht, weiter so, Flaffy, L.G., der Schöpfer.*

Flaffy lief ein Schauer über den Rücken. Seit wann hing dieser Zettel dort? Er steckte ihn schnell ein, Luna kam hochgeschlichen. Sie hatte etwas Süßes gefunden.

„Willst du das wirklich essen?", fragte Flaffy besorgt.

Sie zuckte mit den Schultern. „Da steht kein Verfallsdatum drauf.“

„Wenn es dir schmeckt, klag aber nachher nicht über Bauchschmerzen“, antwortete Flaffy ihr.

Sie gingen gemeinsam nach oben. Flaffy fragte sofort Titan, ob jemand den Raum verlassen hatte oder ob es irgendwelche Energieschwankungen gegeben hatte.

Nichts, es gab keine besonderen Vorkommnisse. Luna durfte schon wieder zurück zur Brücke gehen. Flaffy schloss das Apartment noch an das Hauptsystem an, damit Titan auch darauf Zugriff hatte. Der Zettel musste also schon vorher dort gehangen haben. Aber war es wirklich Cat, der ihn geschrieben hatte? Aber wenn der Zettel vom Schöpfer kam, dann sollte es ihm auch möglich sein, die Sensoren der Titan zu überlisten. Er sah sich die Überwachungsbilder der Kamera an, die auf der Innenseite der Tür angebracht war. Zu dem Zeitpunkt, als sie hineingingen, war noch kein Zettel da. Als Flaffy etwas vorspulte, war ein Schatten zu sehen. Etwas in weißer Robe erschien. Das Gesicht war von einer Maske verdeckt. Es heftete den Zettel an die Tür und schaute in die Kamera. So, als wollte es gesehen werden. Dann drehte es sich rum und ging wieder. Der Körper wurde durchsichtig und verschwand. Was übrig blieb, war ein Schatten, der letztendlich auch verblasste.

Flaffy war das unheimlich. Ob es noch an Bord der Titan war? Wenn ja, könnten sie es finden?

Auf dem Weg zur Brücke fing ihn Titan ab. Sie standen vor der Tür. Luna wartete dort auf ihn. „Du, Flaffy, warte mal.“ Titan hielt ihn fest.

Flaffy drehte sich zu ihr. „Klar, was brauchst du?“

„Ich muss dich was fragen, es geht um Luna“, fügte sie hinzu.

Flaffy machte eine leichte Nickbewegung mit dem Kopf: „Schieß los.“

„Weißt du, wir haben sie doch gefragt, ob sie mitkommen möchte in die untersten Decks. Und du hast doch auch ihren Rücken gesehen, oder? Was meinst du, was mit ihr passiert ist?“, fragte Titan verlegen.

Flaffy überlegte kurz: „Sie hat es mit nicht erzählt, aber ich glaube, das, was mit ihr passiert ist, ist so schlimm, dass sie es uns nicht sagen kann.“

„Meinst du? Aber wenn sie es uns zeigt, kann sie es uns auch sagen, oder?“, überlegte Titan.

„Sie sagt es uns, indem sie es uns zeigt. Wenn sie es nicht sagen kann, muss sie es uns zeigen“, fügte Flaffy hinzu.

„Kannst du sie nicht mal danach fragen?“, bat ihn Titan.

Flaffy nickte: „Ich werde herausfinden, was ihr widerfahren ist.“

Titan hatte normalerweise über alles den Überblick. Doch Luna war ihr ein Rätsel. Sie konnte sie nicht so sehen, wie sie alle anderen sehen konnte. Von jedem auf dem Schiff hatte sie den anatomischen Aufbau, alle Körperstrukturen und Gedankengänge gespeichert, doch nicht von Luna und wenigen anderen. Flaffy hatte bereits einen Plan. Wenn Luna ihnen dieses Geheimnis nicht sagen, sondern nur zeigen konnte, musste CS ran, der in die Erinnerungen anderer eintauchen konnte.

Luna

Die Tür öffnete sich. Luna stand dort und grinste ihn an.

„Ich würde sagen, ich habe ein Versprechen einzulösen", grüßte Flaffy. „Aber du hast gesagt, ihr seid noch bei den Türmen. Was meinst du, machst du mit jedem aus der Truppe ein Training?"

Sie überlegte. „Aber nur unter einer Bedingung", lachte sie ihn an.

„Die wäre?", fragte Flaffy.

„Wir fahren zuerst mit dem Panzer."

Irgendwie war ihm das klar gewesen. „Klar, machen wir so", antwortete er ihr. „Ich bring nur noch mit Titan die Panzer auf Trainingsebene, wir treffen uns dann dort."

Das Treffen stand. Flaffy verschwand wieder. Die Türen schlossen sich. Luna blieb dort stehen, an die Konsole gelehnt. Ihre Lächeln verschwand langsam. Sie erinnerte sich an die Vergangenheit, ein Gedanke kam ihr. Sie hatte Flaffy längst durchschaut. Was er vorhatte. Sie hatte schon öfter versucht, es jemandem zu erzählen. Aber immer war sie wieder zurückgewichen. Sie konnte es ihnen nicht einfach so sagen, aber sie wollte, dass sie es wissen. Sie griff sich langsam über die Schulter und fuhr behutsam mit den Fingerspitzen die Narben entlang. Sie waren rau und unansehnlich. Auch wenn sie schon alt waren, würden sie immer bleiben und nie verwachsen. Sie wollte ihnen ihre Geschichte zeigen. Sie kannte einigermaßen die Fähigkeiten von CS. Wenn er etwas mitmachte, konnte sie es ihnen zeigen.

Nachdem sie den Gedanken zu Ende gedacht hatte, stand sie auf und machte sich auf den Weg nach oben. Sie wollte sich noch etwas anderes anziehen. Sie brauchte nicht lange, sie zog ihre Trainingsausrüstung an. Es war mehr oder weniger nur eine leichte Carbonrüstung, nichts Besonderes. Sie hatte nur zwei Armschienen, Knieschützer und eine Brust- und Bauchplatte. Sie freute sich schon darauf, mit Flaffy etwas zu machen. Diese Welt war so sehr anders als die Welt, aus der sie kam. Diese Welt war so viel schöner. Hier hatte sie endlich Freunde gefunden, die auch an ihr interessiert waren. Sie machte sich auf den Weg zu dem Trainingsfeld. Sie brauchte nicht lange bis dorthin.

Flaffy hatte schon einiges vorbereitet. Er hatte einige verschiedene Panzer bringen lassen. Von den kleinen Truppentransportern bis hin zu den großen Wallpanzern. Dazwischen waren noch viele andere, verschiedene Schwebepanzer, Haubitzen und auch ältere Kettenpanzer waren dabei. Flaffy wollte nicht selbstsüchtig sein. Deswegen hatte er für später einige Trainingsgruppen bestellt. Aber zuerst wollte er sie Luna vorstellen. Er hatte den Prototypen extra weiter vorne geparkt. Er begann darüber zu erzählen, was die verschiedenen Panzer für Vorzüge und Nachteile hatten. Er übte schon mal für den Vortrag vor den Gruppen, die er hier durchschleifen wollte. … bis er dann endlich zu den Testfahrten kam, die machte er exklusiv nur für Luna. Er zog sich natürlich den Prototypen heraus, der allerdings, was die Steuerung anbelangte, nicht einfach war. Seine Meinung war: „Wer den ordentlich fahren kann, kann auch mit allen anderen fahren." Er setzte sich gleich auf den Kommandantensitz, der schräg hinter dem Fahrersitz war. Es gab noch einen für den Schützen, aber sonst war da nicht mehr viel Platz. Schauen konnte Luna durch einen dünnen Streifen Glas. Vor ihr waren vielerlei Anzeigen, Neigung, Karten, Motorleistung und viele weitere Informationen. Der Panzer wurde mit zwei Steuerknüppeln an der Seite des Sitzes gesteuert. Gas gab man mit den Füßen. Über ihr waren noch verschiedene Knöpfe für Einstellungen. Flaffy, der auf dem Platz des Kommandanten saß, hatte eine Rundumsicht mit Feindanzeige. Er bekam alle Informationen, um taktische Angriffe zu befehligen. Der Panzer war mit einem leistungsstarken Motor ausgestattet. Die Kanone war ein mittleres Geschütz mit panzerbrechender Munition. Der Panzer war sehr gut geeignet für den Einzelkampf, da er mit einem Rundumschild ausgestattet war.

Luna startete das Gerät. Der Panzer begann zu schweben. Ein tiefes Röhren ertönte. Der Motor lief. Flaffy ließ sie langsam anfangen, aber langsam war nicht ihr Ding. Sie gab Vollgas. Flaffy hielt sich fest. Das Heck kam so tief, dass es auf dem Boden Funken schlug. Luna drehte eine Runde, ihr Weg führte sie direkt zu dem Parcours, den Flaffy vorbereitet hatte. Er allerdings war mehr damit beschäftigt, sich festzuhalten. Er hatte nicht damit gerechnet, dass Luna diesen Panzer so intuitiv fahren würde. Über den Parcours flog sie mehr drüber. Aus dem Schwebepanzer war ein Flugpanzer geworden. Luna hatte Fun. Flaffy überlegte, wie sie so schnell die Steuerung verstehen konnte. Es war so, als hätte sie schon mehrere Jahre geübt, oder gehörte das mit zu ihrer Fähigkeit? Sie parkte den Panzer wieder ordentlich ein. Sie stiegen aus. Sie streckte sich einmal und wunderte sich, wo Flaffy blieb. Der kroch mehr aus dem Panzer heraus.

„Was ist mit dir?“, fragte sie ihn.

„Hilfe, du fährst ja fast so schlimm wie Cat“, meinte er. „Und was meinst du?“

„Cool, schöne Sache, genauso, wie ich es mir vorgestellt hatte. Wendig und schnell, nur kam er etwas schlecht aus dem Knick, vielleicht kannst du an dem Motor noch was machen?“, fügte sie hinzu.

Flaffy, der sich gerade wieder hinstellte, meinte: „Das Einzige, was ich mache, ist den Motor zu drosseln, du fährst ja wie ein angesengtes Schwein.“

„Och, komm schon.“ Sie schaute ihn mit großen Augen an.

„Ich mach es, aber nur, wenn ich auch mal fahren darf.“ Flaffy stemmte die Hände in die Hüften.

„Und? Wollen wir noch eine Runde drehen?“, fragte sie ihn.

Er sah kurz auf die Tankanzeige: „Ich hatte ihn nicht wirklich vollgemacht, also nur flüchtig getankt, du hast wirklich den Rest leer gemacht. Ich werde erst mal tanken, du kannst ja mal zu Yurai gehen, ich habe ihr Bescheid gesagt, sie soll dir was zur Waffen- und Kampftechnik erzählen.“

„Okay, ich geh nur schnell was essen, dann geh ich zu Yurai. Wir sehen uns nachher“, verabschiedete sie sich und winkte Flaffy zu.

„Bis nachher, lass sie nicht zu lange warten“, rief er ihr noch nach.

Was Reaktion ihr wohl heute zubereiten würde? Es war immer gut, das Essen. Die Zeit, in der Flaffy gekocht hatte, war immer auch mit einer gewissen Angst verbunden. Er hatte nicht wirklich die Notwendigkeit, etwas zu essen. Die Angst, dass er vergessen würde, etwas zu machen, war irgendwie schlimm. Es war nicht so, dass es schlecht war, aber die Angst vor einem leeren Kühlschrank war vorhanden. Reaktion war immer in irgendeiner Kantine zu finden, wo er andere bekochte. Sie sollte nicht zu viel zu sich nehmen, wenn sie danach mit Yurai etwas machen würde. Von ihrer Trainingsgruppe war sie im Moment entbunden. Da sie mit Flaffy unterwegs war, hatte sie andere Dinge zu tun.

Nach dem kleinen Snack machte sie sich auf zu Yurai. Sie erwartete sie in einer Schule für Kampftechnik. Yurai schaute sie immer durch die Haare an. Luna fand sie gruselig. Man konnte immer nur ihre Augen sehen. Der Rest des Gesichts war ständig von der Maske bedeckt, die sie trug. Luna hatte sie noch nie in normaler Kleidung gesehen. Sie trug immer ihre Rüstung, das musste sie von Wraith haben. Der war nicht zu sehen.

Sie gingen gemeinsam herein. Der Komplex war eher eine riesige Arena. Sie gingen in die Kabinen. Hier war alles schon vorbereitet. Waffen, Rüstungen und viele andere Dinge, die man für den Kampf brauchen könnte.

Yurai musterte Luna. Sie war fast zwei Köpfe kleiner als Luna: „Bitte einmal ausziehen!“

Luna war ein stehendes Fragezeichen.

„Du sollst deine Klamotten mal ausziehen, die Unterwäsche kannst du anlassen“, fügte Yurai hinzu.

Sie legte ihre Kleidung zur Seite. Sie sollte sich mal breitbeinig hinstellen und die Arme breit machen. Yurai begann, sie abzutasten. Sie hatte recht muskulöse Arme und Beine. Sie tastete sie einmal komplett ab, auch an etwas weniger angenehmen Stellen. Luna wurde schon lila im Gesicht. Aber da musste sie jetzt durch. Yurai stellte sich vor sie: „Machst du exzessiv Krafttraining oder warum hast du dermaßen gut ausgebildete Muskeln?“

„Eigentlich nicht, ich bin nun mal so“, antwortete sie.

„Und an dir ist null Komma null Prozent Fett dran, wie schafft du das?“

Luna zuckte mit den Schultern.

„Ich meine, von dir könnten sich andere Mal ein paar Scheiben abschneiden, du bist robust, gelenkig und stark. Kampftechnisch kann ich mit dir arbeiten, nicht so wie mit Flaffy“, erklärte sie.

„Warum kannst du mit Flaffy nicht arbeiten?“, musste Luna nachfragen.

„Flaffy ist ein Supporter, er ist gut im Unterstützen, aber kämpfen kann er nicht. Der ist so gut, dass er fast Tote wieder zum Leben erwecken kann. Er ist einfach nicht der Typ zum Kämpfen. Er ist gut darin, Dinge zu bauen, aber dafür kann er das um Längen besser als jeder von uns, nur unser lieber Cat kann das besser“, erklärte Yurai. „Aber zurück zum Thema, zuerst brauchst du eine Rüstung, ich denke, für dich mit deiner Fähigkeit ist was Leichteres besser, du musst dich schnell drehen und wenden können, um immer gut beweglich zu bleiben. Ich denke, du brauchst mehr was in die Richtung Carbon, obwohl ich mir sicher bin, du würdest auch mit was Schwererem klarkommen.“

Sie ging zu dem Regal und holte eine Rüstung raus. Sie war schwarz mit einem Carbonmuster, ähnlich der Trainingsausrüstung, nur dass sie wesentlich mehr Schutz bot und eingearbeitete Schienen hatte zur Abwehr von Klingen. Für Luna hatte Yurai keinen Helm, nur eine Schutzbrille mit integriertem Display. Als Yurai den Rückenpanzer herausholte, wurden Lunas Augen riesig.

Yurai bekam das sofort mit und legte ihn wieder weg: „Ist es wegen der Narben auf deinem Rücken?“

Luna antwortete nur stumpf: „Sie schmerzen, wenn ich etwas Festes auf dem Rücken trage.“ Sie konnte auf die indirekte Frage nach den Narben nicht antworten.

„Na, dann lassen wir das, bis wir eine andere Möglichkeit gefunden haben“, versuchte Yurai die Stimmung zu retten. „Ich hab noch aus alten Zeiten einen Anzug, der flexibel ist, aber fest wird, wenn er Kraft ausgesetzt wird, vielleicht wäre das etwas Besseres.“

Luna nickte nur. Yurai holte ihn schnell. Luna sollte ihn drunterziehen. Auch wenn er klein schien, war der Anzug sehr dehnbar, er passte ihr.

Yurai musterte sie wieder. „Ich denke, für Trainingszwecke reicht er. Und? Sitzt er einigermaßen gut?“

„Eigentlich gut, aber er kneift etwas“, antwortete Luna ihr.

„Dann werde ich einen für dich in Auftrag geben, damit du einen eigenen hast“, fügte Yurai hinzu. „Hast du schon mal ein richtigen Kampf mit Waffen geführt?“

„Nein, meine Rasse benutzt keine Waffen, wir haben nur die Magie, die ich auch nicht besitze“, antwortete sie trocken.

„Okay, gut, deine Fähigkeit ist es, Mechanismen zu verstehen. Du kannst auf geplante Angriffe reagieren und du verstehst auch Maschinen sehr schnell. Nur kannst du nicht auf planlose Angriffe reagieren, du musst dich für den Fall, dass du so angegriffen wirst, schützen können. Soweit, wie Flaffy mir Infos hat zukommen lassen, hattet ihr in der Trainingseinheit noch keine Kampfkünste?“ Das war mehr eine Frage von Yurai als eine Aussage.

Luna schüttelte den Kopf.

„Ich werde mit dir trainieren, solchen Angriffen entgegenzuwirken. Gegen jemanden wie mich hast du allerdings den Vorteil, dass ich mit Hebeln angreife, das muss unbedingt geplant werden, du verstehst meine Angriffe und reagierst intuitiv darauf. Du musst dich vor Haudrauf-Typen schützen, die sind am gefährlichsten für dich“, erklärte Yurai.

Luna überlegte einen Moment, sie musste diese Frage einfach stellen: „Yurai, warum tut ihr das alles für mich, ich gehöre ja nicht einmal zum Team, wie Flaffy es nennt.“

Yurai schaute sie an. „Luna, ob Team oder nicht, wir sind kein Verein, wo es eine Aufnahmeprüfung gibt. Du bist hier und Flaffy hat gesagt, dass wir dich wie ein Mitglied zu behandeln haben. Sein Wort ist wie ein festgeschriebenes Gesetz auf diesem Schiff.“

„Und was ist, wenn ich wieder gehen muss, wenn Cat zurückkommt?“, fragte Luna nach.

„Ich denke, nicht. Wir haben alle unsere Fehler, und Cat weiß auch, dass es nicht nur Schwarz und Weiß gibt. Aber wir werden dir in der Frage, ob du hierbleiben willst oder ob du gehen willst, nicht unseren Willen aufzwingen“, antwortete Yurai.

Luna nickte verständnisvoll.

Yurai zeigte ihr einige Techniken zum Angriff. Das Training war hart, aber es hatte seine Vorteile. Luna und Yurai hatten endlich mal die Gelegenheit, einander kennenzulernen. Yurai war zuerst nicht so begeistert von Luna, bis sie mitbekommen hatte, dass sie gar nicht so übel drauf war. Die Zeit verstrich, bis sie fertig waren.

Flaffy hatte seine Vorträge auch schon beendet. Er wartete mit Titan am Eingang der Einrichtung. Beide liefen heraus. Yurai steuerte direkt auf Titan zu. Flaffy fragte Luna: „Und, was Sinniges dabei herumgekommen?“

„Klar!“, lächelte Luna ihn an. Die beiden unterhielten sich kurz darüber, was Yurai mit ihr gemacht hatte.

„Und hast du die Handschuhe angehabt?“, flüsterte Titan Yurai zu.

„Natürlich.“ Yurai reichte ihr eine kleine Tasche.

Titan zischte aufgeregt ab. Flaffy blickte ihr hinterher. Sie musste etwas planen, es konnte nichts Gutes sein. Flaffy entließ Yurai in ihre eigentliche Aufgabe, er und Luna machten sich auf den Weg zurück zum Apartment. Der Tag war lang gewesen und anstrengend. Flaffy hatte auch die Nase voll von der Arbeit. Auch wenn es mittlerweile Routine war, dass er das Schiff befehligen musste. Für Luna war das auch viel gewesen. Die beiden waren angekommen. Es war der vertraute Blick in die Sterne, der sie zuhause ankommen ließ. Flaffy wollte auch mal wieder den Kopf frei bekommen. Er setzte sich an den Küchentisch und schaute sich eine alte Serie an, die er noch von seiner Zeit auf der Erde kannte. Es erinnerte ihn an die Zeit, wo er noch keine Verantwortung zu übernehmen brauchte. Jetzt war er woanders und er hatte die größte Verantwortung, die er sich nur vorstellen konnte. Luna hingegen schmiss sich voller Freude auf die Couch. Sie hatte mittlerweile überall kleine Snacks verteilt. Auf dem Sofatisch stand eine kleine Schüssel mit Süßigkeiten. Sie wollte ein Tütchen aufmachen, aber es fiel ihr herunter. Als sie sie aufheben wollte, fielen ihr die Schubladen unter der Couch auf. Sie öffnete eine. Darin lagen einige Game-Controller. Sie griff einen davon und untersuchte ihn. Sie hatte überhaupt keinen Schimmer, was das war. Das kam auch nicht im Training vor. Flaffy hatte das auch nicht erwähnt. Sie lehnte sich über das Sofa: „Flaffy." Er reagierte nicht. *„Flaffy!"*

Er schreckte auf: „'Schuldige. Was gibt's?"

Sie hielt den Controller hoch: „Was ist das?"

Er brauchte einem Moment, bis er antworten konnte, er hatte nicht mit dieser Frage gerechnet. „Das ist ein Controller zum Spielen von Games. Das gab es auf der Erde. Hat auch wirklich Spaß gemacht, aber ich bin eher der PC-Typ", brachte er nur spärlich hervor. „Macht auch richtig Spaß."

„Zeigst du es mir?", fragte sie nach.

„Klar, aber ich bin mir sicher, wenn ich dir das Teil anmache, weißt du besser Bescheid als ich", brachte er schon fast heiter heraus.

„Probieren wir es aus?", lachte sie ihn an.

Flaffy setzte sich neben sie und erklärte ihr die Game-Konsole. Es wurde noch ein lustiger Abend. Die Fähigkeit von Luna schien doch nicht überall zu funktionieren. Es gab scheinbar auch für sie Grenzen. Sie brauchte eine Weile, bis sie den Dreh raushatte. Aber auch Flaffy war etwas eingerostet, daher war das Spiel sehr ausgeglichen. Es wurde spät, aber sie fanden kein Ende, bis Titan erbost in der Tür stand, um sie aus ihrer Trance zu befreien. Flaffy wollte eigentlich schon vor einer Stunde auf der Brücke gewesen sein. Luna hatte nicht so einen Zeitdruck. Sie sollte mit CS eine Runde drehen. Dem war der Zeitplan egal, da er nicht absolut in den Zeitplan der Titan eingebunden war. Flaffy konnte sich von Titan eine Standpauke anhören, warum er nicht pünktlich war.

Luna machte sich fertig. Für sie war es etwas Neues, mit den hohen Tieren einer Gesellschaft zu leben. Nicht so wie damals, als sie noch in ihrer Welt war, wo sie nicht der Rede wert war. Auch wenn sie in ihrer Welt von adligem Blut war, hatte sie das königliche Leben nie genießen dürfen, als Flügellose war sie eine Ausgestoßene. Vor CS hatte sie tatsächlich etwas Angst. Eine Person, die im Geist anderer rumpfuschen konnte, war für sie viel bedrohlicher als alle anderen.

CS hatte extra eine gesamte Arena räumen lassen, damit sie dort ungestört waren. Luna stand vor der Tür, er wartete schon dahinter auf sie. Die Türen gingen auf. Die Arena war abgedunkelt. Sie wirkte nun viel größer, als sie wirklich war. In der Mitte stand CS in seinem Frack und der goldenen Maske, die wie immer ein Lachen zeigte. Er wirkte auf sie wie ein Richter und ein Henker in einem. Er stützte sich auf seinen goldenen Stab. Luna ging auf ihn zu. CS arbeitete aus dem Schatten heraus. Sie stellte sich vor ihn, sie wusste nicht, wie sie ihn begrüßen sollte.

„Ich grüße dich. Schön, dass du hier bist“, begrüßte er Luna, ohne auch nur zu zucken.

„Guten Tag“, antwortete sie zögerlich.

„Wie stellst du dir mein Handeln vor?“, fragte CS.

Sie überlegte einen Moment, sie konnte seine Intention nicht ausmachen: „Du lenkst die Wesen, indem du ihren Geist manipulierst.“ Die Aussage war schon fast eine Frage.

„Das ist nicht weit weg von dem, was ich tue. Tatsächlich lenke ich Wesen durch Manipulation, Wissen und deren Bosheit“, antwortete er auf ihre Aussage. „Du sollst von allen einen Eindruck bekommen, wir sollen dir unsere Fähigkeiten zeigen. Flaffy will, dass du verstehst, dass so eine Fähigkeit etwas Besonderes ist. Diese ist immer ein Ausdruck der Seele nach einem Wunsch. Jeder von uns hat einen Auslöser für seine Fähigkeit. Es gib einige mit diesen Fähigkeiten, aber nur einige, die es bis auf die Titan geschafft haben. Es gibt nur wenige, von denen wir den Auslöser nicht kennen. Von Cat und Wraith kennen wir den Auslöser nicht. Aber von Flaffy, er hat seine Fähigkeit damals mit der Rüstung erhalten, oder ich, als ich begraben wurde. Flaffy möchte, dass ich deinen Auslöser finde. Deswegen frage ich dich, seit welchem Ereignis hast du diese Fähigkeit, wann hast du das das erste Mal bemerkt?"

Sie brauchte nicht lange zu überlegen: „Ich habe sie das erste Mal bemerkt, als ich gegen Yurai gekämpft habe."

„Aber das war nicht der Auslöser, so intuitiv du damit umgehst, hast du sie schon lange, du hast sie nur nie bemerkt, du hast sie unterbewusst verwendet. Wenn du möchtest, können wir nach den Auslöser suchen?", fragte er sie.

Sie nickte nur. Sie schien zu wissen, was auf sie zukam. CS machte ein paar Schritte zurück. Die Umrisse der Umgebung verschwammen im Dunklen. Sie machte einen Schritt in die Richtung, in die CS verschwunden war, aber er war weg. Nach weiteren Schritten konnte sie etwas erkennen. Sie sah die Maske vor sich, nur sie ohne Körper. „Das ist die Welt deiner Seele." Langsam kamen Objekte immer näher. Sie waren aus Dreiecken aufgebaut und bewegten sich abgehackt, einige standen still, andere bewegten sich. Einige sahen aus wie Lebewesen, andere nach Objekten längst vergangener Tage. „Was sind das für Dinger?", fragte Luna die Maske.

„Das sind deine Gedanken, egal, wie sinnlos sie erscheinen, aber das sind alle, die du in diesem Moment hast“, antwortete er ihr.

„Also kann ich sie auch verändern?“, fragte sie weiter und er antwortete: „Du kannst sie verändern, indem du an etwas denkst.“

Luna schloss die Augen und überlegte. Alles veränderte sich, langsam vergingen die Gestalten und ein Zimmer formte sich. Man konnte die Farben nicht erkennen, aber CS war sofort klar, welches Zimmer das war. Sie dachte an ihr neues Zuhause, in dem sie lebte. Der Tisch in der Mitte mit den markanten Stühlen, die moderne Einrichtung und diesem riesigen Panoramafenster. Alles begann, langsam Farbe zu bekommen. Der Gedankennachbau der Suite war erschreckend genau. Sie setzte sich auf einen der Stühle und sah sich die Maske an. „Das ist beeindruckend, wie du mit deinen Gedanken spielen kannst“, entgegnete ihr CS.

Sie setzte sich auf einen Stuhl. „Das ist also ein Teil deiner Fähigkeit?“

„Das ist richtig, das ist ein Teil der Fähigkeit der Maske, sie lässt mich in die Seelen anderer schauen“, entgegnete er.

„Und was ist deine Fähigkeit? Flaffy hat ja auch mehrere. Was ist deine eigene Fähigkeit?“, fragte sie interessiert.

„Meine eigene Fähigkeit ist das Kollektiv. Teile und herrsche, ich bin in der Lage, jeden meiner Körper mit denselben Eigenschaften auszustatten, sie ähnelt sehr der Fähigkeit von Flaffy. Alle seine Körpern sind er. Es gibt keinen Unterschied zwischen ihnen. Bei mir ist das anders, ich muss meine Körper bauen, folglich kann nicht jeder die Maske benutzen. Hier kommt meine Fähigkeit zum Einsatz. Ich kann mit dieser Fähigkeit die Maske an alle meine

Körper weitergeben, ohne dabei einen Leistungsverlust in Kauf nehmen zu müssen", erklärte er ihr. „Jetzt lass mich dir eine Frage stellen, wie stehst du zu unserem lieben Flaffy, was denkst du über ihn?", fragte er.

Sie schaute munter auf: „Ich über Flaffy?" Sie wurde verlegen: „Ich habe ihn gern, ich würde sogar so weit gehen zu sagen, dass ich ihn liebe."

„Auch nach seiner Zurückweisung?", fragte CS nach.

Um sie herum war ein Abbild von Flaffy erschienen, wie er neben ihnen am Tisch saß und einen Film schaute. „Ich wollte ihn zum Freund haben, aber ich denke, Flaffy ist nicht der Typ dafür. Ich liebe ihn, weil er sich um mich kümmert, weil er sich Zeit nimmt. Er sorgt sich um mich. Er gibt mir das, was ich mir immer gewünscht habe. Ich hatte nie jemanden, der sich um mich gesorgt hat. Ich liebe ihn, weil er kein Gesicht hat", musste sie gestehen.

CS wurde hellhörig. „Wie meinst du das?"

„Flaffy ist wie ein Vater zu mir, er nimmt mich in den Arm, wenn ich weine, er schimpft, wenn ich Mist gebaut habe, und er lacht mit mir zusammen, wenn uns etwas Lustiges passiert. Aber wenn er ein strenges Wort zu sagen hat, dann sieht man immer nur diese Maske und kein Gesicht, das sich vor Wut verzieht. Wenn er lacht, setzt er manchmal seine Maske ab, oder beim Essen, aber wenn er schimpft, sieht man immer nur diese Maske, und dafür liebe ich ihn." Sie lächelte CS an.

„Ich verstehe, was du meinst. Ich möchte dich fragen, was ist dein größter Wunsch?", fragte er sie.

Sie zögerte. „Ich möchte es erleben, wie sich deine Fähigkeit anfühlt, kannst du das nicht auch mit der Maske herausfinden?"

„Okay, dann werde ich mir diese Information auf diese Weise beschaffen“, entgegnete er.

Die Gedanken verschwanden, alles begann zu zerfallen, alles wurde hell und Luna öffnete ihre Augen wieder. Sie war wieder in dieser riesigen Halle.

„Das sollte jetzt nicht passieren?“ CS trat aus dem Schatten, die Maske hatte die Verbindung unterbrochen. Luna lächelte ihn an. „Ich verstehe, jetzt wird mir einiges klar. Dein größter Wunsch ist es, hierzubleiben, hier auf der Titan bei uns?“ Es war mehr eine Frage als eine Aussage.

Luna nickte ihm zu, sie lachte, sie hatte ihn hinters Licht geführt.

„Wunderbar, so etwas habe ich noch nie erlebt, dass jemand die Maske überlisten konnte. Du bist so besonders, ich möchte mehr wissen.“ CS lachte laut: „Zeig mir mehr, ich will wissen, was dich so unglaublich stark gemacht hat.“

Luna lächelte ihn an: „Aber nur, wenn du mir einen Gefallen tust.“

„Was soll ich für dich tun?“ CS wollte alles tun.

„Ich zeige dir meine Welt, dafür musst du mir versprechen, dass du niemals zulässt, dass ich dahin zurückkehren muss, und wenn du mich dafür töten musst“, stellte sie die Bedingung.

CS zögerte keinen Moment, er versprach ihr, sie zu töten, falls sie wieder zurückkehren musste.

Die Maske zog sie wieder in den Bann, nur diesmal durchschritten sie endlose Gänge. Die Türen standen einfach im Nichts. Viele waren düster, nur wenige waren normal. Luna begann in der Zeit, als sie auf der Titan war. Hier waren die Türen bunt und fröhlich. Vor ihrem Tausch mit Cat waren sie alle düster gewesen. Alle machten sie einen mehr als bedrückenden Eindruck, allen waren rot und dunkel, sie verströmten eine dunkle Aura. Irgendwann kamen sie an ein Tor. Es war riesig. Luna trat an es heran. Es war mit riesigen Drachenköpfen verziert, an den Rändern brannte ein Feuer und es wurde von sieben Siegeln verschlossen. Es sah aus wie das Tor zur Hölle. „Willst du das wirklich aufmachen, so finster, wie diese Tür aussieht, könnte es dich zerstören?“, fragte CS bedrückt.

„Ich hab es dir versprochen.“ Sie riss drei der Schlösser ab. „Ich weiß, welcher Moment das ist, und dir muss ich es nicht erzählen, dir kann ich es zeigen. Ich werde schon nicht sterben, der Gedanke daran, dass Flaffy um mich weint, tut mehr weh als der Tod.“ Wieder riss sie drei ab. „Ich bitte dich – und zeig es ihm.“ Und das letzte Siegel fiel. Der gesamte Raum verzog sich. Einen Moment lang war alles schwarz. CS stand dort auf einer Fläche. Er konnte das sehen, was Luna gerade sah. Sie war verschwunden. Sie blinzelte. Es war vor langer Zeit, als sie noch viel kleiner war. Ihr Zimmer war grau und elendig. Es gab kein richtiges Bett oder sonst eine Einrichtung. Alles, was sie besaß, war eine kleine Kette mit einem paar goldenen Flügeln dran. Viel mehr als ein paar Lumpen hatte sie nicht an. Vor der abgeschlossenen Tür liefen aufgeregt Leute umher. An diesem Tag gab es gar kein Essen, sonst bekam sie immerhin eine Mahlzeit, auch wenn das Essen oft alles andere als lecker war. Sie saß auf dem Boden und dachte an den schönen blauen Himmel, sie hatte ihn bis jetzt nur zweimal gesehen, sonst war sie immer in diesem Turm gefangen. Doch heute war es anders. Die Tür ging auf. Ein Mann kam herein. CS konnte nicht erahnen, wer das war.

Seine Hautfarbe war rot. Er hatte einen Kittel an. Er zog sich gerade Handschuhe an. Luna hatte Angst und wollte wegrennen. Aber sie konnte nicht. Sie war zu langsam. Sie kratzte ihn mit dem Füßen, aber das hielt ihn nicht auf. Dieses Monster drückte sie mit dem Bauch auf den Boden. Er trat auf ihr Handgelenk, bis es brach. Sie schrie auf, ein paar Tränen rannen über ihr Gesicht. Ihr wurde es nicht gleich bewusst, aber er zog an ihren Flügeln. Sie musste schreien, das war schon schmerzhaft genug. Langsam begann er, mit dem Messer die Flügel samt Knochen herauszuschneiden. Das Geräusch des Schneidens war so durchdringend, dass selbst ihr Geschrei es nicht überdecken konnte, überallhin spritzte Blut. Sie konnte noch nicht einmal weinen vor Schmerzen. CS stand da, er konnte es hören, trotz ihrer Schreie. Sie drangen ihm bis ins Mark. Das berührte sogar seine abgestumpfte Seele. Dieses Geräusch war abartig. Das Geschrei und das Geschneide, beides war schrecklich.

Nachdem das Monster fertig war, stand es auf und sah sie an, mit den beiden Flügeln in der Hand. Er trat sie noch zur Seite, sodass sie auf dem Rücken lag. Sie war betäubt vom Schmerz. Er beugte sich zu ihr und entriss ihr die Kette mit den Flügeln. Sie legte den Kopf zur Seite, langsam lief ihr etwas Blut in die Augen und ihr Blick färbte sich lila. Allmählich verschwamm alles um sie herum und ihre Augen schlossen sich. Dem Tod zu begegnen, war das Schönste, was sie sich jetzt vorstellen konnte. Ohne Flügel in dieser Welt zu überleben, war die Strafe der Hölle. Sie machte die Augen wieder auf. Sie stand in diesem riesigen Raum, um sie herum waren die kolossalen Kugeln der Heiligen Objekte, die aus Mechaniken bestanden, sie schaute sich um, wo war sie nun, im Himmel oder in der Hölle? Als sie nach oben blickte, sah sie das riesige Rohr, das brannte. Dann fiel sie, der Boden war einfach verschwunden. Sie fiel in einen dunklen Raum. Sie hatte Angst, aber etwas fing sie auf. Zuerst konnte sie es nicht sehen, aber es war hart und doch zärtlich, metallene Arme hielten sie. Es hatte weiße Streifen und einen Helm auf. Der weiße Kern auf seiner Brust leuchtete vertraut. Sie hatte keine Angst vor diesem Etwas. Es nahm ihr die Schmerzen für diesen Moment, die sie hatte: „Bitte überlebe, bis wir uns treffen.“

Danach verschwand die Welt wieder und sie fand sich auf dem Boden ihre Zimmers wieder, gebadet in ihrem Blut. Warum war sie nicht gestorben? Auch wenn die Wunden klafften und schmerzten, gab sie nicht auf. Sie griff nach ihrem Rücken, um sich zu vergewissern, dass die Flügel wirklich weg waren. Weitere Tränen flossen über ihr Gesicht. CS beendete die Erinnerung mit Gewalt. Beide standen in dieser riesigen Halle. Luna war so benommen, dass sie nicht gerade stehen konnte. Sie fiel zur Seite um, CS schaffte es gerade so, sie aufzufangen. Er legte seine Hand auf ihr Gesicht: „Schlaf erst mal, morgen wird es dir besser gehen.“

Es dauerte nicht lange und er stand bei Flaffy in der Tür mit Luna in den Armen: „Flaffy, wir haben zu reden!“

Flaffy kam zu ihm und nahm ihm Luna ab. Er brachte sie in das Schlafzimmer und deckte sie zu. CS folgte ihm. Flaffy setzte sich an ihre Seite. CS nahm auf dem Hocker Platz. „Was ist passiert?“, fragte Flaffy.

„Ich dachte, es sei ein Unfall gewesen oder ein angeborener Fehler, aber ihre Rasse besitzt Flügel, und ihre wurden einfach abgeschnitten. Brutal und ohne Betäubung oder dergleichen. Sie ist in ihrer Welt nicht mehr wert als ein Sack mit Müll“, fasste CS zusammen.

Flaffy nickte. „Wie ich es mir gedacht habe. Kannst du ihr noch ein paar Erinnerungen entlocken, ohne sie noch weiter zu schädigen?“

CS nickte. „Ich habe ihr einen tiefen Schlaf geschenkt. Sie wird es nicht mitbekommen, aber diese Erinnerung, die sie mir gezeigt hat, wäre auf jeden Fall bei ihr angekommen, egal, ob sie geschlafen hätte oder nicht.“

Flaffy streichelte ihr Haar: „Ab jetzt wirst du keine Schmerzen mehr ertragen müssen, dafür sorge ich, das verspreche ich dir.“

Ein Lächeln zeigte sich in ihrem Gesicht. Flaffy drehte sich zu CS: „Du meldest dich, wenn du fertig bist. Ich werde so lange auf der Brücke sein. Ich habe dort etwas mit Yurai zu besprechen.“

Flaffy ging und ließ CS mit Luna allein. Aus seiner Maske floss eine Träne: „Ich dachte, ich wäre grausam, aber was dir widerfahren ist, kann ich einfach nicht in Worte fassen.“

Er durchschritt die Türen auf der Suche nach einer Erinnerung, die schön war, aber er suchte vergeblich, auf seinem Weg fand er nur Grauen und Verderben. Flaffy hingegen wartete auf der Brücke, Yurai ließ sich nicht blicken. Die Stunden vergingen und Flaffy hielt es für besser, der Führung nachzugehen. Aber er musste daran denken, was CS zu ihm gesagt hatte. Er musste wissen, was ihr alles passiert war. Ein Funkspruch kam rein. CS bat ihn hochzukommen. Es war fast ein ganzer Tag vergangen.

CS saß an dem weißen Tisch. Flaffy setzte sich ihm gegenüber. „Sie schläft noch, sie hat nichts mitbekommen“, stellte CS fest.

„Und was ist dabei herausgekommen?“, fragte Flaffy ihn.

Vor ihm öffnete sich in der Konsole ein riesiger Datensatz. „Ich habe mir alle Erinnerungen angesehen, katalogisiert und bewertet. Ich habe auch alle Vergehen aufgelistet, die an ihr begangen wurden.“ CS tippte auf einen Ordner. Eine ellenlange Liste öffnete sich. „Ich sag es dir, dieser Typ, der ihr das alles angetan hat, der verdient eigentlich einen Endlosurlaub bei Wraith. So viel Brutalität und Verstümmelung. Dass sie das alles überlebt hat, ist wahnsinnig.“

„Ich stimme dir zu. Dass man jemandem so etwas antun kann, ist einfach nur krank“, entgegnete Flaffy ihm. Er schaute sich auf ein paar der Erinnerungen an. Beide erschreckten sich, als die Tür aufging. Yurai stürmte herein, an ihrer Seite war Titan.

„Schön, dass du uns auch mal beehrst, du bist einen ganzen Tag zu spät, meine Gute“, begrüßte Flaffy sie spitz.

„Tut uns leid, wir haben noch etwas untersucht zum Thema Luna“, antwortete Titan ihm.

„Wir sind sowieso gerade bei ihr, also erleuchtet uns mit eurem Wissen“, antwortete CS ihnen.

Yurai hatte zwei Hologramme. Es war sofort ersichtlich, dass eines der beiden die Rasse von Luna darstellte und das andere Luna selbst. Yurai begann zusammenzufassen: „Wir haben ihren Körperaufbau untersucht und dabei etwas festgestellt. Abgesehen von gewissen Amputationen gibt es nahezu keinen Knochen in ihrem Körper, der nicht schon einmal gebrochen wurde, viele weisen sogar mehrere Brüche auf. Was daran auffällt, ist, dass alles abartig perfekt wieder verheilt ist. Ihre Knochen sind dadurch härter als die ihrer Spezies. Auch ihr gesamter Körper weist unterhalb ihrer Haut Narbengewebe auf. Auch hier geht es schneller, die Bereiche aufzuzählen, die unversehrt sind, weil man sie an einer Hand abzählen kann“, fasste Yurai zusammen.

CS fummelte an dem Hologramm herum. „Ihre Muskeln sind außergewöhnlich gut entwickelt.“

„Das kommt davon, dass sie in einer Welt überleben musste, wo das Fliegen mit Flügeln normal war. Sie muss außergewöhnlich stark sein, um dort zu überleben und so, wie ich ihr Umfeld einschätze, hat ihr auch niemand geholfen“, schlussfolgerte Flaffy.

Yurai musste etwas hinzufügen: „Ihr Körper weist einige Fehlbildungen auf, ihre Organe haben nicht den vorgesehenen Platz, alles wirkt viel kompakter und wesentlich geschützter. Es scheint so, als würde sich ihr Körper auf etwas vorbereiten.“

CS schlug mit der Faust auf den Tisch. „Ich dachte, niederträchtiger als wir könnte man nicht sein, aber seine eigene Tochter als Werkzeug zu gebrauchen, ist einfach nur abartig.“ CS war merklich aufgebracht.

„Was meinst du?“, fragte ihn Titan. Er ordnete das Hologramm von Luna in der Mitte des Tisches an, als Nächstes markierte er die Stellen mit den Körperteilen, die schon mal beschädigt wurden. Flaffy bemerkte es, es gab Stellen, die gänzlich unbeschädigt waren. Auch Yurai bemerkte es. Niemand wollte es wirklich aussprechen. Bis sich Titan dazu durchrang: „Kann das sein, dass ihr gesamter Körper bereits lädiert ist außer …“ Sie machte eine Pause. „Außer ihre untere Bauchregion und ihr Oberkörper?“

CS nickte: „Ihre primären und sekundären Geschlechtsorgane sind völlig unversehrt, was in dieser Situation bedeutet, sie haben sie nur aus einem Grund nicht getötet. Sie brauchen sie noch als die einzige der Familie, die noch Nachkommen bekommen kann, anders gesagt, für diese Familie ist sie nur ein lebendiger Brutkasten.“ Die Maske setzte ein verstörtes Lächeln auf. „Wenn ich dieses Schwein in die Finger bekomme, dann gnade ihm Gott.“

Flaffy stand auf und legte CS seine Hand auf die Schulter: „Keine Sorge, du hast dein Versprechen, ich habe meines. Ich werde dafür sorgen, dass er für seine Missetaten bestraft wird, so wahr ich hier stehe.“

Das Gespräch war noch lange nicht beendet, sie konnten auch nur mutmaßen, was ihre Familie weiter mit ihr geplant hatte, aber eines stand fest, es konnte nichts Schönes sein.

Sie hingegen schlief tief und fest und träumte davon, wie sie mit den anderen zusammen auf der Titan zusammenleben könnte. Sie wollte dort bleiben und sich ihren Platz erkämpfen, um an der Seite von Flaffy stehen zu dürfen. Alles, was sie wollte, war, auf der Titan bleiben zu dürfen. Die Vier waren fertig mit ihrem Gespräch, doch CS wollte noch etwas im Nachhinein mit Flaffy besprechen, etwas, das er nicht unbedingt vor Titan und Yurai preisgeben wollte: „Flaffy, ich wollte das nicht vor allen ansprechen, weil ich nicht wusste, wie du dazu stehst. Du kamst in der Erinnerung vor, die, in der sie gestorben und wiederauferstanden ist. Du hast sie aufgefangen und deine Macht hat ihr ein weiteres Leben geschenkt.“

„Ich dachte mir, dass das jetzt kommt. Es kam mir komisch vor, nachdem wir sie gefunden haben, dass sie so zutraulich war. Sie muss es vergessen und sich dann daran erinnert haben, immerhin waren das in ihrer Kindheit die schlimmsten Ereignisses ihres Lebens. Aber ich bin froh darüber, dass sie sich so entschieden hat“, stellte Flaffy fest.

CS nickte. „Das macht Sinn. Was das angeht, möchte ich noch etwas anderes ansprechen.“

Flaffy legte den Kopf zur Seite: „Ja klar.“

„Ich möchte noch etwas zu ihrem Geisteszustand sagen, ich denke, ihre Psyche schaltet immer zwischen drei Modi hin und her“, fasste er zusammen.

„Wie meinst du das?“, fragte Flaffy nach.

„Manchmal ist sie eine junge Frau, die ihr Leben leben will, aber manchmal ist sie ein Mädchen, das sich nach einer normalen Familie und nach Zuneigung sehnt. Im Moment wechselt sie immer zwischen diesen beiden hin und her, aber der dritte Modus, wie ich vermute, ist den anderen beiden nicht ähnlich. Ich kann ihn nicht einschätzen, weil ich ihn nur gespürt habe. Es ist der, der nur kurz aufblitzt und dann wieder verschwindet, regiert von Hass und Wut. Wenn sie in den wechselt, wird Blut den Boden trüben“, erklärte CS.

„Ich verstehe, für wen ist sie damit eine Gefahr?“, hakte Flaffy nach.

„Für uns gar nicht, er ist so etwas wie ein Schutzmechanismus gegen ihre Familie. Selbst wenn sie in den Modus wechselt, würde er wahrscheinlich mit uns zusammenarbeiten, um gegen ihre Familie vorzugehen“, erklärte CS.

Flaffy war tatsächlich nicht beunruhigt. „Okay, verstehe.“ Für ihn war dieser Fakt zwar interessant, aber es machte ihm keine weiteren Sorgen. CS stand auf, aber er musste noch eine Frage loswerden: „Bist du dir deines Status ihr gegenüber gewiss?“

„Ja, bin ich“, antwortete Flaffy gewissenhaft. „Darf ich dich um diesen Gefallen bitten? Könntest du bitte auch damit zu den anderen gehen? Ich denke, es wird bald zu einem Kampf kommen und ich bin mir sicher, dass sie dann unsere Unterstützung brauchen wird. Bitte lasst euch etwas einfallen, wie wir ihr helfen können. Ich werde dann alles Weitere in die Wege leiten, damit alles glatt geht.“

CS nickte. „Wie könnte ich dir diesen Gefallen ausschlagen? Ich werde mich darum kümmern.“ Damit verließ er das Zimmer.

Flaffy nahm sich eine kleine Auszeit. Er wollte dafür sorgen, dass Luna das bekam, was sie die ganzen Jahre nicht hatte, eine Familie. Er machte sich mehr Sorgen um sie, als ihm lieb war, aber er wollte auch, dass sie sich bewusst war, dass das Leben auf der Titan nicht nur Vorteile für normale Lebewesen hatte, sondern auch Schattenseiten besaß.

Der Abend wurde lang und Flaffy setzte eine Maske auf, doch diesmal benutzte er kein Gesicht, das er sich nur ausgedacht hatte, nein, er benutzte sein eigenes Gesicht, das er bis jetzt hier auf der Titan noch nie verwendet hatte. Er setzte sich an den Tisch und griff zu einem feinen Tropfen Whisky. Er schenkte sich einen ein und tat einen Eiswürfel dazu. Langsam bildete sich Kondenswasser auf der Außenseite des Glases. Er hob es versonnen an und schaute sich die Tropfen an. Langsam bildeten sich größere und bald begannen sie an dem Glas herunterzurinnen. Sie waren rein, so sauber, er wollte, dass sie niemals ihre Schönheit verlieren. Es dauerte eine Weile, bis er sich von diesem Anblick losreißen konnte. Er nahm einen Schluck. Er wusste, dass es nur eine Illusion war, dass er es brauchte, aber er schmeckte ihm gut. Er setzte sich in den Sessel und lehnte sich zurück, mit diesem Glas in der Hand. Er sah sich die Sterne an, wie sie an ihm vorbeizogen. Und er fasste einen Entschluss, er musste mit ihr reden, darüber, was es für sie bedeuten würde, auf der Titan zu leben. Er stellte sich aber die Frage, was sie aufgeben würde, wenn sie fortan auf der Titan leben würde. Was er nicht wusste, war, dass er bereits beobachtet wurde. Sie war noch nicht lange wach. Sie beobachtete ihn, sie konnte sein Gesicht sehen, es spiegelte sich in der Scheibe, und sie wusste, er war guter Dinge. Sie war in ihre Decke eingewickelt und legte ihren Kopf auf das Geländer. Flaffy stellte das Glas auf den Tisch und schloss die Augen bis zum nächsten Tag.

Als er die Augen öffnete, sah er immer noch diese grandiose Aussicht. Luna begrüßte ihn mit einer Tasse Kaffee. Er bedankte sich und stand auf. Am Tisch stand ein Teller mit etwas zu essen. Sie hatte sich an einem Omelett versucht. Bis darauf, dass es etwas arg angebraten war, war es gut, nur dass sie Salz und Zucker verwechselt hatte, war nicht so toll, aber das war Flaffy egal, er war von dem Versuch begeistert. Er war genau dort, wo er sein wollte, er war glücklich, für diesen Moment.

Revanche

Alles entsteht, hat seine Blütezeit, und vergeht wieder. Es gibt nichts, das ewig ist, man kann nur die Zeit genießen, die einem geschenkt wird, und darf der Vergangenheit nicht nachtrauern. Aber manchmal merkt man gar nicht, dass die Zeit erst kommt, an die man sich immer erinnern möchte. Die Zeit glitt Flaffy durch die Hände, so, als wäre sie Wasser, denn der vertraute Alltag würde bald enden. Es sollte ein Knall folgen, den die gesamte Titan hören sollte, ein Kampf um Leben und Tod und die Gefahr, das Wertvollste zu verlieren, was Flaffy sich geschworen hatte zu beschützen.

Flaffy stand auf dem obersten Deck und schaute in die Sterne, so, als würden sie ihm die Zukunft zeigen. Er wollte, dass alle diese Momente genießen konnten. Er wollte sie mit allen teilen, aber er wollte auch mal alleine dort stehen. Er wollte das Schiff wie Cat lenken. Er bemerkte endlich, dass es nicht mehr nötig war, sich zurückzuhalten. Cat war anders als er, Cat war mit diesem Schiff verbunden. Flaffy aber nicht, er überwachte das Schiff, indem er sich nun teilte. Der Alltag machte es ihm einfacherer, seine Fähigkeit weiter zu verbessern. Er war nun in der Lage, mehrere Körper unabhängig an verschiedenen Orten zu bewegen. So konnte er mal abschalten, falls man das so sagen konnte, denn kann ein Kollektiv, das immer arbeitet, auch mal nicht arbeiten? Seine Fähigkeit wurde immer besser, doch nicht nur körperlich musste er wachsen, auch sein Geist hatte sich verändert. Mit dem Auftauchen von Luna hatte er eine ganz neue Seite an sich gefunden. Was hatte er nicht alles für sie getan. Er hatte sich um sie gesorgt, er wollte, dass sie, auch wenn sie vielleicht nur zeitweilig hier war, eine schöne Zeit hatte. Er hatte sie aufgenommen und in einer Trainingsgruppe vorgestellt. Doch was würde er tun, wenn diese Zeit vorbei ist, wenn sich das Portal zu Cat öffnen würde? Wäre er wirklich in der Lage, sie wieder gehen zu lassen? Aber Flaffy machte sich auch Sorgen, dass sie vielleicht auf der Titan nicht glücklich werden konnte, denn er hatte unter Garantie andere Bedürfnisse als sie.

Flaffy machte sich auf den Weg zu CS. Der ging immer noch seiner Aufgabe nach, weiter das Portal zu bewachen. Sie durften es nicht verpassen, wenn es sich öffnete.

CS hatte sich mittlerweile wohnlich eingerichtet. Er hatte sich einen goldenen Sessel besorgt, eine luxuriöse Kaffeemaschine und einen Plattenspieler.

„Meinst du nicht, dass die Dinger etwas altmodisch sind?“, fragte ihn Flaffy, als er neben ihm stand.

„Altmodisch kommt hin. Aber wenn ich hier schon nichts tuend rumsitze, dann kann ich das auch mit Stil machen“, entgegnete CS ihm mit einem gewissen Unterton. „Ich bin mir nicht sicher, aber es scheint so, als würde Cat seinem Ziel immer näherkommen, es scheint bereits eine Verbindung zu geben, aber das Portal scheint noch nicht vollständig zu sein.“ In diesem Moment funkte es auf und baute ein Feld auf. „Er scheint es doch geschafft zu haben“, fügte CS hinzu.

„Aber ich bezweifle, dass sie Cat als Testobjekt durchgehen lassen“, merkte Flaffy an.

CS stand auf. „Was meinst du, darf ich die Verhandlungen führen?“

„Ich denke, das wird das Beste sein, aber sei vorsichtig. Ich will diese Sache ohne Blutvergießen regeln, aber wenn sie auf einen Kampf bestehen, dann werden wir uns nicht davor scheuen, ihn zu führen.“ Flaffy drehte sich um und ging, er wollte, dass CS das alleine macht, er wollte alles aus dem Hintergrund beobachten.

CS ließ alles wegräumen. Er konnte durch das Portal hindurch erahnen, wann jemand kommen könnte. Der Saal machte schon mal einen guten Eindruck für Staatsoberhäupter, er ließ ihn noch etwas aufputzen, um noch etwas mehr den Reichtum des Schiffes zu präsentieren. Er hatte außerdem mit Flaffy abgesprochen, dass er sich als Leibgarde ausgab. Viele Körper im selben Raum zu kontrollieren, war für ihn kein Problem mehr und Außenstehenden sollte der Unterschied zwischen normalen Soldaten und ihm nicht auffallen. Langsam kam Bewegung in die Sache. Es schienen so, als würden ihre Besucher bald durch das Portal treten. CS konnte es kaum erwarten.

Zuerst kamen zwei Wachen durch das Portal, sie sollten wahrscheinlich testen, ob die Atmosphäre für sie geeignet war. Sie waren rot und grün. Sie hatten so etwas wie eine Rüstung an. Sie schienen nicht alt zu sein, aber ihre Flügel sahen auch nicht mehr sehr frisch aus. Sie hatten bereits Löcher und Narben. Sie schienen einfaches Fußvolk zu sein. Als Nächstes folgten ihnen einige besser gekleidete der So’Na. Sie waren mehr gekleidet wie Priester, trugen aber Schwerter an der Robe. Als Letztes folgte ihnen ein Mann, er war geschmückt mit einer Rüstung aus einem bläulich schimmernden Metall. Seine Hautfarbe war rot. CS war sich nicht sicher, aber er war dem Mann aus Lunas Erinnerung ähnlich.

Flaffy hatte seine Augen überall, aber er stand auch mit Luna weit entfernt in einem Kontrollraum, wo er das Schauspiel mit ihr betrachten konnte: „Kannst du mir sagen, wer das ist?“ Flaffy zeigte mit dem Finger auf den Letzten, der das Portal durchschritten hatte.

„Das ist der König, es wundert mich, dass er sich überhaupt dazu herablässt, bei solch einem Experiment dabei zu sein“, antwortete sie ihm. Ihr Gesicht bekam einen finsteren Ausdruck und sie knirschte mit den Zähnen. Sie war voller Wut auf diesen Typen.

„Sag mal, ist das dann nicht dein …“ Weiter wollte Flaffy diese Frage nicht stellen, er formulierte es um: „Der, der dich misshandelt hat?“

Sie nickte bloß. Er legte seine Hand auf ihre Schulter und sie schaute ihn an. Das gab ihr so etwas wie Ruhe. Es holte sie aus der Trance der Wut gegen ihren Peiniger. CS trat ihm gegenüber und zog an seinem Hut, um eine Begrüßung zu symbolisieren: „Ich begrüße Sie recht herzlich in unserem bescheidenen Reich. Was verschafft mir die Ehre Ihres Besuches?“

Der Mann begrüßte CS mit einer kleinen Verbeugung. „Es freut mich, Sie kennenzulernen. Ich bin das Oberhaupt der Familie Aurora. Mein Name ist Thavor Pereira Aurora.“

„Mein Name lautet CS, ich bin der momentane Befehlshaber über dieses Schiff, das den Namen Titan trägt.“ CS war sich nicht zu fein, ein Schauspiel abzuhalten. „Angesichts dessen, dass Sie hier sind, will ich meinen, Sie haben unseren Mechaniker gefunden?“

„Allerdings, wir haben ihn gefunden. Wir möchten mit Ihnen einen Austausch aushandeln“, entgegnete Thavor CS.

„Darf ich fragen, wieso Austausch?“, tat CS so, als wüsste er von nichts.

„Seit geraumer Zeit ist eine unserer geliebten Töchter verschwunden. Wir hätten sie gerne wieder“, erklärte Thavor.

„Wir haben hier viel Verkehr, vielleicht ist sie uns bekannt, haben Sie vielleicht ein aktuelles Bild von ihr? Das würde uns die Suche vereinfachen“, schleimte CS.

„Das freut mich, ich freue mich auf erfolgreiche Verhandlungen mit Ihnen“, entgegnete Thavor.

Luna fragte Flaffy aufgeregt: „Was macht CS gerade?“

„Er versucht zu verschleiern, dass du bei uns bist. Ich bin für solche Verhandlungen nicht geeignet, aber CS kann das recht gut. Er wird als Nächstes ein erfundenes Prozedere erklären. Am besten wäre es, wenn wir Cat zurückbekommen, ohne dass sie dich wiederbekommen und ohne dass wir kämpfen müssen“, erklärte Flaffy.

„Ich meine, im Stehen verhandelt es sich schlecht. Vor allem mit trockener Kehle. Wollen wir das Gespräch nicht in einen unserer Verhandlungsräume verlegen?“, fragte CS.

„Gerne“, stimmte Thavor ihm zu.

„War mir klar, dass er auf dieses Angebot eingeht“, nuschelte Luna vor sich hin.

„Woher weißt du das so genau?“, fragte Flaffy sie.

„Was meinst du, wo die Brüche herkommen?“

„Ich vergaß, tut mir leid“, entgegnete Flaffy.

Luna lächelte ihn an. „Kein Thema, du kannst auch nicht an alles denken.“

CS führte Thavor und sein Gefolge zu einem der Räume. Flaffy ließ von Titan einen Körperscan machen. Er wollte wissen, womit er es zu tun hatte. Zusammengefasst: Thavor selbst war körperlich mittelmäßig, verströmte aber eine mächtige Kraft. Er selbst war fast genau so groß wie Luna, allerdings hatte er Flügel und war damit auch schwerer als sie. CS öffnete die Tür zu dem prachtvollsten Verhandlungssaal. Es war einer mit einem grandiosen Ausblick in das Weltall.

„Dies ist ein Raumschiff, ich fass es nicht“, stellte Thavor fest.

„Ja, dies ist ein Raumschiff, es trägt den Namen Titan. Bitte setzen Sie sich. Ich möchte diese missliche Angelegenheit schnell aus der Welt schaffen“, drängte CS.

„Ja natürlich, wir wollen unsere geliebte Tochter möglichst schnell wiedersehen.“ Thavor reichte ihm ein altes Foto, es war etwas ausgeblichen.

„Das sollte ausreichen.“ CS rief eine Konsole auf, die Flaffy bereits vorbereitet hatte. Wenn nichts schief ging, sollte Thavor auch nichts von dem Bluff mitbekommen. Er suchte nach ihr. Luna war CS gefolgt, um weiter die Verhandlung zu verfolgen. Sie war schon etwas wütend über das, was Thavor CS verklickern wollte. Blöd, dass CS Lügen durchschauen konnte.

„Ich habe sie gefunden.“ CS rief ein Bild auf. „Sie muss uns bei der Rekrutierung durchgerutscht sein.“

Thavor sah ihn an. „Ich möchte Sie etwas fragen. Wenn der, den wir gefunden haben, wirklich nur ein Mechaniker ist, warum hatte er dann ein derart mächtiges Schwert dabei? Deswegen möchte ich Sie fragen, wie viel von dem, was Sie mir gerade aufgetischt haben, wirklich wahr ist.“

Flaffy hatte total vergessen, dass Cat das Schwert dabei hatte, was sie natürlich auffliegen ließ.

CS lehnte sich zurück in seinen Stuhl: „Wir wussten von Anfang an, dass sie zu Ihnen gehört. Doch wir haben nicht vor, sie einfach so wieder an Sie auszuliefern. Ich würde meine Ehre verlieren, wenn ich Luna einfach an jemanden wie Sie zurückgeben würde."

„Sie meinen, ein Feigling, der sein Gesicht hinter einer Maske versteckt, wäre besser für diese Aufgabe?", schmiss ihm Thavor an den Kopf.

Flaffy fasste sich mit der Hand an den Kopf: „Jetzt gibt es Stress, das ist das Thema, das CS am besten auf die Palme bringt."

CS stand auf und stützte sich auf den Tisch: „Wenn Sie meinen, ich sei ein Feigling, nur weil mein Gesicht wie eine Maske aussieht, dann regeln wir dieses Problem nach Ihrer Kultur. Was schlagen Sie vor? Ich werde es akzeptieren."

„Bei uns wird alles durch Duelle entschieden. Stellen Sie einen Mann gegen mich. Wenn Sie gewinnen, bekommen Sie Ihren ‚Mechaniker' und Luna, allerdings – wenn wir gewinnen, bekommen wir beide. Wollen Sie dieses Risiko wirklich eingehen?", fragte ihn Thavor.

CS nickte: „Sie wissen nicht, mit welchen Mächten Sie sich anlegen. Ich gehe auf das Angebot ein."

„Falsch, Sie haben keine Ahnung, also werden wir uns in drei Tagen wieder treffen und den Kampf ausfechten, es sei denn, Sie entscheiden sich noch um." Thavor war sich seiner Sache sicher.

CS kochte vor Wut, sein Lächeln hatte bereits einen sehr verkrampften Ausdruck bekommen. Er musste aufpassen, dass die Maske nicht noch weiter ausartete: „Dann sehen wir uns zum Kampf wieder."

An dieser Stelle lösten sich die Verhandlungen auf. Flaffy und Luna stellten sich in einen Seitengang. Flaffy wusste, dass Thavor mit seiner Truppe dort vorbeigehen würde. Luna hingegen versteckte sich hinter Flaffy. Thavor sah sie natürlich hinter dem Soldaten, er dachte, Flaffy sei ein einfacher Untergebener. Ein böser Blick von ihm traf Luna. Flaffy hatte das natürlich bemerkt: „Lass uns gehen, ich möchte nachher noch mit dir reden." Sie nickte nur.

Flaffy machte sich auf den Weg. Luna hielt sich an seinem Arm fest, so wie ein kleines Kind, das Angst hat.

In ihrem Zimmer angekommen setzte Flaffy sich ihr gegenüber hin. „Ich möchte dir eine Frage stellen. Bitte verstehe das nicht falsch, aber ich will mir meiner Sache sicher sein, bevor ich hier einen Kampf anzettle. Die Titan hat viel zu bieten, aber es gibt Dinge, die du hier niemals haben wirst. Du wirst miterleben, dass wir schreckliche Entscheidungen treffen, also möchte ich dich fragen: Bist du dir absolut sicher, hier bei uns zu bleiben?"

Sie überlegte einen Moment. Sie tat so, als stünde ihre Entscheidung noch nicht fest: „Was wäre es denn, was mir verloren geht?"

„Wenn wir dich mitnehmen, wirst du nicht drumherum kommen, auch mal jemanden zu töten, Kriege mitzuerleben, du wirst Reichtum und Elend sehen, die Ungerechtigkeit des Universums. Deine Hände werden voller Blut sein, so wie meine. Noch kannst du dich da rausziehen. Wenn du hier bleibst, wirst du nie in den süßen Genuss der Liebe kommen, den ich für normale Lebewesen als unerlässlich erachte. Dir wird auch niemals die Möglichkeit gegeben sein, ein Kind zu bekommen", fasste Flaffy zusammen. Er wusste nicht, was davon Luna erschreckte, aber sie zuckte zusammen. „Also, Flaffy, ich weiß nicht …“ Sie überlegte, wie sie die Frage formulieren sollte. „Wie entstehen eigentlich Kinder?“

Flaffy traf der Blitz. Er saß auf dem Stuhl, so, als hätte er sich gerade aufgehangen. Es dauerte einen Moment, bis er reagieren konnte. So viele Gedanken, die gerade seinen Kopf durchströmten, auch alle seine anderen Körper hörten auf zu arbeiten. Sie standen einfach nur in der Gegend herum. Flaffy führte in seinem Kopf einen Monolog: „Was?! Du bist 21, das ist mindestens sieben Jahre zu spät für ein Aufklärungsgespräch. Ich verstehe ja, dass du jemanden fragen willst, aber dann frag doch bitte nicht eine olle unsterbliche Blechdose, die selbst dazu nicht in der Lage ist. Aber wie erkläre ich das jetzt? Ich kann doch auch nicht direkt einen Rückzieher machen.“

Luna blickte Flaffy schief an: „Flaffy?“ Er brauchte noch eine Sekunde, bis er reagierte. Er wusste schließlich, wie es war, am Leben zu sein und solche Bedürfnisse zu haben, auch wenn er niemals das Vergnügen gehabt hatte. Jetzt war er dazu nicht mehr in der Lage. Er wollte aber auch, dass Luna das nicht auch erfahren musste.

„Inwieweit ist dir das Konzept vom Austausch von genetischen Material bekannt?“, fragte Flaffy.

Luna schüttelte den Kopf.

„Geschlechtsverkehr, schon mal gehört?“

Luna schüttelte wieder den Kopf.

„Aber das Konzept von Bienchen und Blümchen ist dir bekannt?“ Flaffy war absolut perplex über ihr Verhalten.

Wieder überlegte sie einen Moment. „

Also …“ Flaffy begann, sein Wissen mit ihr zu teilen. Es war ihm dermaßen unangenehm, als Roboter dieses Thema einem Lebewesen zu erklären, das schon seit mehreren Jahren geschlechtsreif war. Das war eigentlich nicht das Thema, worauf er in diesem Gespräch hinauswollte. Es vergingen mehrere Stunden, bis er es einigermaßen erklärt hatte. Das größte Rätsel war für ihn im Moment eigentlich, wann endlich ihre Fähigkeit für Verständnis sich aktivierte. Er musste es wirklich bis ins kleinste Detail erklären, damit sie es auch raffte. Man konnte in ihren Augen sehen, wie in ihrem Kopf die Gedanken hin und her schwirrten. Flaffy wollte gar nicht wissen, was sie sich gerade dachte. Er war völlig erledigt, als er mit dem Thema fertig war.

Sie hingegen war etwas verstört. „Und das soll wirklich schön sein? Das kann ich mir irgendwie nicht vorstellen."

„Was das angeht, darfst du nicht mich fragen, ich habe davon noch weniger Ahnung." Für Flaffy war dieses Gespräch mehr Folter als alles andere. „Luna. Ich wollte eigentlich nur ein einfaches Ja oder Nein von dir hören, ob du auf der Titan bleiben willst oder nicht. Ich wollte eigentlich nicht erklären, wie Sex funktioniert. Also, die Frage steht immer noch im Raum."

„Es gibt nichts, was mich dazu bewegen würde, zurück in diese andere Welt zu gehen. Ich bleibe hier." Ihr Blick wirkte gefasst.

Flaffy setzte sich wieder aufrecht hin. „Keine andere Antwort wollte ich hören, dann werde ich dafür sorgen, dass wir diesen Kampf gewinnen. Bleibt nur die Frage, wer wird ihn führen?" Er hatte diese Frage absichtlich ihr gestellt. Alle anderen hätten sich darum gerissen, diesen Thavor fertigzumachen, selbst Yurai, die für solche Sachen nicht viel übrig hatte. Für Luna hätten sie sogar Titan in den Kampf schicken können, sie hätte diesen Typen auseinandergenommen. Aber er wollte ihr die Möglichkeit geben, einen Kampf gegen ihn zu gewinnen. Luna überlegte, sie war sich nicht sicher, ob für sie der Sieg greifbar war. „Werdet ihr mir helfen, zu gewinnen?“

„Wir werden uns nicht in den Kampf einmischen“, antwortete Flaffy.

Sie sackte zusammen.

„Aber wir können dich gut vorbereiten, ich habe bereits etwas für dich bereitstellen lassen“, fügte Flaffy hinzu. Luna begann zu strahlen. „Jeder von uns hat etwas für dich fertig gemacht, auch ich habe etwas gebastelt, ich bin mir zwar nicht sicher, ob es dir gefällt, aber ich bin mir sicher, dass es dich dem Sieg näher bringt“, erklärte er.

„Aber bis du diese Überraschung bekommst, musst du auf den Tag des Kampfes warten.“

Flaffy begab sich auf seinen Weg. Er verschwand in der Werkstatt.

Luna fragte Yurai nach Training, um noch etwas besser zu werden. Für Flaffy war es das Schwerste, den anderen zu erzählen, dass sie nicht am Kampf teilnehmen würden. Es gab darum eine große Debatte, warum er es zugelassen hatte, dass Luna diesen Kampf ausfechten durfte. Aber am Ende, nach langem Erklären, gab es keine Widerreden mehr. Wenn Luna zeigen würde, dass sie stärker war als ihre Familie, würde sie auch ihre Ruhe finden.

Der Tag des Kampfes war gekommen. Alle waren angespannt, der Kampf sollte auf der gesamten Titan gesehen werden. Alle, die auf der Titan entbehrlich waren, hatten von Flaffy frei bekommen, um sich diesen Kampf anzuschauen.

Das Portal wurde in eine Arena verlegt. Es war die größte auf der Nano-Titan. Die Wächter der So'Na hatten bereits Stellung bezogen. Das Team hatte sich im Vorbereitungsraum versammelt. Alle hatten etwas für sie vorbereitet.

Luna war aufgeregt. Ihr Herz raste.

Flaffy beruhigte sie: „Du bist gut vorbereitet, und wenn du seine Angriffe siehst, wirst du das schon schaffen, außerdem muss ich dir noch etwas zeigen. Ich hab dir doch gesagt, dass wir was für dich haben." Er führte sie in die Umkleide. Vor ihr war ein großer Tisch mit Ausrüstung. Auf ihm lagen Einzelanfertigungen, die das Team für sie gemacht hatte.

Flaffy ging zum Tisch: „Von Yurai, für dich, sie hat mit einem Reproduktionssystem einen Gürtelhalter für dich gemacht, der immer wieder Wurfmesser generiert." Er hob das kleine Gerät an, in dem bereits drei Messer steckten. „Wraith hat für dich ein unheiliges Rapier hergestellt." Das Schwert war komplett Schwarz mit einer finsteren Aura. „Von CS eine Pistole, die Schrot verschießt, sie hat zwar nur eine Kugel, ist aber auch regenerativ." Er hob eine goldverzierte Schachtel. Darin lag die Pistole, sie war etwas länger und mit einigen kunstvollen Verzierungen aus Schuppen verziert. Ihr gesamtes Design war an ein Carbonmuster angelehnt. Luna wusste nicht, was sie dazu sagen wollte, aber Flaffy war noch nicht fertig. „Von mir gibt es etwas Besonderes. Yurai hatte doch für dich einen Kampfanzug in Auftrag gegeben, ich habe mich dem angenommen." An der Wand öffnete sich eine Tür, dahinter war dieser Anzug. Er glänzte schwarz in seinem Carbonmuster. Schuppen verzierten die Gelenke. Flaffy hatte noch Arm- und Beinschützer hinzugefügt, auch Handschuhe hatte er gemacht. Luna freute sich wie ein Schneekönig über das Geschenk.

„Warte, das war noch nicht alles.“ #

Luna reagierte so, als gäbe es nichts mehr, was Flaffy noch für sie haben könnte. Er drehte den Anzug rum. Auf der Rückseite waren künstliche Flügel. Sie waren ein Hybrid aus mechanischen Teilen und künstlichen Muskeln, gesteuert über eine neurale Verbindung. Wenn sie diesen Anzug anzog, verband er sich über die zerstörten Nerven der Narben mit dem Bewusstsein und ermöglichte eine vollkommen natürliche Steuerung. Zusätzlich wurde er durch kleine Triebwerke geboostet.

Luna musste lachen, eine Freudenträne rann ihr über das Gesicht. Sie musste Flaffy erst einmal umarmen. „Ich denke, du solltest alles erst mal anlegen“, meinte Flaffy zu ihr. Er verließ die Umkleide, damit sie ungestört war.

Sie schlüpfte in den Anzug hinein. Er fühlte sich anders an als der, den Yurai hatte. Er passte ihr, ohne zu kneifen. Auch ihre Narben schmerzten nicht, obwohl sie immer Probleme damit gehabt hatte. Sie wusste auch, dass die Flügel noch nicht aktiv waren. Flaffy wollte sie erst aktivieren, wenn sie fertig war. Sie lagen zwar fest an den Narben an, aber es war kein Schmerz, der sie durchzog, so wie sie es gewohnt war. Es fühlte sich gut an, sie auf dem Rücken zu tragen. Die Pistole und das Rapier trug sie auf der linken Seite, die Wurfmesser auf der rechten.

Sie stellte sich dem Team vor. Die Rüstung passte zu ihr. Sie sah grandios aus. Das Grunddesign hatte Yurai gemacht. Es musste also sehr figurbetont sein.

Flaffy ging zu Titan, sie hatte die kleine Schachtel mit den Energiezellen dabei. Flaffy öffnete sie und nahm eine heraus. Er schaute durch die Zelle hindurch zu Luna. Er ging auf sie zu. Über ihrer Brust war der Energiekern. Flaffy musste sie fragen: „Willst du sie selbst einlegen?"

„Von mir aus kannst du auch", antwortete sie.

Er kam näher und drückte auf den Kern. Er öffnete sich und Flaffy legte die Zelle ein. Der Kern schloss sich wieder. Der Anzug bekam weiße Streifen, wie Flaffy sie auch hatte. Ein Kribbeln durchfuhr ihren Rücken. Der Anzug begann mit Nanotechnik eine Verbindung zu ihrem Nervensystem aufzubauen. Langsam bildete sich auf den Narben eine Schicht aus Implantaten. Es tat nicht weh, war nur etwas unangenehm. Die Flügel begannen zu zucken. Sie waren damit aktiv.

„Was meinst du, willst du sie mal ausbreiten?", fragte sie Flaffy.

Sie machte sie breit und auch wenn sie in gefalteter Form klein wirkten, hatten sie jetzt eine beträchtliche Ausbreitung. Die dünne Haut baute sich aus Energie auf. Ihr Eindruck passte zu der Rüstung. Sie waren sehr elegant gebaut, Flaffy hatte sich viel Mühe gegeben, obwohl er nicht viel Sinn für Ästhetik hatte. Sie sah sich nach den Flügeln um. Es war ungewohnt, welche zu haben, fühlte sich aber auch vertraut an. Luna war allen so dankbar. „Wie kann ich mich dafür bedanken, für all das hier?"

Wraith stellte sich vor sie: „Gewinne einfach diesen Kampf, es wäre zu schade, wenn all unsere Mühen nun vergeblich gewesen wären."

Das Team machte sich schon mal auf den Weg nach draußen. Flaffy und Luna sollten später kommen.

Der Feind hatte bereits Stellung bezogen. Diesem Kampf sollte auch die Königin beiwohnen, die Lunas Stiefschwester war. Thavor hatte sich schon aufgestellt, die Truppe tat es ihm gleich. CS an der Spitze, dahinter Titan, Yurai und Wraith.

„Und wer von euch wird mein Gegner sein in diesem Kampf?“, rief Thavor CS entgegen.

„Unser Anführer wird dem Kampf persönlich beiwohnen, er wird gleich kommen. Er wird euren Gegner auch in den Ring geleiten.“ Die Maske von CS bekam eine schadenfrohes Lächeln, ein verschlagenes Lächeln.

Durch das Portal kam nun auch die Königin. Sie war rot wie ihr Vater, ihre Flügel waren prunkvoll und glänzten im weißen Licht der Titan. Auch sie hatte symbolisch eine Rüstung an. Sie war körperlich etwas kleiner als Luna. Was die Körpergröße anging, war Luna wahrscheinlich eine Ausnahme. Sie war auch lange nicht so sportlich wie Luna. Ihr Name war Phoebe Pereira Aurora. Sie tat gelangweilt von diesem Kampf. Die Vertreter der So’Na waren sich des Sieges sicher.

Die Türen öffneten sich. Es war dunkel, man konnte nichts erkennen. Langsam zeichneten sich die weißen Linien von Flaffy ab. Er hatte sieben Körper, die im Gleichschritt einmarschierten. Einem von ihnen folgte direkt Luna, die in der Mitte der Truppe lief. Luna hatte auch die Flügel so angestellt, das man sie von vorne nicht gleich sah. Sie liefen in die Arena ein. Sechs von Flaffys Körpern stellten sich an die Bande. Er selbst begleitete sie noch bis in den Ring. Jetzt erkannten sie endlich, wer sie war. Es schien Thavor und sein Gefolge zu belustigen, dass Luna gegen ihn kämpfen sollte. „Ich bin der Anführer dieser Truppe, wir werden als Kandidatin Luna Pereira Aurora in den Kampf schicken.“

Luna, die nun schräg hinter Flaffy stand, öffnete die Flügel. Ein Raunen fuhr durch die gegnerischen Reihen. Phoebe sprang auf, Thavor schreckte auf aus seinem Grinsen, es war ihm vergangen. Man musste dazu sagen: Lunas Flügel hatten etwas Mächtiges und Beängstigendes, vor allem, wenn sie von Blitzen durchzogen wurden, auch diese waren schwarz wie die Nacht. Sie waren auch größer als die der anderen. Thavor war erzürnt darüber, dass Flaffy ihr wieder Flügel geschenkt hatte. Sie waren in ihrer Gesellschaft ein Symbol für Macht und Wohlstand. Phoebe zerbrach ihr Glas, das sie in der Hand hielt. „Sind Sie mit unserer Wahl einverstanden, oder sind Sie zu feige, gegen Ihre eigene Tochter anzutreten?“, Flaffy verlieh seiner Frage etwas Höhnisches. Er wollte sie anstacheln, sodass die So’Na sie als Gegner akzeptierten.

„Sie wollen der Anführer dieser Truppe sein, Sie sind ein normaler Krieger wie im Saal“, entgegnete Thavor ihm.

„Täuschen Sie sich nicht. Nur weil jemand Spalier steht, heißt das nicht, dass er nicht der Anführer ist“, antwortete Flaffy.

„Aber von Ihnen gibt es so viele?“, fragte Thavor nach. Flaffy lachte: „Das bin alles ich, ich habe viele Körper, ich bin das Kollektiv Flaffy.“

Auch wenn der Name nicht dazu passte, merkte Thavor gerade, welchen Dämon er herausgefordert hatte. „Sagen Sie mir, was für ein Teufel Sie sind, dass Sie mehrere Körper gleichzeitig besitzen können?“, musste Thavor fragen.

„Sie haben Glück, dass nicht der Teufel selbst kämpft, sondern er einen Drachen kämpfen lässt.“ Flaffy wollte auf diese Frage nicht antworten. „Ich hoffe, Sie wollen wegen dieses Umstandes keinen Rückzieher machen, allerdings,

Sie sehen gerade Ihren Preis, ich würde gerne meinen sehen."

Phoebe hob die Hand und Cat wurde in einem Käfig durch das Portal gebracht. Er machte einen etwas geschändeten Eindruck und seine Augen waren verbunden. Allerdings vermisste Flaffy das Schwert. Wo war es? Er schaute Thavor genau an. An seiner Seite hing es. Aber es war lackiert worden. Flaffy wurde nun richtig sauer. „Wie können Sie es wagen, dieses Heilige Schwert so zu verschandeln?"

„Wie können Sie es wagen, unsere Tochter gegen uns in den Kampf zu schicken?", konterte Thavor.

„Sind Sie sicher, dass sie Ihre Tochter ist? Sie trägt zwar Ihren Namen, aber Erzeuger heißt nicht Vater", entgegnete Flaffy.

Thavor schreckte vor dieser Aussage zurück. Luna hatte glücklicherweise nichts von ihm geerbt, sie kam nach ihrer Mutter, die mittlerweile auf mysteriöse Weise gestorben war. Sie hatte es Flaffy erzählt. Wie ihre Familie zusammenhing. Thavor und seine Frau kamen aus einem anderem Land. Nachdem seine Frau gestorben war, hatte er die Mutter von Luna geheiratet und Luna gezeugt. Flaffy konnte sich den Rest zusammenreimen. Thavor war das männliche Oberhaupt der Familie, allerdings hatten bei den So'Na die Frauen die Oberhand, sie bestimmten, wo es langgeht. Sein erstes Kind war Phoebe. Sein Ziel war es, eine starke Anführerin auf den Thron zu setzen. Allerdings wusste er, dass sie unfruchtbar sein würde, da es in seiner Familie einen Defekt gab. Er brauchte also eine weitere Tochter, die königliches Blut hatte, aber nicht diesen Gendefekt. Also heiratete er in eine andere Familie ein, die

Familie mit dem Namen Pereira Aurora. Also Lunas Mutter, deren Mann frühzeitig verstorben war. Kurz nach Lunas Geburt starb diese. Somit hatte Phoebe ein größeres Reich. Allerdings war die Familie Aurora auch ein starkes Geschlecht. Er brauchte Luna, um später für Phoebe einen brauchbaren Nachkommen zu bekommen, aber er hatte Angst, dass Luna als Thronanwärterin Phoebe mit ihrer Kraft gefährlich werden könnte. Er eliminierte ihren Anspruch auf den Thron, indem er ihr die Flügel nahm und somit auch ihre magischen Kräfte. Somit musste er sie nur am Leben erhalten, bis sie einen Nachfahren geboren hatte, dann hätte er sie auch getötet. Es machte Flaffy sauer, sehr sogar. Aber Flaffy hatte Luna den Kampf überlassen.

„Wollen wir das Reden sein lassen und den Kampf entscheiden lassen?“, fragte Flaffy ihn.

„Sie sind doch der, der den Kampf in die Länge zieht“, entgegnete Thavor ihm.

Flaffy drehte sich rum. Er legte Luna seine Hand auf die Schulter und beugte sich zu ihr. „Vergiss nicht, wir werden uns nicht einmischen, aber wenn du unsere Hilfe möchtest, werden wir dich retten.“ Sie nickte. „Mach dir keine Sorgen, du bist gut, nur werde nicht leichtsinnig“, sprach Flaffy weiter. Sie nickte wieder. „Du schaffst das, zeig ihm, wo der Hammer hängt.“ Flaffy löste seinen Griff und ging an den Rand der Arena.

CS musste fragen: „Wie stehen ihre Chancen?“

„Es kommt drauf an. Sie hat immer noch Angst. Wenn sie sich von ihr besiegen lässt, wird sie verlieren und wir haben ein Problem. Allerdings, wenn sie sich entschließt, ihm die Stirn zu bieten, wird sie gewinnen“, fasste Flaffy zusammen.

Stille kehrte ein. Ein Countdown erschallte. Er zählte runter bis zum Gong. Die Stille war unerträglich. Luna stand felsenfest an ihrem Platz. Thavor breitete seine Flügel aus und begann zu fliegen. „Du kannst immer noch einen Rückzieher machen, bevor du verletzt wirst!“, brüllte er sie an. Neben ihr schlug ein Blitz ein. Er stützte sich vor allem auf Eis- und Blitzangriffe.

Luna zuckte nicht einmal. „Aber was ist, wenn ich kämpfen möchte? Ob du mich jetzt verletzt oder später, macht keinen Unterschied.“

Sie sah zu ihm auf. Der nächste Blitz kam auf sie zu. Sie zog das Rapier und führte den Blitz mit der Spitze an ihr vorbei. Sie zog ihre Flügel ein und begann zu rennen. Er versuchte, sie mit einfachen Angriffen zum Stolpern zu bringen. Aber keine Chance, sie war viel zu schnell. Sie sprang, vollkommen ohne die Hilfe der Flügel. Die Höhe, die sie erreichte, war abartig. Sie hatte dünne Seile an die Wurfmesser gebunden. Sie griff sich an den Gürtel und schmiss zwei der präparierten Messer. Eines traf ihn am Bein. Das andere Messer steckte in seinem Flügel. Sie hängte sich voll in die Seile. Seine eigene Körpermasse zum Schweben zu bringen, musste schon anstrengend sein, aber Luna zusätzlich war zu schwer. Somit zwang sie ihn, auf den Boden zurückzukehren. Er fasste an das Seil und setzte es unter Spannung. Luna löste das Seil, bevor der Angriff bei ihr ankam. Das andere Messer steckte immer noch in Thavor. Dieser nahm das Schwert samt Schaft und durchtrennte das Seil. „Was ist nur aus dir geworden? Du wirst niemals gegen mich gewinnen können, ich habe viel mehr Erfahrung als du.“ Thavor stellte sich mit festem Stand ihr gegenüber. Er holte aus und schlug mit der Faust auf den Boden. Eine Schockwelle wanderte durch den Boden. Luna konnte nicht schnell genug abspringen. Der Kampf gegen ihn schien ihre Auffassungsgabe zu beeinträchtigen. Sie musste aufhören nachzudenken. Allerdings war das etwas spät. Sie fiel hin.

„Dein Anzug scheint dich nicht vor meinen Angriffen zu schützen." Er kam näher, und bevor sie sich wieder rühren konnte, drehte er sie auf den Bauch. Er stellte sich auf ihr Handgelenk. Sie hatte einen Flashback. Sie erinnerte sich an den Moment, als sie ihre Flügel verloren hatte. Sie schaute zu Flaffy, der am Rand stand. Er stand dort mit seinem kalten Gesicht, ein Gesicht, das sie nicht verurteilte. Sollte sie jetzt auch noch die Flügel verlieren, die er für sie gebaut hatte?

„Ich habe dir schon einmal die Flügel genommen und ich werde sie dir noch ein zweites Mal nehmen." Thavor wollte gerade zum Schlag ausholen. Sie aber hatte sich entschieden, diesen Fehler nicht ein zweites Mal zu machen, sie wollte nicht über sich herrschen zu lassen. Ihr Gesicht verzog sich. Sie fletschte die Zähne. Ihre Mundwinkel wanderten nach hinten, sodass man ihre gesamte Zahnreihe sehen konnte. Ihre Zähne waren so weiß wie Schnee und glänzten wie Diamanten. Sie zog die Waffe von CS und schoss sich über die Schulter. Ein Volltreffer. Auch wenn sie seinen Schild nicht durchdrungen hatte, fiel er zurück. Sie war befreit. Sie schoss durch die Turbinen des Anzugs nach vorne. Sie hatte Abstand gewonnen. Sie rannte sofort wieder auf ihn zu. Er war immer noch benommen von ihrem vorigen Angriff. Er wollte versuchen, sie im Nahkampf mit dem Schwert zu treffen, aber sie machte ihm einen Strich durch die Rechnung. Sie rollte sich unter dem

Schwert ab und griff sein Bein. Es war wesentlich gebrechlicher als ihres. Er fiel hin und ein Knacken ertönte. Es war verdreht. Jetzt blieb ihm keine andere Wahl, er musste sich in der Luft halten. Sie breitete wieder ihre Flügel aus und flog hoch. Ihm gegenüber. Sie warf wieder ein Wurfmesser. Er war nicht in der Lage, es abzuwehren. Es steckte in seinem Arm. „Du elendiges Flittchen, wie kannst du es wagen!“, schrie er sie an, während er sich den Arm hielt. Er hatte viel mehr abbekommen, als er gedacht hatte.

Sie flog auf ihn zu. Mit seinem Arm war er viel zu langsam, um sie zu parieren. Auch seine magischen Angriffe trafen nicht mehr. Sie war einfach zu schnell. Luna kostete es wesentlich weniger Kraft zu fliegen als ihn. Mit ihrem letzten Angriff schleuderte sie ihn zu Boden. Er landete unsanft auf dem Boden. Sie beugte sich zu ihm vor: „Und was meinst du? Willst du wissen, wie ich mich die langen Jahre unter deiner Vormundschaft gefühlt habe?“ Sie trat auf sein Handgelenk. Ein Knacken und ein lauter Schrei erfüllten die Arena. „Und wie fühlt sich das an? Willst du mehr davon?“, fragte sie ihn.

Er versuchte, sie umzureißen, aber sie brauchte nur einen Schritt zurückzumachen. Er sprang sie an. Er versuchte, sie so zu Fall zu bringen. Sie allerdings machte den Mund auf und biss ihm mit voller Kraft in den Oberarm. Die Schmerzen durchzogen seinen Körper. Sie ließ nicht locker und riss ein Stück Fleisch aus seinem Arm. Er ging auf Abstand. Sie spuckte das Stück Fleisch aus und wischte sich das lila Blut vom Mund.

„Hey Luna!“ Flaffy machte auf sich aufmerksam. „Du weißt doch, man nimmt keinen Dreck in den Mund. Bring den Kampf zu einem Ende.“

Sie musste schmunzeln. Luna nahm ihr Rapier und richtete es auf Thavor. „Willst du wirklich weiterkämpfen?“, fragte sie ihn.

Er holte Luft und wollte wieder auf sie zuspringen, aber sie wich aus. Sie schmiss ihr Rapier. Es steckte nun in seinem Fuß, und er fiel hin. Sie griff an seine Flügel und drückte zu. Schmerz verzog sein Gesicht.

„Letzte Chance?“, warnte sie ihn.

„Ich kann nicht gegen dich verlieren. Das ist nicht möglich.“

Sie verdrehte das erste Gelenk an seinem Flügel etwas. Es knackte bereits. Er murmelte vor sich hin: „Ich gebe auf.“

„Ich habe dich nicht gehört“, erwiderte sie.

Er begann zu schreien: „Du hast gewonnen, ich habe verloren.“

Sie ließ locker. Phoebe biss die Zähne zusammen. Flaffy und der Rest des Teams warteten ab. Sie wussten, die So’Na würden ihre Niederlage nicht so einfach hinnehmen. Phoebe stand auf und wagte sich nun auch auf das Schlachtfeld. Sie war als die stärkste ihrer Art bekannt. Luna schaut zu Flaffy, so, als würde sie auf eine Erlaubnis warten, weiterzukämpfen. Flaffy schaute zuerst zu CS, dann zu Wraith und Yurai. Sie nickten ihm zu. Sie waren sich einig, sie weiterkämpfen zu lassen. Flaffy nickte Luna zu. Diese blickte Phoebe an, um sie herum entstand ein Flammenkreis. „Warum könnt ihr mich nicht einfach gehen lassen, warum habt ihr mich nicht umgebracht?“, fragte Luna sie.

„Wir brauchen dich, ganz einfach“, erwiderte Phoebe.

„Sag mir, warum, und wer ist auf die Idee gekommen, mir die Flügel abzuschneiden? Und Gott gnade dir, wenn du mich anlügst!“, schrie Luna zu ihr hinüber.

„Ich habe dir die Flügel abschneiden lassen, damit du mir nicht den Thron streitig machst“, antwortete sie ihr.

„Deine Kraft, eine Arena mit einer Flammenwand abzuschirmen, hat einen Vorteil für mich.“ Luna hatte die Augen geschlossen.

„Was meinst du, wie kann das ein Vorteil für dich sein?“, fragte Phoebe.

Luna machte die Augen auf, die Pupillen waren riesig, ihre Iris brannte förmlich in ihrem dunklen Lila. Ihr Grinsen war wahnsinnig, nicht mehr fad und einfach. Ihr Atem war nun heiß und ihr Schnauben war nicht zu überhören. Das war ihre dritte Seite, der eiskalte Killer in ihr, der keine Gnade kennt. „Alle anderen werden nicht sehen, was ich alles mit dir machen werde.“

Phoebe schreckte zurück. Sie war bis jetzt unangetastet in ihrem Land, aber sie wusste, Luna würde sie gnadenlos auseinandernehmen.

Phoebe versuchte, den Feuerkreis wieder zu löschen. Aber sie hatte die Kontrolle über ihn verloren. Luna ging zum Angriff über. Phoebe versuchte, sich zu wehren. Sie erzeugte Feuerwände, schoss mit Flammenkugeln, erzeugte Explosionen und versuchte Luna anzuzünden. Aber nichts davon schreckte Luna ab. Luna sah aus wie ein Drache, in ihrer Rüstung mit den Schuppen und diesem Grinsen, das jedem einen Schauer über den Rücken jagte. Sie jagte Phoebe durch den Ring. Nun war Luna in diesem Katz-und-Maus-Spiel zum Hund aufgestiegen, der die Katze jagt. Allerdings konnte Phoebe jetzt keinen Rückzieher machen, sie würde ihren gesamten Ruf verlieren, denn sie hätte gegen eine Flügellose verloren.

Luna schritt durch das Feuer. Phoebe konnte es in ihren Augen sehen, diesen Abgrund, der alles verschlingt, die Mordlust, die alles tötet, was sie sieht, das Nichts, das sich ausbreitet, das keinen Platz für Erbarmen lässt. Phoebe konnte laufen oder fliegen, Luna folgte ihr. Für sie war diese Hetzjagd nun mehr Spaß als ein ernsthafter Kampf. Sie fand Vergnügen an der Verzweiflung ihrer Schwester. Sie hatten lange genug zugeschaut, wie Luna langsam zugrunde ging, aber nun wollte Luna sich rächen an Thavor und Phoebe. Thavor versuchte, sich durch die Flammenhölle zu bewegen, ohne sich noch mehr zu schaden. Luna war das alles egal, sie war schon fast immun dagegen. Thavor versuchte, sie mit dem Schwert von hinten zu attackieren. Aber sie fing das Schwert in der Luft mit den Handballen ab, indem sie klatschte. Sie hatte so viel Kraft in den Armen, dass er das Schwert nicht wegziehen konnte. Nun sah er auch ihren wahnsinnigen Blick. Er ließ das Schwert los und versuchte zu fliehen. Sie hingegen öffnete den Schaft und zog das Schwert der Unendlichkeit. Etwas, das eigentlich unmöglich sein sollte. In der einen Hand hielt sie nun das Schwert, in der anderen den Schaft als Waffe.

Von einer Seite versuchte Phoebe sie zu attackieren, von der anderen kam Thavor, aber sie war viel zu schnell, als dass sie es zusammen schaffen konnten. Egal, wie sehr sie auch versuchten, gegen Luna vorzugehen, sie war wie ein unschlagbarer Endgegner eines Spieles. Phoebe und Thavor standen nun Luna gegenüber, die als Flügellose abgestempelt wurde, und nun forderte die Vergangenheit ihren

Tribut. Luna hatte es vor allem auf Phoebe abgesehen, sie hatte damals den Befehl gegeben und nun musste sie dafür geradestehen. Luna wollte gerade zum finalen Schlag ausholen, um ihr den Rest zu geben, aber Thavor versuchte, sie aufzuhalten. Das allerdings änderte nichts daran, sie schlug gnadenlos zu, erstach aber Thavor statt Phoebe. Das Blut spritzte ihr entgegen, sie stand in einem Regen. Ihre gesamte Rüstung färbte sich lila. Sie hatte gerade sein Herz mit dem Schwert der Unendlichkeit erwischt, doch ihr Blutrausch war noch nicht zu Ende. Phoebe riss sie um, sie versuchte, ihr den Arm zu brechen, und trat mit alle Kraft zu. Aber er brach einfach nicht. Lunas Blick brannte auf Phoebes Haut: „Die Stelle hast du mir schon oft genug gebrochen, an dem Arm gibt es nichts mehr zu brechen."

Die Angst in Phoebes Augen nährte diesen Dämon, der in Luna erwacht war. Luna war nun ein Dämon im Körper eines Drachen. Phoebe versuchte zu fliehen, aber der Feuerring machte es ihr schwerer als gedacht.

Luna schmiss das letzte Messer mit Seil. Es wickelte ihre Beine ein. Sie versuchte immer noch, wegzukriechen, aber Luna war schneller als sie. Sie trat auf den Flügel, bis es knackte und er brach, nun beugte sie sich zu ihr runter und sah ihr in die Augen. „Du hast dir dein eigenes Grab geschaufelt, indem du mir das angetan hast. Du kannst dich retten. Bring mir die Chronik der Herrscher und ich werde dein Leben verschonen." Luna nahm Abstand. Langsam verschwand auch der Feuervorhang.

Flaffy hatte den gesamten Wahnsinn gesehen. Auch durch den Vorhang hindurch. Phoebe gab schnell den Befehl, die Chronik zu holen. Nur ein paar Minuten und Luna hielt sie in den Händen. Sie blätterte eine Weile, bis zur letzten Seite, riss diese Seite heraus, knüllte sie zusammen und schmiss sie Phoebe hin. „Damit du deinen Platz auf dem Thron behalten kannst, und nimm diesen Dreckhaufen mit.“ Luna zeigte auf die mittlerweile verbrannte Leiche. „Aber meinst du, wirst du mit der Schande leben können, gegen eine Flügellose verloren zu haben?“ Luna drehte ihr den Rücken zu und steckte das Schwert wieder in die Scheide. Ihr Wahnsinn hatte ein Ende. Der Blutdurst war gestillt und sie besann sich darauf, was gerade eigentlich geschehen war. Sie begriff, dass sie jemanden getötet hatte. Sie ließ den Kopf hängen und schlich langsam zu Flaffy. In der einen Hand hatte sie das Buch, in der anderen das Schwert. Sie wollte Flaffy eigentlich nach dieser Aktion nicht unter die Augen treten. In ihrer Welt war die Strafe für Mord der Tod. Sie schaute zu Flaffy auf, sie machte sich klein. Er stand vor ihr wie ein Richter. Seine anderen Körper hinderten die restlichen Einheiten der So’Na, Cat wieder mitzunehmen.

Phoebe verschwand mit der Leiche ihres Vater in dem Portal. Flaffy zerstörte direkt das Portal, damit sie nicht zurückkommen konnten.

Luna blickte voller Reue auf: „Was wird meine Strafe sein?“ Ihre Augen waren nun voller Angst. Nicht voller Angst vor der Strafe, sondern voller Angst, dass Flaffy sie nun verstoßen würde. Der allerdings stellte ihr eine simple Frage: „Vor wem empfindest du Schuld?“

Luna wusste nicht, was sie darauf antworten sollte.

„Fühlst du dich schuldig gegenüber den So’Na?“, fragte er einfacher. Sie schüttelte den Kopf. „Fühlst du dich schuldig gegenüber dir selbst?“ Wieder schüttelte sie den Kopf. „Empfindest du Schuld gegenüber uns?“

Luna ließ den Kopf hängen, was wie ein Ja zu verstehen war. „Werde ich dafür mein Leben lassen?“, frage sie Flaffy.

Der lachte nur. „Warum? Du hast diesen Kampf gewonnen. Das war ein Kampf, der erst zu Ende war, wenn einer tot ist oder einer aufgibt. Aber für diese Grausamkeit gibt es eine Strafe.“ Ihr Blick bekam wieder Leben. „Du sollst nun bis an dein Lebensende mit dieser Scham leben, deine Rüstung soll von nun an in diesem Lila gefärbt sein“, verurteilte Flaffy. „Aber vor uns musst du dich nicht schuldig fühlen. Du hast gewonnen und ich denke, jeder von uns hätte die Fassung verloren.“

Dass Flaffy das gesagt hatte, verlieh ihren Augen ein Strahlen. Er hatte trotzdem keine Angst vor ihr, er war immer noch der alte. Er nahm sie in den Arm und geleitete sie zu den Umkleiden, wo sie sich wieder umziehen konnte. Yurai sollte ihr helfen. Das erste Mal diesen Anzug abzulegen, war etwas problematisch. Sie zog langsam den dünnen Stoff von der Haut. Sie hatte viele Brandwunden und vor allem tiefe lila Flecken, auch an der Stelle, wo Phoebe versucht hatte, ihr den Arm zu brechen. Erst jetzt bemerkte sie, wie viele Schmerzen sie hatte. Luna hatte das völlig ausgeblendet. Sie war nicht stolz darauf, was sie getan hatte. Sie empfand Reue. Jetzt war es aber zu spät, damit war sie nun wie die anderen, wie Yurai, Wraith, CS und Flaffy.

„Was hast du?“, fragte Yurai sie. Luna antwortete nicht. „Hey, mach dir keine Sorgen, das war 'ne Hammer-Show, die du da abgezogen hast. Auch wenn Flaffy da etwas distanziert ist, Wraith und ich waren doch schon beeindruckt“, versuchte Yurai sie aufzumuntern.

„Meinst du wirklich?“, fragte Luna.

„Das ist die Schattenseite von dem Leben auf der Titan, es wird immer Momente geben, die man bereut, aber wäre es dir lieber, in die Folter zurückzukehren?“, fügte Yurai hinzu.

Luna nickte, es gab ihr etwas Kraft. Sie zog sich um. Als sie endlich diesen Anzug abgelegt hatte, schaute sie in den Spiegel. Sie schielte über die Schulter und betrachtete ihren Rücken. Die Narben sahen nun nicht mehr nach hässlichen Fleisch aus, sie waren nun mit einer Schicht aus Polymeren überzogen. Sie waren nun glatt und überzogen von einem schicken glänzenden Muster, das Schaltkreise nachahmte. Sie veränderten im Licht sogar ihre Farbe und schimmerten. „Tun sie noch weh?“, fragte Yurai.

Luna fasste sich über die Schulter und tippte sie an. Es war kein Schmerz mehr da. Der Stoff fühlte sich wie Haut an. Luna schüttelte den Kopf. „Dann musst du nicht mehr diese rückenfreien Shirts tragen, aber mit der Deko kann sich das sogar sehen lassen“, meinte Yurai.

Von Luna kam nur ein schwaches „Ja“ zurück. Sie zog sich an und ging nach draußen, wo die anderen schon auf sie warteten. Die Truppe hatte Cat völlig links liegen lassen. Der war schon eine ganze Weile nicht beachtet worden, da hatte er die paar Minuten noch übrig. Sie wollten Luna zumindest zu ihrem Sieg gratulieren. Sie nahm die Glückwünsche dankend an, aber sie war müde, das Adrenalin war nun verflogen. Sie wäre am liebsten an Ort und Stelle umgefallen. Sie war glücklich, als die Runde sich auflöste. Nur Flaffy war noch übrig. Sie ging zu ihm und lehnte sich mit dem Kopf an ihn, sie hielt sich an ihm fest und machte die Augen zu. Sie schlief tief und fest.

Flaffy trug sie nach Hause, damit sie sich von der Strapaze erholen konnte. Derweil wurde Cat von Flaffy befreit. „Und wie ist es dir ergangen?“, fragte Flaffy ihn.

„Hi mein Bester, also, ich dachte, wir wären unfreundlich mit Wraith, aber die sind ja echt noch ’ne Nummer schärfer“, antwortete Cat.

Flaffy musste lachen. „Ich verstehe, was du meinst.“

„Woher weißt du, wie es mir ergangen ist?“, musste Cat nachhaken.

„Du wirst dich wundern, wir haben reichlich Zulauf bekommen, wir haben nun zwei neue Mitglieder“, antwortete Flaffy. „Und eine davon ist aus der Welt, aus der du gerade gekommen bist.“

„Du meinst Luna, die du auch in den Kampf geschickt hast, und Reaktion“, fasste Cat zusammen.

Woher wusste er von Reaktion? Aber dann sollte er auch über Luna Bescheid wissen. Aber das war scheinbar nicht der Fall, er konnte nur das über sie aussagen, was er auch gerade gehört hatte. Ob es ihm da wie Titan ging? Sie konnte Luna auch nur sehen, wenn sie direkt vor ihr stand. Cat war nun befreit, er klopfte sich den Dreck von den Armen. „Ich denke, du hast dich gut um das Schiff gekümmert. Ich denke, ich werde nicht gleich das Kommando wieder übernehmen. Den Kurs des Schiffs wirst noch einige Zeit du bestimmen.“

„Was für eine Ehre … was meinst du, jetzt, wo du wieder da bist, was willst du als Erstes machen?“, fragte ihn Flaffy.

Cat überlegte nun: „Darüber habe ich gar nicht nachgedacht. Ich wollte erst mal wieder zurückkommen, aber ich würde gerne das Team mal wieder als Einheit sehen.“

Die beiden gingen langsam Richtung Brücke. „Außerdem, wir haben Wraith wiedergefunden“, meinte Flaffy.

„Schön, dann hätten wir ja alle zusammen“, erwiderte Cat. „Flaffy, ich würde gerne mit dem Team reden, aber vorher möchte ich mich etwas ausruhen. Könntest du das für mich organisieren?“

Flaffy nickte. „In einigen Stunden werden wir ein Treffen abhalten.“

Damit trennten sich die Wege der beiden. Flaffy hatte viel zu tun, er musste den Schlamassel aufräumen. Er wartete, bis alle die Arena verlassen hatten.

„Dann wollen wir mal sehen.“ Flaffy stellte sich in Pose. Er teilte sich auf, zwei, vier, acht, sechzehn. Es wurden immer mehr Körper. Nicht lange und es stand eine gesamte Arme auf dem Platz. Die Truppe barst in alle Richtungen, alles arbeitete synchron. Es dauerte nicht lange, bis alles aufgeräumt war. Die Schäden an Wänden und Decke reparierte er auch gleich mit. Er hatte sich daran gewöhnt, viele Körper zu besitzen. Er benachrichtigte gleichzeitig auch noch den Rest der Truppe, sie sollten schließlich alle da sein.

Reaktion freute sich, auch endlich mal Cat kennenzulernen. Die Zeit verstrich und der Zeitpunkt des Treffens rückte immer näher. Fast alle waren da. Cat wartete im großen Saal auf sie. Die Truppe trudelte so langsam ein, pünktlich eine halbe Stunde vorher kam natürlich CS, danach Wraith und Yurai. Reaktion und Flaffy kamen als Nächste. Titan durfte auch nicht fehlen. Cat zählte durch: „Du, Flaffy, fehlt da nicht ein Mitglied? Du hattest doch gesagt, dass wir zwei neue haben, oder habe ich das Zählen verlernt?“

Flaffy schüttelte den Kopf: „Das hast du nicht, Luna drückt sich bloß, ich bin schon auf dem Weg zu ihr.“

Cat verkündete: „Die paar Minuten haben wir auch noch.“

Derweil schlug Flaffy bei sich vor dem Apartment auf. Luna war nicht unten, er ging die Treppe hinauf und klopfte an der Tür: „Luna, bist du da?“ Keine Antwort. Er machte die Tür auf. Er wusste schließlich, dass sie da war.

„Was willst du?“, kam es leise aus dem Deckenhaufen auf dem Bett.

Flaffy beugte sich nach unten. Sie ließ immer ein kleines Loch, um die Tür im Auge zu behalten. „Wir treffen uns gerade, Cat wollte die Neuen kennenlernen, ich denke, damit bist auch du gemeint.“

„Ich will nicht“, antwortete sie.

„Was bedrückt dich, du vergräbst dich dann immer im Bett, was ist los?“, fragte Flaffy.

„Ich kann ihm doch nicht unter die Augen treten“, kam es aus dem Deckenhaufen.

„Was von dem, was passiert ist, bedrückt dich, der Tod von Thavor oder die Strafe, die du von mir bekommen hast?“, fragte Flaffy nach.

Sie drehte sich unter der Decke und schlug sie zurück, sodass sie jetzt normal im Bett lag: „Das ist es nicht, und die Strafe ist auch nichts Schlimmes, Lila passt gut zu meiner Hautfarbe, ich find es schick, aber dieser Ausraster, das ist so peinlich. Es passt nicht zu einem Team, wenn eines der Mitglieder sich nicht beherrschen kann.“

„Ich denke, dass das nicht noch mal vorkommen wird“, merkte Flaffy an.

„Warum?“, fragte sie launisch nach.

„Ganz einfach, du wirst deiner Familie nie wieder begegnen, dann kannst du auch nicht mehr ausrasten", stellte Flaffy fest. „Komm schon, Cat ist nicht einer, der einen direkt verurteilt."

Sie überlegte einen Moment. „Na gut." Sie stand auf.

„Beeil dich, es sind schon alle da", rief er ihr noch nach, als sie die Treppe herunterstürmte. Am Eingang zum Saal wartete Flaffy bereits auf sie. Sie gingen zusammen rein. Nun waren alle endlich versammelt. Sie sah Cat nun zum allerersten Mal ohne Ketten und Augenbinde. Er hatte seine feinsten Klamotten an, mit dem frisch geputzten Schwert an seiner Seite. Sie konnte ihren Blick nicht von ihm lösen. Er hatte sie noch nicht gleich wahrgenommen. Sie reihte sich ein, aber sie machte sich klein. Sie war nun kleiner als Yurai und Titan, in der Hoffnung, nicht aufzufallen. Aber Cat hatte sie bemerkt, er musterte sie von Kopf bis Fuß. Sein Blick brannte auf ihrer Haut. Sie hatte nur ein Shirt an und eine normale Hose. Alle anderen waren in ihren Standardklamotten gekommen. Wraith und Yurai in Rüstung, CS konnte man sich ohne seinen Anzug nicht vorstellen, nur sie war einfach gekleidet. Cat lächelte sie nun an. Er hob seinen Blick. „Danke, dass ihr alle meinem Aufruf zu einem Treffen gefolgt seid. Ich freue mich, euch alle wiederzusehen. Endlich haben wir wieder ein vollständiges Team. Wir haben diesmal sogar sieben und nicht nur sechs Mitglieder. Ich weiß, wie alle sich reingehangen haben, um mich wiederzufinden, dafür möchte ich euch danken. Ich würde gerne mal einen gemeinsamen Ausflug veranstalten, aber das Universum gibt leider keinem von uns eine Auszeit. Wir müssen geschlossen weitermachen, denn mein Verschwinden war kein Zufall. Dass unser Gegner Portale generieren kann, ohne dabei Spuren zu hinterlassen, beweist, dass er durchaus mächtig ist. Aber wir werden auch gegen ihn bestehen, wir müssen unsere Pflicht tun, wir müssen das Universum beschützen!"

Es war keine lange Rede, die Cat vortrug, er wollte eigentlich nur das Team wiedersehen. Die Truppe begab sich nun in einen der Konferenzräume, sie hatten viele wichtige Informationen auszutauschen. Luna hörte nur zu, sie saß still an der Ecke des Tisches. Sie machte sich klein, weil sie nicht auffallen wollte. Das Gespräch war sehr locker. Sie hatte eigentlich gedacht, das Cat ein harter Anführer war, aber er machte auf sie einen sehr freundlichen Eindruck. Die Gespräche neigten sich dem Ende zu und die Runde löste sich langsam auf. Es waren nur noch CS, Flaffy, Cat und Luna da. CS verabschiedete sich gerade, auch Flaffy wollte mit Luna gehen, aber Cat bat die beiden, noch zu bleiben: „Flaffy, bleib doch bitte mit ihr noch ein paar Minuten."

Luna war etwas verängstigt. Was wohl als Nächstes von Cat kommen würde? Cat fuhr fort: „Du bist also Luna? Schön, dich mal kennenzulernen."

Luna wollte etwas antworten, aber sie brachte kein Wort heraus. „Danke, dass du den Kampf gewonnen hast, außerdem …" Cat machte eine Pause, er musterte sie wieder von oben bis unten. Sie war fast drei Köpfe kleiner als er, weil sie sich so klein machte. Cat griff sie an den Oberarmen und zog sie nach oben: „Mach dich doch nicht so klein, du hast doch nichts verbrochen, und du bist hübsch, also versteck dich nicht."

Sie war nun fast so groß wie Cat und Flaffy. Sie brachte leise die Frage heraus: „Aber der Kampf?"

„Ach, mach dir deswegen keine Sorgen, die Familie war sowieso schrecklich“, antwortete Cat. Sie konnte sich das Lächeln nicht verkneifen. „Ich heiße dich hiermit herzlich willkommen in meinem Team, aber ich glaube, Flaffy hat dich schon viel eher bei uns aufgenommen“, sagte Cat.

Luna überlegte jetzt, wie sie ihn ansprechen sollte: „Ich danke Ihnen.“

„Nicht so förmlich, wir sprechen uns hier alle mit ‚du‘ an“, grinste Cat sie an. „Macht dir keine Sorgen, jeder von uns hat Macken, der eine mehr, der andere weniger, aber ohne Macken geht‘s nicht. Unser guter Flaffy hier“, Cat klopfte ihm auf die Schulter, „hat die kleinste Macke, er will immer alle Geheimnisse lüften.“

„Ich glaube, dass das keine negative Macke ist“, entgegnete Luna. „Aber was ist mit mir? Stellt das nicht einen Nachteil für das Team dar?“

„Nein, ist es nicht, man muss nur wissen, als Team, wie man damit umgehen muss“, meinte Cat. „Das Team ist eine Zusammensetzung aus ungewöhnlichen Persönlichkeiten, jeder hat seinen Kampfstil, einige von ihnen passen zusammen, andere sind eher Einzelkämpfer. Wraith ist meistens alleine unterwegs. Flaffy ist ein Teamplayer. Jeder hat seine eigenen Vorteile, deswegen möchte ich wissen, in welchem Trainingsdurchlauf bist du im Moment?“

Sie überlegte. „Seitdem ich hier bin, war ich bei dem Taktiklehrgang.“

„Interessant, ich denke, das passt zu dir. Ich möchte noch einmal mit Flaffy sprechen. Wenn es dir nichts ausmacht, würde ich dich bitten, uns einen Augenblick alleine zu lassen?“, meinte Cat.

Flaffy drehte sich zu ihr: „Du kannst, wenn du möchtest, schon nach Hause gehen, ich habe das Essen für dich schon zurecht gemacht. Ich möchte noch etwas mit Cat sprechen."

Luna bedankte sich und verließ den Raum Richtung Schiffsfront. Flaffy hingegen setzte sich auf einen Stuhl: „Und? Was meinst du? Ich denke, sie ist eine Bereicherung für das Team."

„Ich denke, auch. Sie war zwar in ihrem Kampf mit ihrer Familie sehr unbeherrscht, aber ich denke, wenn ich sie über ihre Familie aufkläre, wird sie ihren Hass besser kontrollieren können. Das ist wichtig bei unserem weiteren Vorgehen", erwiderte Cat.

„Wie meinst du das? Ich meine das mit ihrer Familie?", musste Flaffy nachhaken.

Cat antwortete einfach: „Ich habe die gesamte Familienchronik kopiert und mitgehen lassen. Mit ein paar Informationen von außen kann ich dir auch sagen, dass Luna kein Kind von Thavor ist."

„Kannst du das erklären?", fragte Flaffy.

„Ja, klar. In der Chronik von Thavor ist mir aufgefallen, dass prinzipiell rote Hautfarbe und schwarze Ohren vererbt werden. Die Familie Aurora vererbt allerdings blaue Haut und weiße Ohren. Wäre Luna von beiden Familien, wäre sie nicht blau, sie hätte lilafarbene Haut. Deswegen wäre auch der Plan von Thavor nicht aufgegangen. Hätte Luna einen Nachkommen, würde er unter keinen Umständen in die Familie von Thavor passen, einfach weil die Familie Aurora die einzigen sind, also einzigartig, die unter allen Umständen weiße Ohren vererben. Man erkennt sie praktisch daran." Cat zog ein Buch hervor und schlug es auf. Es war die Chronik der Familie Aurora. Auf der letzten Seite war Lunas Bild zu sehen und ein Bild ihrer Mutter. Sie sah ihr sehr ähnlich, nur dass sie statt weißer Haare schwarze hatte.

Flaffy erinnerte sich an etwas: „CS hatte ja eine Zusammenfassung von Personen in ihrem Umfeld erstellt.“ Er öffnete an einer Konsole einen Ordner. Ein Bild von einer Krankenschwester war zu sehen. „Die Krankenschwester sieht Luna extrem ähnlich, abgesehen von der Haarfarbe, aber die Ohren waren nicht weiß“, erklärte Flaffy.

„Also ist ihre Mutter gar nicht gestorben, die Ohren sind bloß Tarnung, damit sie nicht auffällt“, fasste Cat zusammen.

Flaffy lehnte sich zurück. „Sie wollte immer ihre Mutter kennenlernen, aber in Wirklichkeit war sie immer da, dort, wo sie sich am besten um ihre Tochter kümmern konnte. Traurig, dass das die Krankenstation war, zumindest kann ich ihr sagen, dass ihre Mutter noch lebt und dass sie mit Thavor und Phoebe nicht verwandt ist, was für ein Trost.“

„Schon irgendwie. Ich möchte aber noch über ein anderes Thema mit dir sprechen. Ich habe, auch wenn mir die Augen verbunden waren, den Kampf miterlebt und dabei die Energieströme beobachtet. Mir ist erstens aufgefallen: Nach dem Kampf mit Thavor hat sich ihre gesamte Art verändert, davor war sie konzentriert und völlig fixiert darauf, diesen Kampf zu gewinnen, aber danach war sie verändert, sie war nicht mehr darauf aus, den Kampf zu gewinnen, sondern eher darauf, ihre ‚Schwester‘ zu jagen und sie verzweifeln zu lassen. Was meinst du, was diesen Zustand ausgelöst hat?“, wollte Cat wissen.

Flaffy überlegte: „Es gibt nicht viele Möglichkeiten. Erstens, der Moment, als Phoebe sie nicht gehen lassen wollte, zweitens, ihre Schwester selbst, oder …" Weiter kam Flaffy nicht, als Cat ihn unterbrach: „Oder du warst das." Cat machte eine Pause: „In dem Moment, als du ihr die Erlaubnis gegeben hast, weiterzukämpfen, hast du, als ihre einzige Bezugsperson, den Dämon in ihr freigelassen. Sie wäre nie so weit gegangen, wenn du ihr nicht die Erlaubnis gegeben hättest. Das konntest du nicht wissen. Ich will dir damit nur sagen, sie ist auf dich fixiert wie ein Küken auf seine Mama. Ich würde so weit gehen und sagen, sie würde für dich in den Tod gehen."

Flaffy nickte still. Ihm wurde jetzt auch bewusst, wie stark Luna an ihm hing, sie wollte ihn nicht enttäuschen, unter keinen Umständen. Sie wollte, dass er stolz auf sie war und dafür würde sie alles geben. Flaffy überlegte einen Moment, er wollte das Thema wechseln: „Noch etwas anderes, Cat, ich habe mich nach deinem Verschwinden mit den verschiedenen Portaltechniken beschäftigt und ich bin dabei auf die Austauschportale gestoßen. Wie konnten Luna und du tauschen, wenn Luna in keiner Form an deine Kraft ranreicht?"

Cat musste einen Moment überlegen, bevor er antwortete: „Austauschportale können nur Wesen erstens mit einem sehr hohen Potenzial tauschen, zweitens muss das Kraftlevel ungefähr gleich sein und drittens und letztens müssen die Seelen stark genug sein, um solch eine Belastung auszuhalten. Außerdem muss es von beiden Seiten eingeleitet werden."

„Zwei von diesen Punkten sind nicht erfüllt. Lunas generelles Kraftlevel ist viel zu niedrig im Vergleich zu deinem und die So'Na hatten nicht die Technik, um ein solches Portal zu erzeugen", fasste Flaffy zusammen.

„Ich denke dabei an etwas anderes. Lunas generelle Kraft nach außen scheint gering, jedenfalls mir gegenüber, aber sie scheint etwas zu besitzen, was ihr genügend Kraft gibt", überlegte Cat.

„Denkst du etwa, dass sie ein Heiliges Objekt besitzt, das in ihrem Körper eingeschlossen ist?", stellte Flaffy in den Raum.

„Genau das meine ich. Ich denke, sie hat eines, wir wissen nicht, welches es ist. Es kann auch ein unbekanntes sein, aber das würde vieles erklären, ihre Regenerationsfähigkeit, ihre körperliche Kraft und ihre Fähigkeit, in einem Kampf Bewegungen vorherzusehen. Wir können das auch einfach überprüfen, den Anzug, den du für sie angefertigt hast, der wird doch durch eine Energiezelle gespeist, wir schauen einfach, wie viel Energie Luna bei ihrem Kampf verbraucht hat. Ist die Zelle zu 99 Prozent voll, weil die Dinger eigentlich Jahre halten. Besitzt sie keines, ist dies nicht der Fall, hat sie ein Heiliges Objekt. Die verbrauchen beim Anwenden immer eine bestimmte Art von Energie, aber am liebsten haben sie diese Energieform, die wir auch auf der Titan verwenden", erklärte Cat.

„Ich werde das nachher überprüfen, ich habe die Zelle noch nicht gewechselt. Was ist nun mit der Erzeugung?", ergänzte Flaffy.

„Ganz einfach, wir haben es hier mit einem Gott zu tun", grinste Cat ihn an.

„Gott? Willst du mich verarschen!" Flaffy war etwas überrascht. „Es gibt Götter, aber die sind meistens in anderen Dimensionen zu finden und entstehen durch den Glauben der Seelen, sie verwalten die Welten, allerdings gibt es bei ihnen große Unterschiede. Bei unserem Gegner ist es so, er ist ein Wesen, das dimensionsübergreifend arbeitet, aber das, was ich im Sinn habe, halte ich für sehr unwahrscheinlich“, erklärte Cat.

„Aha, und wie kriegen wir das heraus?“, fragte Flaffy.

„Wir suchen einfach das zu der Energie dazugehörige Heilige Objekt“, erwiderte Cat munter. „Bei meinem Flug durch das Portal habe ich es kurz gesehen, das Zentrum aller Portale, das, wonach wir so lange gesucht haben, die Stadt der Sieben Portale.“

„Wie finden wir diese?“, fragte Flaffy trocken nach.

Cat zuckte mit den Schultern. „Ich habe keine Ahnung.“

„Du machst mir Spaß“, entgegnete Flaffy. „Ich danke, damit ist unser Gespräch zu Ende?“

„Ich denke, das war’s“, beendete Cat das Gespräch.

Beide standen auf und gingen ihrer Wege. Flaffy machte sich auf den Weg zu seinem Apartment, er hatte die Bücher unter dem Arm, die Cat hatte mitgehen lassen. Was Cat jetzt als Nächstes tun würde, war ihm schleierhaft, aber es war ihm auch schon fast egal, im Moment hatte er die Kontrolle über das gesamte Schiff. Cat würde daran arbeiten, die Stadt der Sieben Portale zu finden.

Eine Entdeckung

Flaffy überlegte nun, wie er weiter vorgehen sollte. Cat war wieder da, aber die Frage, was hinter diesem Austausch stecken könnte, war immer noch nicht geklärt – und wie sollten sie zu der Stadt finden? Es war mühselig, weiter darüber nachzudenken. Aber was könnte es für einen Sinn haben, Cat aus dieser Welt zu befördern? Was ist, wenn er etwas weiß oder spüren kann, wenn etwas vorgeht? Aber diese Aktion war zu offensichtlich, und warum konnte er einfach wieder zurückkehren? Was, wenn es so sein sollte, dass Cat die Stadt findet oder dorthin gelangt? Aber warum? Flaffy machte große Schritte. Er wollte die Theorie von Cat überprüfen, ob Luna wirklich ein Hybrid ist. Er wanderte durch die Tür und schaute sich um. Luna stand in der Küche und machte sich etwas zu trinken. Da musste Flaffy zumindest keine Angst haben, dass sie die Küche abbrennt.

„Und? Was habt ihr noch besprochen?“, fragte sie.

Flaffy hielt ihr die Chroniken hin: „Cat hat das mitgebracht. Willst du es selbst herausfinden oder soll ich es dir zeigen?“

Luna nahm die Bücher und besah sie sich. „Das sind die Familienchroniken.“

Flaffy drehte sich um. „Ich denke, dass du das rausfindest. und ich bin mir sicher, dass dich diese Info freuen wird.“

Sie schaute Flaffy schräg an: „Kannst du mir nicht helfen? Ich weiß nicht, was du meinen könntest.“

In diesem Moment kam Titan hereingestürmt: „Flaffy, ich muss …“

Weiter kam sie nicht. Flaffy unterbrach sie: „Warum machst du das nicht mit Titan? Die kriegt das unter Garantie mit dir raus und erklärt es dir auch noch."

Titan schaute ihn grimmig an.

„Du machst das doch gerne, oder?", fragte er Titan provokant.

Sie konnte nicht anders als grinsen und zustimmen. Flaffy kam das sehr gelegen. Solange sich Luna mit Titan beschäftigte, hatte er die Möglichkeit, den Anzug zu überprüfen. Er hatte extra im Schlafzimmer eine Kammer gebaut, in der der Anzug hängen konnte. Titan setzte sich mit Luna an den Tisch und versuchte, Flaffys mysteriöse Aufgabe zu lösen. Luna war absolut überfordert. Flaffy hingegen stiefelte die Treppe nach oben. Er öffnete die Kammer für den Anzug. Die Energiezelle saß direkt über der Brust. Er fummelte die Zelle aus der Öffnung. Was hatte er erwartet? War es eine volle Batterie oder eine leere? Er wusste es wahrscheinlich selbst nicht. Er hielt sie vor sich. Sie war fast leer. Nur ein kleiner Rest Flüssigkeit stand noch drin. Er steckte die Zelle weg und zog eine andere aus einer seiner Taschen. Er baute sie ein. Luna war also wie Wraith und Flaffy auch ein Hybrid. Aber welches Heilige Objekt sie besaß, war ihm schleierhaft. Was für eines könnte es sein?

Er wurde von einem freudigen Jubeln aus seinen Gedanken gerissen. Luna feierte. Er ging die Treppe herunter. Luna freute sich über diese Tatsache, die sich ihr offenbart hatte. Der Gedanke daran, dass sie ihre Mutter nie wiedersehen würde, wurde von der Freude überdeckt, dass sie nicht mit den „Roten" verwandt war, wie Luna Thavor und Phoebe und den Rest der Familie nannte. Ihre Idee war es, mal feiern zu gehen. Titan stellte sich zu Flaffy: „Meinst du nicht, sie überlebt den Abend?“

„Ich denke, sie soll diese Grenze auch mal austesten“, antwortete Flaffy.

Titan war etwas skeptisch: „Sie hat noch nie etwas Derartiges gemacht. Sicher, dass sie das überlebt?“

„Wenn sie mal feiern möchte, lassen wir sie doch. Wir gehen doch nur in eine Bar mit Saal, mir fällt da sogar direkt einer ein“, überlegte Flaffy.

„Und wer soll alles mitkommen?“, fragte Titan.

„Wir gehen einfach mit allen, die mitkommen möchten. Und der Rest ergibt sich“, meinte Flaffy.

Luna war aufgeregt. Es schon fast so, als hätte sie auf einen Grund gewartet, um einmal feiern zu gehen. Flaffy hatte es extra organisiert, sie würden in die unteren Sektionen gehen, in Lialas Bar, wo Flaffy schon einmal gesessen hatte. Der Weg war lang, aber es verhieß, ein toller Abend zu werden. Flaffy hatte Cat ohne Grund zu der Bar bestellt, Titan und Luna sollten schon vorgehen. Flaffy wollte dann nachkommen. Cat stand da und wartete. Er war nervös. Warum hatte Flaffy ihn vor diese Bar bestellt? Er zitterte und versteckte sich hinter einer der hervorstehenden Wandhalterungen. Titan und Luna kamen den Gang entlang. Die beiden war gut herausgeputzt. Sie bemerkten Cat gar nicht. Sie warteten auf Flaffy. Cat wusste nicht, dass sie kommen sollten. Er war sich unsicher, wie er reagieren sollte. Flaffy kam nun auch angeschlendert. Er hatte Cat schon von Weitem gesehen. Er hatte auch bemerkt, dass er sich versteckte. Ohne dass der Rest es mitbekam, teilte er sich. Jetzt gab es ihn zweimal. Seine beiden Körper liefen hintereinander. Einer stellte sich an die Wand, der andere ging zu den beiden Damen. „Abend, die Damen. Schickes Outfit, steht dir, Luna.“

Sie hatte eine weiße Bluse mit einer kurzen schwarzen Hose an.

„Und, Titan, schön, dass du dich überhaupt auf diese Gesellschaftsstufe herabgelassen hast“, fügte Flaffy hinzu. Luna und Titan begrüßten ihn freundlich.

„Wollen wir gemeinsam schon reingehen? Cat wird sicher gleich kommen“, schlug Flaffy vor.

Sie gingen hinein. Luna war begeistert von der Party und der Musik. Die leuchtenden Lichter fluteten den Saal. Flaffy war glücklich, dass sie nicht gleich auffielen. „Flaffy, wollen wir tanzen?“, fragte Luna.

Flaffy war etwas perplex, er sah sich um. Er hatte Glück. Er zeigte auf eine Gruppe: „Schau mal dort, da sind die Mitglieder aus deiner Trainingsgruppe. Ich denke, dort wirst du auf jeden Fall jemanden finden. Du kannst ja Titan mitnehmen, Ich muss noch mit jemandem sprechen ... wenn du mich entschuldigst.“

Luna schnappte sich Titan und rannte mit ihr in Richtung der Truppe aus ihrer Trainingsgruppe. Flaffy schaute ihr nach. Sie freute sich, sie hatte dort auch über die Zeit Freunde gefunden. Es war gut so, dass nicht viele wussten, dass Luna von Flaffy in das Training gesteckt wurde. Sie sollte nicht deswegen anders behandelt werden.

Flaffy stellte sich an die Bar. Laila drehte ihm gerade den Rücken zu und fragte: „Was darf’s denn sein?“ Sie hatte ihn nicht gleich erkannt.

„Bietest du auch Tanzstunden an?“, fragte er.

Sie stellte das Glas ab und ohne sich umzudrehen lachte sie: „Flaffy, ich hätte niemals gedacht, dass ich dich wiedertreffe."

„Wiedersehen macht Freude, nicht wahr? Hast du ein paar Minuten für mich?", fragte Flaffy.

Sie nickte und drehte sich zu der Tür. „Hey Fred, kannst du mal übernehmen?"

Aus der Tür kam zurück: „Ich habe gerade Pause."

„Ich hab ein Gespräch mit jemanden von Rang 1", rief sie zurück.

Sofort stand Fred in der Tür: „Ich übernehme." Er blickte Flaffy mit großen Augen an. Er hatte bis zu diesem Zeitpunkt noch niemals jemanden über Rang 5 gesehen, geschweige denn gegenübergestanden.

Laila kam aus der Bar heraus: „Fred, ich bin gleich wieder da." Er nickte bloß. Man konnte schon sagen, dass er neidisch war.

Flaffy schaute nach vorne. An der Tanzfläche war die Truppe aus Jugendlichen mit Luna und Titan. „Was meinst du? Kannst du denen einen Drink bringen? Sie sollen einmal zu mir kommen, aber ohne dass Luna und Titan das mitbekommen", fragte er Laila.

Sie nickte und machte ein Tablett fertig. Die Truppe war gerade tanzen, aber als sie sich zum Tisch begaben, brachte Laila die Getränke. Luna und Titan waren noch nicht am Tisch. Die Truppe redete laut und setzte sich hin. Sie waren überrascht, der erste rief ihr zu: „Laila, seit wann bringst du Getränke?"

„Seitdem mich jemand darum gebeten hat. Er möchte, dass ihr mal bei ihm vorbeischaut", meinte Laila.

„Wer könnte das sein? Die hohen Tiere lassen sich doch hier unten nicht blicken“, lachte ein anderer. „Wenn ihr bloß wüsstet, ich würde diese Einladung nicht ausschlagen“, erwiderte sie ihm. „Aber so, dass Luna und Titan das nicht merken.“

Laila verließ den Tisch. Die Getränke standen auf dem Tisch. „Wer könnte hier etwas von uns wollen?“, fragte einer aus der Truppe. Alle sahen Laila nach, wohin ging sie? Eine kleine Lücke bildete sich und sie sahen, dass sie mit Flaffy redete. Er schaute genau in die Richtung der Truppe. Sie standen sofort auf und eilten zu ihm. Sie stellten sich in einer Reihe auf und standen stramm.

„Abend, Jungs“, begrüßte Flaffy die Truppe: „Wie ich sehe, amüsiert ihr euch mit den Damen.“ Alle fingen an zu schwitzen. „Ich hoffe, dass ihr euch den Abend gut um die beiden kümmert, hab ich recht?“, fragte Flaffy.

Alle nickten. Er reichte ihnen eine kleine Karte. Es war die Schlüsselkarte für das Portal 001, das in der Nähe des Apartments von Flaffy lag. „Morgen früh bringt ihr die beiden wohlbehalten zu mir, hör ich einen Mucks, hagelt’s bei euch in der WG, verstehen wir uns?“, fragte Flaffy spitz. Alle nickten steif. „Wir verstehen uns, ich wünsch euch einen schönen Abend.“ Flaffy war nun freundlich gestimmt. „Ihr dürft abtreten.“

Die Truppe verschwand. Ihnen war nun klar, dass Flaffy über die beiden die Hand hielt. Laila setzte sich wieder zu ihm: „Bist ja richtig fürsorglich geworden.“

Flaffy blickte noch eine Weile nach vorne. Die Truppe war heiter, Luna lachte mit. „Kann sein, aber jeder sucht sich etwas, woran er sich festhalten kann“, erwiderte Flaffy endlich.

„Worum geht es dir heute Abend?“, fragte Laila.

„Woher weißt du das?“, stellte er die Gegenfrage.

„Du würdest nicht einfach hier aufkreuzen, ohne dass du über etwas reden möchtest“, grinste sie ihn an. „Du hast mich durchschaut. Naja, auch egal. Ich möchte wissen, wann Cat das letzte Mal in einer Bar wie dieser war?“

„Cat … schwierig, ich kann immer nur von Gerüchten ausgehen, aber nach meinen Infos war er schon seit der Stunde null nicht mehr feiern. Wenn er in einer Bar gewesen wäre oder auf einer Feier, würde sich das rumsprechen. Aber davor, vor der Stunde null, war er öfter feiern. Woran das liegt, weiß ich nicht. Diese Infos würden nur auf Spekulationen beruhen.“

„Was meinst du, würdest du gerne Cat mal kennenlernen?“, fragte Flaffy sie.

„Wer würde da nein sagen“, antwortete sie.

Flaffy nickte.

Gleichzeitig er auf dem Gang vor der Bar direkt auf Cat zu. Cat kam ihm ein Stück entgegen: „Warum sind wir hier?“

„Weil ich mit dir mal in eine Bar gehen wollte, um was zu trinken“, antwortete Flaffy. „Das wird doch nicht zu viel verlangt sein, oder?“

Cat druckste rum.

„Sag jetzt bitte nicht, dass du vor Bars Angst hast“, zog Flaffy ihn auf.

„Ich war schon lange nicht mehr in einer Bar und habe etwas getrunken. Ich habe einfach nicht das Gefühl, dass ich dort hingehöre. Ich habe auch seit diesem Moment keine Musik mehr gehört“, beantwortete Cat seine Frage.

Flaffy musterte ihn: „Warum kommst du jetzt nicht einfach mit rein? Es wird schon nicht schlimm werden. Du hast ein sportliches Outfit an."

Cat sackte zusammen. „Wenn du unbedingt darauf bestehst ..."

Flaffy ging voran. Und die Türen öffneten sich. Nun hörte auch Cat die Musik. Gleich würden sie in die Masse eintauchen. Cat machte sich groß, um seine Angst zu verbergen. Dann musste er grinsen, als ihn die Musik umhüllte. Als Cat den Raum betrat, veränderte sich alles. Alle schauten auf, jeder hörte auf zu tanzen. Einige fielen über ihre eigenen Füße. Die Musik stoppte. Alles sah zu Cat. Auch Laila stand auf, um ihn zu sehen. Cat war in einer Bar. Alle schauten so, als würde gerade die Welt untergehen. Sie warteten darauf, dass er etwas tat. Cat hob die Arme und rief: „Hier ist ja tote Hose, lasst uns feiern."

Die Musik spielte weiter. Das Treiben ging weiter. Cat ging mit Flaffy zu dem Tisch, wo ein anderer Flaffy schon mit Laila saß. Sie stand auf und begrüßte Cat. Der grüßte einfach zurück und setzte sich mit an den Tisch. Laila war überrascht, dass Cat so einfach war. Sie hatte ihn sich immer förmlicher vorgestellt. Aber ihm war nicht danach. Laila war auch etwas überrascht, dass zwei Flaffys da waren. Aber Cat erklärte ihr diese Fähigkeit, er war nun ruhig und gefasst.

Auch Flaffy war nun wieder nur einmal da. Er behielt die gesamte Zeit Luna im Auge. Abgesehen davon, dass sie von einem Bier und zwei Shots schon besoffen war, schienen sie Spaß zu haben. Die Truppe an sich war gut dabei. Flaffy machte einen Vorschlag: „Cat? Was meinst du, geh doch auch mal eine Runde tanzen, ich passe auf die Drinks auf. Ich denke, Laila würde sich auch darüber freuen."

Cat verzog das Gesicht: „Was ist, wenn ich nicht tanzen kann?"

„Das habe ich Laila auch gesagt. Und am Ende hat sie mir einen Tanz abgerungen." Er klopfte Cat auf die Schulter. Laila schaute Flaffy mit dankbaren Augen an. Flaffy machte ihr mit diesem Vorschlag eine Freude.

Cat stand auf. „Flaffy, diese Nummer zahl ich dir irgendwann noch heim." Er reichte Laila die Hand. Diesmal sollte es nicht der Tisch sein, über den sie gingen. Alle bemerkten sie sofort und bildeten in der Mitte des Saals einen Kreis. Es war dieselbe Situation wie bei Flaffy damals. Es war die beste Idee, die Luna hätte haben können. Feiern zu gehen. Cat war erst steif und trocken. Doch nach der ersten Runde fand er wieder Gefallen, Gefallen an dem Leben, das er einmal geführt hatte. Flaffy beobachtete ruhig das Treiben. Der Abend hätte für immer so weitergehen können, doch auch diese Feierstunde hatte ihr Ende. Die Massen verließen die Bar. Am Ende saß er da, allein. Auch Cat war bereits weg. Laila und Fred waren auch schon gegangen, auch die Truppe mit Luna und Titan war schon auf dem Heimweg.

Er stand auf und stellte ein umgefallenes Glas wieder auf den Tisch. Was für ein sorgloses Leben. Ohne die Angst, jemals sterben zu müssen, gefangen im Bann der Titan, fröhlich und unbesorgt, wie im Himmel. Flaffy drehte sich um und ging nach Hause, allein. Er war jetzt der Anführer der Titan, er hatte dafür zu sorgen, dass diese Welt niemals zerstört wurde. Flaffy wanderte förmlich durch die Gänge, zu den Portalen und endlich zu seinem Apartment. Er schaute auf die Uhr, es war schon morgens. Seine anderen Körper arbeiteten bereits, er hatte drei dauerhaft im Betrieb, er als Kollektiv war für das Management gut geeignet, aber es stellte sich weiterhin die Frage, wie Cat das alles im Auge behalten konnte.

Die Zeit verging und er wartete. Es war schon fast Mittagszeit. Und es klingelte an der Tür. Flaffy stand auf und öffnete sie. Vor der Tür war die gesamte Truppe angetreten. Luna stand vor der Tür. „Hi Flaffy."

Er musterte die Truppe und dann wieder Luna. „Und? Haben sie dich gut behandelt?"

Sie nickte. „Alles gut, ich wusste mich zu wehren, war ein toller Abend."

Alle aus der Truppe lachten innerlich, für sie war es eine Ehre, dass Herzstück der Titan betreten zu dürfen und dann auch noch einen Abend mit dem Schützling von Flaffy zu verbringen. Luna ging durch die Tür und winkte zum Abschied: „Wir sehen uns."

Flaffy wandte sich wieder der Truppe zu. Einer der Jugendlichen reichte ihm die Karte. „Danke, ich denke, wir sehen uns wieder. Ihr dürft gehen."

Die Truppe wanderte geordnet wieder zu dem Portal und verließ die Nano-Titan. Flaffy ging wieder rein. Luna machte sich einen O-Saft.

„Ist alles in Ordnung?", fragte Flaffy sie.

„Alles in Ordnung, ich hab nur Kopfschmerzen und alles fühlt sich noch so komisch an", meinte sie.

Flaffy schmiss ihr eine kleine Tablette in ihr Glas. „Es gibt zwei Möglichkeiten, wovon das kommt. Vom Alkohol oder die haben dich mal richtig ran genommen."

Luna verschluckte sich. Und wurde lila. Flaffy musste lachen: „Deine Reaktion ist so niedlich. Ich weiß doch, dass diese Spezies davon keine Ahnung hat. Das kommt vom Alkohol. Da du noch nie etwas getrunken hast, schlägt das bei dir voll durch.“

Luna nickte. „Du weißt, dass ich so was nicht tue. Es war einfach ein lustiger Abend.“

„Ich will dich nur aufziehen“, antwortete er.

„Weißt du eigentlich, wo Cat abgeblieben ist?“, fragte sie.

„Cat? Der ist kurz nach euch gegangen. Wo er jetzt ist, weiß ich nicht, aber wenn ich raten müsste, würde ich sagen, ist er garantiert in der Forschung. Du hast heute frei, was hast du heute vor?“, meinte Flaffy.

Luna trank das Glas aus, machte eine Pause zum Überlegen und antwortete: „Ich werde mich erst mal auf die Couch verfrachten, bis die Tablette wirkt.“

Flaffy lachte: „Klar, kurier deinen Kater aus, ich muss jetzt erst mal in den hinteren Teil der Titan. Wir sehen uns, du kannst ja mal durchrufen.“

Luna winkte von der Couch aus. „Bis nachher.“

„Bis nachher“, verabschiedete sich Flaffy, als er durch die Tür ging. Er machte sich auf den Weg. CS wartete mit Reaktion schon im Kern auf ihn. Sie wollten im hinteren Teil eine Steuerung überprüfen. Flaffy wollte diese selbst reparieren, weil die Umgebung dort etwas problematisch war. Die Steuerung lag genau an der Zündkammer des Unterstützer-Triebwerkes 34, es war eine von vielen. Die Steuerung regelte den Zufluss von Energie. Flaffy hatte die Steuerung studiert. Mit Reaktions Hilfe wollte er sie reparieren. CS war als Ersatzmann gedacht.

Sie öffneten den Serviceschacht. Selbst der war riesig. CS hatte extra für die großen Teile einen Transporter besorgt. Flaffy öffnete mit einer Steuerung die Klappen. Ihm kam erst mal eine Lache aus falsch verarbeiteter Energie entgegen. Sie war nicht mehr instabil oder explosiv. Flaffy war nass, es fühlte sich wie schmutziges Wasser an. Die Steuerung war größer als ein Haus. Viele Leiter wanden sich an den Wänden entlang. In der Mitte war die generelle Steuerung. Alles war automatisch geregelt. So, wie es hier drin aussah, war etwas undicht. Aber den beschädigten Computer zu suchen, war mühselig. Reaktion stand in der Tür: „Und wie willst du weiter vorgehen?"

Flaffy überlegte: „Bevor ich hier den Fehler suche, tauschen wir die gesamte Steuerung aus. Die alte da machen wir wieder fertig, während sie außer Betrieb ist, da stehen wir zumindest nicht unter Druck. Ich will, dass das Teil nachher wieder geht."

„Dann werde ich schon mal die Anschlüsse abtrennen, machst du die Versorgung dicht?", fragte Reaktion.

Flaffy ging nach draußen und schloss die Hauptzufuhr. „Gemacht, ich sag noch CS Bescheid, dass er den Ersatz bringen soll." Flaffy rutschte an der Wand runter. Unten sammelte sich die Brühe. Es war doch eine ganze Menge, die rausgelaufen kam. CS kam schon mit dem Transporter angefahren. Flaffy stellte sich an die Seite. CS stieg aus und wollte nach oben schauen, aber Flaffy hielt ihn auf. Im nächsten Augenblick fiel dieser riesige Block herab. „Danke", entgegnete CS.

„Lass uns hier aufräumen." Vier Körper von Flaffy traten an, um die Teile wegzuräumen. Reaktion und CS sollten das neue Steuergerät schon fertig zum Anheben machen.

Das Steuergerät war relativ schnell gewechselt. Das Heikle war allerdings die Inbetriebnahme. Bei der Wiedereinführung der Flüssigkeit konnte viel schiefgehen. Im Endeffekt standen alle drei angekokelt im Schacht, aber die Steuerung arbeitete normal. „Machen wird noch sauber? Dann können wir das hier endlich abschließen."

Mit fünf Flaffys, CS und Reaktion ging das wirklich schnell. Die Plörre noch abgepumpt und aufgewischt und sie konnten pünktlich Feierabend machen, wenn man das so nennen konnte. Reaktion und CS sollten noch zusammen den Transporter wegschaffen. Flaffy wollte noch mit Cat reden. Er wusste, dass er jetzt in der Forschung der Nano-Titan war. Die war nicht weit vom Kern entfernt.

Flaffy war auf dem Weg. Es waren noch zwei Ecken. Nach der ersten sah er Luna. Sie stand an der Kreuzung und sah um die Ecke. „Luna?", fragte Flaffy. Sie zuckte zusammen und drehte sich um. Sie sah verlegen aus. „Hi Flaffy."

„Was machst du hier?"

Sie überlegte. „Ähm … äh … Dasselbe könnte ich dich auch fragen."

„Meine Ausrede ist: Ich arbeite hier, und du?", erwiderte er etwas höhnisch.

Luna eierte rum. Flaffy schaute um die Ecke: „Ich verstehe." Er nahm Luna an die Hand und zog sie hinter sich her. Der Gang führte direkt zur Forschungsabteilung, Cat konnte man durch die offene Tür schon arbeiten sehen. Flaffy grüßte schon von draußen: „Hi Cat."

Cat blickte auf: „Hi Flaffy, hi Luna?" Cat fragte sich, warum Luna da war. „Wolltest du nicht alleine kommen?"

„Das hat sich auf dem Weg ergeben, sie mitzubringen“, antwortete Flaffy.

„Also gut, soll mich nicht stören“, grinste Cat sie an.

„Was hast du vor?“, fragte ihn Flaffy.

„Also, ich habe versucht, mit dem Kompass von CS einen Weg zu öffnen, der uns zur besagten Stadt führt.“

„Du bastelst wirklich mal so an einem Heiligem Objekt rum?“, fragte Flaffy.

„Ja, warum nicht? Solange ich nicht das Universum auslösche, ist doch alles gut, oder?“ Cat drückte Luna in jede Hand ein Kabel. Dann verschwand er kurz, um ein Messgerät zu holen. Als er wieder da war, schnappte er sich die anderen Enden der Kabel, die Luna hielt.

„Und was machst du gerade?“, fragte Flaffy.

Cat blieb stehen und wollte etwas erklären. Flaffy griff um Luna herum an die Enden der Kabel. Cat zuckte zusammen. Er hatte einen Schlag bekommen. Luna musste lachen. Cat sah aus wie ein Wollknäuel: „Herzlichen Dank, Flaffy.“ Luna musste kichern.

Das Knäuel drehte sich zu Luna. „Lach nicht, du siehst aus wie ein Igel“, meinte Cat. Er steckte die Kabel in das Messgerät, nahm noch die Kabel von Luna und steckte sie an einen Adapter, der am Stab des Kompasses war. „Ich hab ein System gebaut, das Daten in den Kompass einspeisen kann und auch Daten auslesen kann“, erklärte Cat. „Und hast du was Brauchbares herausgefunden?“, fragte Flaffy.

Cat schmiss die Maschine an und gab etwas auf der Schaltfläche ein. Der Kompass begann sich zu bewegen und auszurichten. „Mein Problem ist einfach, dass in dieser Richtung keine außergewöhnlichen Objekte liegen, wie ein

Schwarzes Loch oder irgendwelche besonderen Ströme des Netzes. Nichts, was Rückschlüsse zulässt“, fasste er zusammen.

Flaffy rief: „Titan? Wende das Schiff. 180,0.“

„Wird gemacht, Flaffy“, kam es aus dem Nichts.

Alle schauten gespannt auf den Kompass. Er sollte sich eigentlich bewegen, tat er aber nicht. „Ob er kaputt ist?“, fragte Luna in die Runde.

„Nein, die gehen nicht so schnell kaputt.“

Flaffy griff sich den Kompass: „Ich weiß, wo er hinzeigt.“ Jetzt, wo Flaffy sich mit ihm durch die Räume bewegte, richtete er sich immer neu aus.

Luna und Cat folgten ihm gespannt. Flaffy machte einen Umweg, um seine These zu bestätigen. Er rannte einmal um den Block mit dem KI-Kern. Er zeigte immer auf die versiegelte Tür. Alle drei standen vor der Tür.

„Daran habe ich nicht gedacht“, meine Cat. „Und wie öffnen wir diese Tür?“

Flaffy untersuchte die Tür noch einmal. Er entdeckte eine kleine Vertiefung, fingerte an dem Sockel rum und sagte: „Ich habe keinen Schimmer, was hierzu passt.“ Luna zuckte mit den Schultern, auch Cat hatte keinen Plan. Sie überlegten noch eine ganze Weile, aber Luna wurde müde und Flaffy löste die Versammlung auf. Er nahm auch den Kompass an sich, damit er ihn später CS wiedergeben konnte.

Flaffy kehrte mit Luna zurück in sein Apartment. Dort wartete auch Titan auf sie. Luna schnappte sich einen Snack und sprang auf die Couch.

„Und? Seid ihr schon weitergekommen?“, fragte Titan.

„Naja, weiter ist der falsche Ausdruck. Wir haben einen Hinweis“, antwortete Flaffy, während er krampfhaft den Stuhl festhielt. Luna schmiss sich über die Couch mit dem Controller in der Hand. „Flaffy, darf ich mit der Konsole spielen?“

Flaffy drehte sich um: „Ja, darfst du, aber nur, wenn deine Leistung im Training nicht leidet.“

„Ja, mach dir keine Sorgen“, grinste sie Flaffy an und verschwand wieder hinter der Couch.

Flaffy sah zu Titan hinüber. Die warf ihm einen entsetzten Blick zu. Er merkte gerade selbst, wie sich dieser Satz angehört hatte. Titan grinste: „Flaffy hat eine Adoptivtochter.“ Mit einem gewissen Unterton hörte sich das gruselig an. Flaffy fiel aus seiner sonst sehr steifen Position in einer eher legere: „Wenn du es so ausdrücken willst.“

„Ja, genau so, ich meine, du machst alles für sie, du kümmerst dich um ihre Bildung, sie lebt bei dir, du machst mit ihr Ausflüge, im Moment beteiligst du dich sogar an ihrer Erziehung“, fasste Titan zusammen. „Und sie spielt das Spiel mit, und sie freut sich darüber, sie freut sich darüber, endlich jemanden zu haben, der sich um sie kümmert, raff es. Luna ist eine 21-jährige Frau, die mit ihrem Leben klarkommen muss, aber sie ist im Geist noch ein Kind, das Träume hat.“

Er nickte nur und schaute zu Luna. Sie saß da, völlig konzentriert auf das Game, sie hatte nichts von dem Gespräch mitbekommen. Es machte ihm Spaß, das Leben war nicht mehr so grau. Er hatte etwas auf der Titan gefunden, was ihn aus seinem Alltag befreite.

Der Abend verging. Auch Flaffy legte sich mal schlafen. Es war mittlerweile normal, dass er auf der Couch schlief.

Und bevor er einschlief, überlegte er, was in diese Fassung passen könnte. Als er aufwachte, war es schon Mittag. Er stand auf. Luna war schon unterwegs. Auf dem Tisch lag etwas. Es war ihre Halskette mit einem Zettel: „Die Form hat mich an die Kette erinnert. Vielleicht passt sie."

Flaffy hob die Kette, sie könnte wirklich passen. Er machte sich auf zu CS, um ihm den Kompass wiederzugeben. Danach sagte er Cat Bescheid. Der Plan war es, dass Flaffy, Luna und Cat den Raum betraten und der Rest der Truppe sollte vor dem Raum warten, als Verstärkung. Das Team sammelte sich. Alle standen bereit. Auch wenn dieser Raum schon immer in der Titan war, konnte alles dahinter sein. Flaffy legte die Kette ein. Langsam begannen sich die Zahnräder der Tür zu bewegen. Gemächlich schoben sich die Teile zur Seite. Dahinter war unerwarteterweise ein Raum. Er war leer. Die drei betraten die Kammer. Der Raum bestand nur aus Zahnrädern, Mechaniken, die sich langsam bewegten, und Kurbeln, die sich drehten. Sie sahen sich um. Das Einzige, was den Raum füllte, war ein kleiner Altar in der Mitte, genauso aufgebaut wie der Raum. Cat schaute die anderen an. Es hatte sich eine Wand gebildet. Der Raum war nun abgetrennt von der Titan. Cat winkte. Keine Reaktion von den anderen. Die Zeit war stehen geblieben. Der Raum hatte seine eigene Zeit. Völlig losgelöst von dem Heiligen Objekt der Zeit. Flaffy untersuchte den Altar. Oben war ein Zahnrad zu sehen mit verschiedenen Markierungen. Sie waren in einem Pentagramm angeordnet. Ein Pfeil markierte einen der Zacken. Cat untersuchte den Raum. Flaffy nahm den Mechanismus in der Mitte unter die Lupe, bis er an dem Zahnrad drehte. Ein Knacken ertönte und der Raum begann sich zu drehen.

Zuerst um die horizontale Achse, dann um die Vertikale. Der Raum hatte sogar seine eigene Gravitation. Er stoppte vor einer weiteren Tür. Auf der Tür war das Zeichen, das er auf dem Zahnrad ausgewählt hatte. Es war ein Kreis mit einem Kreuz darüber. Flaffy untersuchte die neue Tür, aber es gab keinen Hinweis auf etwas, womit man sie öffnen konnte. Er gab Luna das Zeichen, weiter zu drehen. Dasselbe Spiel wiederholte sich. Auf der nächsten Tür war ein Kreis mit vier geraden Strichen, an deren Ende Zahnräder zu sehen waren.

Flaffy fragte: „Cat, was meinst du, was hinter diesen Türen versteckt ist?"

Cat schüttelte den Kopf, er begab sich zu dem Zahnrad und schaute. Das eine Zeichen fand er interessant. Es war ein Kreis auf einem Sockel. „Luna, drehst du bitte, bis dieses Zeichen kommt?", sagte Cat zu Luna.

Sie nickte und drehte an dem Zahnrad. Auf der Tür war tatsächlich das Zeichen. Es war das Zeichen für ein Portal. Diese Tür war anders. Sie hatte einen Mechanismus zum Öffnen. Flaffy trat an das Rad zum Öffnen. Und er öffnete die Tür. Vor ihnen war der Raum mit dem Portal. Sie betraten ihn gemeinsam.

Cat fragte Flaffy: „Wie viele Kapazitäten hast du noch übrig?"

„Wenn ich mich anstrenge, kann ich noch zwei Körper kontrollieren. Die anderen hängen in der Titan fest. Ich kann sie nur sehr langsam bewegen", meinte Flaffy.

„Du kannst dich durch die Diskrepanz zwischen den Dimensionen immer noch bewegen, allerdings arbeitet jetzt das Siegel gegen die Zeit. Wir dürfen uns also nicht zu lange hier aufhalten, sonst …" Weiter kam Cat nicht mit seiner Erklärung. Ein Zahnrad schnippte durch den Raum. „Genau deswegen, Flaffy, hör auf, dich als Kollektiv zu bewegen, dann sind die Auswirkungen nicht so schwer“, ermahnte Cat ihn.

Das Portal sah alt aus und verwittert, anders als der Raum selbst, der mit seinem blauen Schimmer glänzte. Das Portal öffnete einen Tunnel in eine andere Welt. Bald konnten sie hindurchsehen. Vor ihnen lag eine alte Stadt. Viele Gebäude sahen zerfallen aus, grün und mit Moos bewachsen, sie waren schon als Ruinen zu bezeichnen. Das Team bewegte sich durch das Portal. Sobald Luna das Portal hinter Cat und Flaffy durchschritten hatte, schloss es sich wieder. Die drei standen nun auf einem Weg aus alten gepflasterten Steinen. Es schien so, als ob hier mal eine alte Zivilisation gelebt hatte. Flaffy schaute in den Himmel. Er sah aus wie der Sternenhimmel, den er von der Erde kannte. Aber wenn man genau hinsah, konnte man hinter dem Himmel die riesigen Zahnräder sehen. Sie waren endlich auf einem Heiligem Objekt der zweiten Stufe angekommen.

„Flaffy, was meinst du, zwei Teams? Du mit Luna und ein zweiter Körper mit mir?“, fragte Cat ihn.

„Da kommen wir zumindest schneller voran“, entgegnete Flaffy.

Cat drehte sich zu Luna um. Er übergab ihr den Drei-Herzen-Diamanten und damit ein Heiliges Objekt, das besonders im Nahkampf nützlich war. Dazu meinte er: „Ich weiß nicht, was auf uns zukommt, ich war bis jetzt noch nie hier, aber verlier ihn bitte nicht.“

„Und was ist mit dir?“, fragte Luna.

„Ich komme auch ohne zurecht, außerdem hab ich noch die Lanzen“, grinste Cat sie an.

Währenddessen standen schon wieder zwei Flaffys da. Da auf der Titan immer noch die Zeit stillstand, hatte er jetzt genügend geistige Leistungsfähigkeit übrig. Beide Truppen trennten sich. Flaffy ging mit Cat in den inneren Bereich der Stadt, Team Luna sollte die Stadt an sich untersuchen. In der Mitte der Stadt war eine riesige runde Bühne aus Ringen. Viele Stufen führten nach oben. Flaffy und Cat wanderten zu der Mitte. Sie stiegen die Stufen hinauf, bis sie in diese große Bühne hineinschauen konnten. Sie war viel tiefer als gedacht. Sie ähnelte dem Kolosseum, nur war sie vollständig rund. Auch diese Vertiefung war in sechs Abschnitte eingeteilt. Sie waren absolut gleich, aber abgetrennt durch verschiedene Konstrukte aus Ringen. In der Mitte war eine Art Bühne aufgebaut. Cat und Flaffy kletterten langsam die Ringe herunter.

„Was hältst du von diesem Ort?", fragte Flaffy.

„Kommt mir äußerst suspekt vor", antwortete Cat.

„Denkst du, hier hat mal eine Zivilisation gelebt?", fragte Flaffy.

„Ich denke, hier hat mal etwas gelebt, aber keine Lebewesen. Ein Heiliges Objekt kann nicht zerstört werden. Diese gesamte Ruine wurde über der Stadt der Portale gebaut. Was ist mit Team Luna?", fragte Cat.

Luna war mit Flaffy auf dem Weg zu einem alten Turm. Sie wollten die Stadt von oben sehen. Sie erreichten den Turm. Er sah nicht gerade groß aus, war aber die einzige höhere Erhebung, die sie finden konnten. Sie standen am Fuße der schon sehr morschen Stufen und schauten nach oben, von außen sah der Turm nicht so groß aus. Er war maximal 100 Meter hoch, aber von innen war er wesentlich größerer. „Wollen wir das wirklich laufen?", fragte Luna.

„Nein, wir machen uns das Leben leicht, schonen wir unsere Kräfte“, meinte Flaffy. Auch wenn Luna nun Flügel hatte, war es ihr nicht möglich, einfach hochzufliegen. „Ich dachte mir, wenn du fliegen kannst, bastle ich mir auch was Feines“, fügte Flaffy hinzu.

An seinem Rücken öffneten sich kleine Schlitze. Aus ihnen strahlte ein blaues Licht hervor. Luna sollte sich auf eine seiner Füße stellen und sich an ihm festhalten. Sie flogen wie ein Pfeil nach oben. Ab durch die Mitte des Turmes. Sie standen vor einer steinernen Tür und als sie hindurchgingen, offenbarte sich ein atemberaubender Anblick. Sie waren mehrere Kilometer weg von der Stadt. Die Brüstung schien weit über der Stadt zu schweben. Jetzt sahen sie erst einmal ihre wahren Ausmaße . Die Stadt war ein Felsbrocken, der durch das All zu schweben schien. Grundsätzlich war sie rund, aber es gab sechs Ausläufer, riesige Vorsprünge, auf denen Portale standen. Sie waren eine ganz andere Hausnummer als die auf der Titan. Auch wenn sie mit Moos bewachsen waren und nicht mehr glänzten, sah man, dass sie exakt gearbeitet waren, und man konnte ihre Macht spüren. Sie waren nicht aktiv. Von dort oben konnten sie auch das Zentrum sehen. Darin konnten sie auch Flaffy und Cat klettern sehen. Von ihrem Platz aus konnten sie auch sehen, dass alle Portale auf das Zentrum zielten. Luna streckte die Hand aus, aber um die Turmspitze war ein Feld, das sie davon abhielt. Ein Geräusch holte sie aus dem Staunen heraus. Flaffy schaute runter. Ein mechanischer Riese bewegte sich auf das Zentrum zu. Flaffy teilte es sofort Cat mit. Er bereitete sich schon vor, wollte es sich aber nicht nehmen lassen, das Zentrum zu untersuchen. Sie machten schneller, Luna und

Flaffy beobachteten weiter die Situation. Die Riesen nahmen zu, eines der Portale begann sich zu rühren. Es aktivierte sich. Ein riesiges undurchsichtiges Feld bildete sich. Aus diesem Portal kamen auch wieder Riesen heraus. Alle Portale liefen langsam an. Sie hatten nicht mehr viel Zeit. Aber viel größer war die Frage, wie sollten sie wieder auf die Titan zurückkommen? Cat und Flaffy waren schon fast unten angekommen. Dort war eine Fläche, auf der man stehen konnte. Um sie herum waren drei Halterungen für runde zylinderartige Objekte. Die Konstruktion erinnerte Flaffy an etwas. Langsam waren die Gegner an dem Rand des Zentrums angekommen. Sie kletterten schwerfällig die Stufen herunter. Einer fiel hin und zersprang in seine Einzelteile. Er setzte sich langsam wieder zusammen. Cat blickte zu Flaffy. „Du sorgst dafür, dass unser Zulauf sicher hier rauskommt."

Flaffy nickte. Hinter Cat stellten sich die Lanzen auf. Ihre Gegner kamen immer näher. Flaffy teilte sich noch einmal. Drei zusammen konnten den Kreis wesentlich besser überblicken. Flaffy zog die Schilde heraus, die früher mal Mitchel gehört hatten. Er hatte zwei davon, für zwei Körper war das perfekt. Cat bildete mit den Lanzen einen Kreis. Sie waren wie ein Sieb. Einige Gegner kamen durch diese Barriere durch. Sie wurden davon nicht zerstört, sie wurden dadurch nur verlangsamt. Sie waren nun nah genug. Cat löste das Schwert von seinem Gürtel. Er teilte einen der Riesen in zwei Hälften. Die zerschnittenen Steine blieben liegen. Der Rest sammelte sich an einem anderen Platz. Er blickte kurz zu Flaffy und grinste. Flaffy verstand den Plan.

Währenddessen begaben sich Luna und Flaffy nach unten an den Fuß des Turms. Es war im Moment kein Gegner in Sicht, sie schlichen durch die Straße. Sie mussten zu dem Kontrollraum der Stadt. Sie mussten ein Portal öffnen, um fliehen zu können. Sie mussten einmal komplett auf die entgegengesetzte Seite der Stadt. Sie mussten sich beeilen, weil Flaffy und Cat schon echte Probleme hatten. Auch wenn Cat einen nach dem anderen zerschnitt, waren es zu viele, um sie auf Dauer aufzuhalten. Auch Flaffy beteiligte sich, er hielt Cat immer den Rücken frei und wehrte Schläge ab. Flaffy und Luna kamen bald an dem Raum an. Sie gingen hinein. In diesem Moment drehten sich alle Gegner zu ihnen. Der Raum war riesig. Mit vielen altertümlichen Kontrolleinheiten. Er hatte keine Zeit, sich um die Schönheiten zu kümmern. Die Riesen waren schon auf dem Weg zu ihm, um sie aus dem Raum zu reißen. Er zog am Hauptschalter. Die Portale gingen auf und es öffneten sich Tore zu unvorstellbaren Welten. Flaffy und Luna rannten aus dem Raum heraus, um den Riesen zu entkommen.

Während diese abgelenkt waren, versuchte Cat, die Herde auszudünnen, aber es wurden einfach nicht weniger. Die übriggebliebenen Steine rollten auf einen Haufen zu und formten einen größeren Riesen. Er baute sich langsam auf. Auch wenn Flaffy ihm half, waren sie durch die Masse an Gegnern doch sehr überfordert. Flaffy nickte Cat zu. Der holte mit dem Schwert aus und ein Riss zog sich durch die Stadt. Viele der Gegner fielen hinein. Flaffy verabschiedete sich mit einem Nicken und rannte zu der anderen Truppe. Cat konnte sich besser verteidigen, Flaffy musste dafür sorgen, dass Luna vom Schlachtfeld gebracht wird. Sie konnte gegen diese Gegner nichts ausrichten, weil sie keine direkten Schwachpunkte hatten. Er schaffte es nur knapp zu der Truppe Luna und drei Flaffys, die sie eskortierten. Sie hatten keine Zeit, ein anderes Portal auszuwählen. Sie rannten einfach auf einen der Ausleger zu. Dort, wo eines der Portale stand. Sie konnten nicht zurück. Der Weg wurde von den Gegnern betreten. Die Welt auf der anderen Seite sah düster aus. Aber es war zu spät, sie mussten nun dort hindurch. Für den Sprung in die Welt vereinte Flaffy sich wieder zu einem Körper. Sie hechteten durch das Portal und alles wurde schwarz. Das Licht des Portals verschwand in weiter Ferne. Alles verschwamm. Sie schwebten durch die Welt. Aber sie konnten atmen. Es gab kein oben und kein unten, nur gähnende Leere.

Flaffy schaute sich um. Das Portal war nicht mehr da. Nichts, was leuchtet, keine Strahlung oder andere Reize, die er sonst wahrnehmen konnte. Er atmete tief ein und schloss die Augenlider. Und dann fiel es ihm auf, er konnte nicht atmen, und auch Augenlider besaß er nicht.

Chaos

„Flaffy? … Flaffy? Bist du noch da?“ Er hörte Lunas Stimme in seinem Kopf. Ihre Stimme klang ängstlich. „Flaffy? Ich kann dich nicht sehen. Bitte hilf mir.“ Langsam tat sich in der Welt eine Ebene auf. Sie war nur aus Polygonen aufgebaut. Sie landeten langsam auf ihr. Flaffy spürte die Gravitation, die sich langsam aufbaute. Er lag da. Sein Körper fühlte sich komisch an. Seine Perspektive war verändert. Er versuchte sich hinzuknien, aber er konnte nicht. Seine Beine waren einfach nicht in der Lage dazu. Er setzte sich hin und sah seine Hände an. Seine Finger waren dünn und lang. Er hatte jetzt auch vier statt fünf Finger. Er drehte seinen Kopf und sah seinen Körper. Seinen Roboterkörper. Er stand da. Es schien so, als wäre er nicht aktiv. Die charakteristischen Streifen leuchteten nur schwach. Er hatte mit Luna den Körper getauscht.

Er stand auf. Es war für ihn kein Problem, sich schnell an andere veränderte Körper anzupassen. Er schaute an sich herunter. Die Sicht war auch etwas anders. Die etwas seitlich stehenden Augen ermöglichten ein wesentlich größeres Sichtfeld. Aber gegenüber seinem normalen Sichtfeld war es doch sehr eingeschränkt. Er konnte jetzt die Welt so sehen wie Luna. Er blickte sich einmal an. Er musste sich an den Körper anpassen.

„Bitte, Flaffy, hilf mir. Ich habe Angst. Wo sind wir?“ Er hörte wieder ihre Stimme. Er rannte zu seinem Körper. Sie musste jetzt in seinem Körper stecken. Er ging zu ihr: „Luna, hörst du mich?“

„Ja, Flaffy, wo bist du? Ich sehe dich nicht.“

Flaffy stand genau vor ihr. „Siehst du deinen Körper vor dir?“, fragte er.

„Ich weiß es nicht. Ich weiß nicht, was ich sehe. Bitte hilf mir.“

Luna steckte in Flaffy. Sie war nun das Kollektiv. Vertauschte Welt. Dinge, die nicht zusammenpassen. Chaos. Sie waren in einer Welt, die Chaos erzeugt, die sie vertauschte. Für Flaffy war die Umstellung einfach, er veränderte seinen Körper ständig, um anderen im Kampf zu helfen. Flaffy war geistig ein sehr mächtiges Wesen. Gewaltig mit einem riesigen Geist, der in der Lage ist, ein gesamtes Kollektiv zu verwalten. Er war mit einem Körper absolut unterfordert. Bis vor einigen Jahren konnte er das noch nicht, aber jetzt war er so an diesen Zustand, alles gleichzeitig zu machen, gewöhnt, dass er es nicht einfach ablegen konnte. Aber das war im Moment nicht wichtig. Luna hatte jetzt Vorrang. Luna war gefangen. Es prasselten so viele Informationen auf sie ein. Von allen Körpern prasselten sie auf sie ein. Sein erweitertes Sichtfeld, die Geräusche, die er hörte, die verschiedenen Körper, seine Oberflächen und das, was sie unterschied. Es war zu viel für sie. Sie konnte so viel fühlen, so viel, dass sie nicht mehr in der Lage war, irgendetwas zu tun.

„Luna, wir sind in einer Welt, die Chaos verbreitet.“

„Was ist mit mir los?“, fragte sie ihn.

„Du erlebst im Moment die Welt so wie ich normalerweise“, antwortete er.

„Aber was kann ich tun, um dich wiederzusehen?“, fragte sie ihn.

„Du siehst bereits alles, du kannst es bloß nicht zuordnen. Ich werde dir helfen, damit klarzukommen. Okay?“, versuchte er sie zu beruhigen.

Sie klang verängstigt. „Ich versuche es.“

Wie sollte er sie dazu bekommen, mit dieser Informationsflut klarzukommen?

„Hör mir gut zu, versuche alles auszublenden, was du siehst, hörst oder spürst.“

Das war einfacher gesagt als getan. Flaffy konnte nicht einfach die Augen zumachen, so wie ein normales Lebewesen. Sie versuchte es.

„Wenn du alles ausgeblendet hast, versuche, dich nur auf meine Stimme zu konzentrieren, damit du weißt, wo ich bin“, sagte er ihr. Sie versuchte es krampfhaft. „Versuche dich darauf zu konzentrieren, was du hier, wo ich bin, siehst.“

Langsam veränderten sich die Streifen. Sie fingen an, leicht zu pulsieren. „Ich sehe mich, bist du das, Flaffy?“, fragte sie.

„Ja, das bin ich.“

Sie schaute ihren Körper an.

„Versuche dich zu bewegen, ich werde dich nicht tragen können. Du musst es schaffen, selbst zu laufen.“ Sie versuchte, sich überhaupt zu bewegen, es war schwer, die verschiedenen Körper voneinander zu differenzieren. Aber sie versuchte einen Schritt. Sie war wackelig. Flaffy versuchte sie zu stützen, aber wenn sie das Gleichgewicht verlor, könnte er sie nicht halten. Es war eher, dass sie wusste, welchen Körper sie bewegen musste.

„So siehst du also die Welt, wie kannst du so arbeiten?“, fragte sie ihn.

„Ich bin daran gewöhnt."

Sie wussten nicht, wohin sie laufen sollten. Sie liefen einfach in die Richtung, in die das Portal verschwunden war. Der Weg endete nicht. Vor ihnen zog ein Nebel auf. Er war leicht lila. Flaffy hielt an. Man sollte nicht einfach einen Nebel in einer Welt betreten, die man nicht kennt.

Aus dem Nebel kam so etwas wie ein Mensch, er hatte keinen Körper, sondern formte sich aus dem Nebel. „Schön, dass ihr es bis zu mir geschafft habt. Flaffy und Luna, willkommen in der Chaos-Dimension."

Flaffy hatte schon so etwas erwartet. „Was bist du?"

„Ich? Ich bin das Netz, die Energie, mit der die Titan betrieben wird, die Energie, die das Universum verbindet, die Energie, die ihren Ursprung in den Heiligen Objekten hat", antwortete es. „Jetzt, wo der Schöpfer weg ist und Cat in einer weit entfernten Dimension gefangen ist, gibt es nur einen, der mir gefährlich werden kann. Das bist du, Flaffy. Deswegen freut es mich, dass du hier bist."

Es schien nicht zu wissen, dass Cat wieder da war. Langsam umzingelte die beiden der Nebel. Flaffy flüsterte zu Luna: „Luna, wir müssen hier weg, schnell."

Sie hatte nicht viel mitbekommen von dem Gespräch. Sie war einfach überfordert: „Flaffy, ich bin müde, ich will schlafen."

„Du darfst jetzt auf keinen Fall einschlafen." Flaffy überlegte, wie er Luna von hier wegbringen konnte, ohne dass er dabei draufging. Dass sie die Körper getauscht hatten, spielte dem Netz in die Karten.

Flaffy könnte es nun einfach töten. Luna in dem Körper von Flaffy wäre dabei für Jahre ausgeknockt. Luna war kein Gegnerin für das Netz. Flaffy wusste nicht, wie es sie angreifen würde.

„Ich habe mir schon immer gewünscht, einen Körper zu haben, etwas zu fühlen und Sinneseindrücke zu erleben, ich bin hier in dieser Dimension, weil sie mir einen Körper gibt“, führte das Netz an. Langsam kam dieses Etwas auf sie zu.

„Luna, kannst du rennen?“

Von ihr kam nur ein verschlafenes „Nein“ zurück. Kurz darauf wurden sie von einer Explosion durch die Gegend geschleudert. Sie wurden getroffen. Luna hatte davon nicht viel mitbekommen, aber Flaffy war leicht benommen. Er stand auf und rannte zu Luna. Er versuchte sie aufzuheben, aber sie konnte nicht aufstehen. Wie schön wäre es jetzt gewesen, einen Supporter zu haben. An dieser Stelle kam ihm eine Idee, die ihnen vielleicht die Haut retten könnte.

Währenddessen in der Stadt ... Cat stand nun alleine da. Er war umzingelt von Gegnern. „Ich weiß, von welchem Wesen ihr aufgehetzt wurdet. Nun, da Flaffy und Luna nicht mehr hier sind, kann ich endlich mal auf den Putz hauen.“

In dieser Welt galten die Gesetze der Physik nur bedingt. Man konnte sie leicht außer Kraft setzen. Cat begann zu rennen. Er visierte einen Gegner an. Der versuchte ihn zu treffen, aber Cat schoss wie ein Pfeil nach oben und zerschnitt ihn in der Mitte. Er konnte mit seiner Kraft die Gravitation verändern. Mit ihr konnte er sich durch die Welt katapultieren. Die instabile Welt machte es ihm einfacher, seine Kräfte freizusetzen. Er schoss wie ein Flummi durch die Stadt. Sein Problem war einfach nur, dass es trotzdem nicht weniger Gegner wurden. Sie schienen einfach aus den Häusern zu kommen. Sie sammelten sich aus Steinen, die von den Ruinen übriggeblieben waren. Aber aus dem Boden kamen immer wieder neue Ruinen, die zerfallen konnten. Die Steinriesen wurden einfach nicht weniger. Je schneller Cat wurde, desto schneller entstanden die Riesen in der Stadt. Der Raum um ihn begann schon zu brechen. Er hinterließ kleine Risse, die das Licht schluckten. Er gab alles, aber es brachte ihm nichts. Er stoppte in der Luft, um sich zu erholen. Unter ihm versammelte sich der Mob aus Riesen, die versuchten, an ihn heranzukommen. Auch der Haufen aus den Einzelteilen formte sich langsam zu einem riesigem Gegner. Cat schüttelte den Kopf. „Das nimmt ja gar kein Ende."

Er wusste, er musste Flaffy folgen, aber mit so vielen Gegnern auf seinem Weg würde das schwer werden. Er musste zuerst alle auslöschen, um weiterzukommen. Er blickte auf sein Schwert und ihm fiel auf, dass das Siegel noch offen war. Luna musste wohl vergessen haben, es bei ihrem letzten Kampf wieder zu schließen. Er zog es aus der Scheide. Sein Lächeln wurde zu einem höhnischen Grinsen. Diese Steinriesen würden nicht mehr lange in dieser Welt existieren. Er ließ sich wieder fallen. Das Spiel ging weiter. Er zerschnitt einen nach dem anderen, bis keiner mehr nachkam. Die Stadt hatte alle Ruinen aufgebraucht. Es waren keine mehr da. Sie sah jetzt aus wie ein riesiger leerer Platz. Nur wenige Objekte standen noch da.

Langsam formte sich der letzte Gegner. Cat schaute ihn an. Er war sehr groß geworden. So groß, dass er den gesamten Innenbereich der Stadt füllte. Cat spielte mit dem Schwert. „Ich denke, dein letztes Stündlein hat geschlagen, verabschiede dich schon mal von dieser Welt.“ Er begann wieder zu schweben.

Sein Gegner versuchte, ihn aus der Luft zu fischen, aber Cat war zu schnell. „Mit diesen Angriffen triffst du mich nicht“, murmelte Cat in sich hinein. Er schnappte sich eine Granate und schmiss sie an das rechte Bein. Sie explodierte und der Riese fiel langsam um. Kurz bevor er aufschlug, sprang Cat nach vorne, das Schwert hoch erhoben. Mit aller Kraft hielt er es fest. Hinter der Klinge zog sich ein Spalt. Ein Spalt in das Nichts. Eine Pforte in den undefinierten Raum. Und der Riese fiel hinein. Langsam löste er sich auf und verging. Nun war die Stadt leer und karg. Cat stellte sich hin. Dieser letzte Angriff hatte ihn mehr Kraft gekostet, als ihm lieb war. Er hatte schon lange nicht mehr so viel Kraft aufwenden müssen. Er steckte das Schwert wieder in die Scheide, schloss aber nicht das Siegel. „Diesmal war es doch hilfreich, dass es offen war, mal sehen, was uns noch erwartet.“ Es hatte ihn doch etwas Kraft gekostet, dass Schwert zu verwenden.

„Ich muss Flaffy und Luna finden. Mal sehen, wohin das Portal geführt hat.“

Cat machte sich auf den Weg zu der Konsole. Er musste das Portal wieder öffnen.

Währenddessen in einer ganz anderen Dimension ... Das Netz griff sie immer wieder mit verschiedenen Techniken an. Explosionen verfolgten sie, Wellen aus Energie, die sie durch den Raum trugen, und Nadeln aus seinem Körper, die versuchten, sie aufzuspießen. Flaffy musste sich Mühe geben, allen Angriffen auszuweichen. Luna war das ziemlich egal. Flaffys Körper konnte das alles sehr gut abwehren. Flaffy hatte mit Lunas Körper mehr zu tun. Er schlug Rollen, um nicht verletzt zu werden. Seine geistige Leistungsfähigkeit machte es nicht besser. Er musste alles steuern, er durfte auch nicht vergessen zu atmen oder dass das Herz weiter schlagen musste. Er kontrollierte alles einzeln. Er musste auch mehr darauf aufpassen, wie er auswich. Bei vielen Angriffen würde er sich unter normalen Umständen nur nach hinten lehnen, aber das war jetzt nicht mehr möglich. Lunas Oberweite verhinderte das. Trotz allem war ihr Körper sehr widerstandsfähig.

Luna versuchte irgendwie aufzustehen, aber sie wurde immer wieder von den Explosionen umgerissen. Flaffy hatte die Idee: Wenn Luna es schaffte, ihn als Rüstung zu umhüllen, würde er gegen das Netz bestehen können. Dafür musste sie es aber schaffen, seine Fähigkeit zu aktivieren. Sie musste sich konzentrieren, aber sie war so schon mit der Situation überfordert. Flaffy konnte nur ausweichen, bis sie so weit war. Ihre Fähigkeit war einfacher. Er wusste immer, woher der nächste Angriff kommen würde, wie es angriff und womit.

„Luna, mach dich bereit, wir haben nur diese eine Chance, danach wird es uns nicht nochmal die Möglichkeit lassen“, rief er ihr zu.

Sie nickte nur. Sie lag auf dem Rücken auf dem Boden. Sie musste sich nur noch einmal zusammenreißen.

Flaffy drehte sich um und hechtete auf sie zu. Er machte eine Rolle, sodass er genau in ihr gelandet wäre, aber sie reagierte nicht. Er schlug hart auf und wurde an der Seite getroffen. Eine der Spitzen steckte in seiner Hüfte. Der Schmerz lähmte seinen Körper für einem Moment, aber er raffte sich wieder auf. Das Blut rann langsam nach außen:

„Denkst du, das hält mich auf? Ich werde mich nicht einfach so geschlagen geben."

„Du musst dich nicht geschlagen geben. Ich werde dich so oder so auslöschen und danach ist deine kleine Freundin dran, dir werden viele in den Tod folgen", antwortete es ihm.

„Du wirst ihr keinen weiteren Schaden zufügen. Ich werde so lange weiterkämpfen, bis sie in Sicherheit ist", antwortete Flaffy.

„Was hast du davon? Ihr seid nicht mal verwandt, sie kann dir doch total egal sein", behauptete das Netz.

Er lachte, „Du verstehst das nicht, sie ist nicht meine Freundin, wir sind auch nicht verwandt, aber das ändert nichts daran, dass ich sie beschütze, so, als wäre sie meine Tochter, denn das ist sie für mich. Ich vertraue ihr. Aber so etwas verstehst du sowieso nicht." In diesem Moment spürte er eine Hand auf seiner Schulter. Es war Luna, sie hatte sich aufgerafft. „Ich bin so weit", flüsterte sie ihm ins Ohr. Er drehte sich um und sie legte sich wie eine weitere Haut um ihn herum. Es fühlte sich komisch an. Langsam kroch das kalte Metall seinen Körper entlang. Aber es war nicht unangenehm, auch wenn es in die Wunde eindrang. Man könnte meinen, es wäre schmerzhaft, aber es war angenehm. Die Blutung stoppte und die Schmerzen ließen nach. Flaffy musste lächeln. „Luna, wir haben es geschafft, du darfst jetzt schlafen, den Rest kannst du mir überlassen."

Von ihr war nur noch ein leises „Danke" zu vernehmen. Das Netz war etwas verwundert. Es versuchte weiter anzugreifen, aber seine Angriffe fielen nun viel schwächer aus, als es eigentlich wollte. Flaffy konnte nun seine eigenen Fähigkeiten nutzen, zwar nur in begrenzten Maßen, aber genug, um es auszubremsen. Das Rapier brauchte Flaffy nicht mehr, es war jetzt sowieso nutzlos. Er dachte an seine Anfänge mit Cat. An seinen Armen tauchten zwei kreisrunde Scheiben auf. Es waren die alten Schilde von Mitchel. Er rollte sich zusammen, kurz bevor ihn eine Welle traf. Sie würde ihn normalerweise wegtragen, aber hinter dem Schild merkte er überhaupt nichts. Das Spiel war nun ausgeglichen. Weder das Netz konnte Schaden anrichten noch er. Flaffy wusste aber, dass dieser Körper dieses Spiel nicht ewig mitmachen konnte. Cat musste sie wieder aus dieser Welt befreien.

Luna war mittlerweile eingeschlafen. Sie war nicht mehr präsent. Aber dafür konnte er etwas anderes in sich hören, eine Stimme, die sich wie Luna anhörte, aber sie war düster und kratzte. Auch während Flaffy kämpfte, konnte er sich auf diese Stimme konzentrieren. Es war zuerst nur leises Gemurmel, bis sich daraus ein Sinn ergab. Sie wiederholte immer wieder seinen Namen. So, als wäre die Stimme besessen von ihm. Sie wurde lauter, bis sie aufhörte und sich ein Teil von Flaffy in einem dunklen Raum befand. Es war so, als hätte man seine Seele gespalten. Es war ein gewohnter Zustand, auf der einen Seite kämpfte er, auf der anderen war er in diesem Raum. Er schritt vorwärts, von vorn kam eine pechschwarze Tür auf ihn zu. Flaffy hatte in dieser Welt der Gedanken auch wieder seine normale Form. Er griff zu der Türklinke und drückte sie nach unten. Hinter der Tür waren Katakomben. Überall hörte er Geschrei. Aber als er in die Nischen sah, konnte er niemanden sehen. Überall standen Krüge, unter ihnen bildeten sich Blutflecken. Er ging weiter. Am Ende des Ganges war ein leichtes Schimmern zu sehen. Als er am Ende war, sah er einen riesigen Schrein. An den Wänden floss Lava herunter. Sie war wie Wasserfälle. In der Mitte sammelte sich die zähflüssige Masse. Rings herum war ein Gang, der an dem Feld vorbeiführte. Auf der entgegengesetzten Seite war ein Thron, auf dem etwas saß. In der Mitte stand ein Pfahl. An ihm waren zwei Wesen angekettet. Sie gaben das Stöhnen und Schreien von sich. Flaffy tat unbeeindruckt. Er ging um den Pfahl drumherum und auf das Podest hinauf. Der Stuhl war nach hinten gedreht. Er ging auf den Stuhl zu. „Schön, dich mal kennenzulernen."

Der Stuhl drehte sich langsam herum. Auf dem Stuhl saß etwas, das aussah wie Luna, nur waren die Haare pechschwarz, auch ihre Augen waren schwarz und leer.

„Flaffy." Sie hielt ein Glas ein der Hand. Es war golden, aus ihm dünstete eine schwarze Flüssigkeit, die nach reinem Pech aussah. Sie nahm einen Schluck davon. „Darf ich dir auch einen Drink anbieten?"

Aus dem Boden formte sich ein kleiner Tisch, darin eine Klappe. Aus der Klappe, die ins Nichts führte, kam ein Glas. Es war mit derselben pechschwarzen Flüssigkeit gefüllt. Flaffy griff nach dem Gefäß. „Was ist das für ein eigenartiges Gebräu?"

Dieses Etwas stand auf einmal vor ihm und griff ihm an den Kopf. Es bewegte sich durch Schatten fort. „Es ist egal, was es ist, es schmeckt für jeden anders. Für den einen schmeckt es nach Schmerzen, für den anderen nach Leid. Ich habe noch niemanden erlebt, der von diesem Getränk gekostet und behauptet hat, es schmecke nach Freude, aber ich wollte wissen, wie es dir bekommt. Aber wie willst du es trinken?", fragte sie ihn.

Flaffy wollte gerade ein Gesicht zeigen, da knallte sie ihm eine: „Denkst du, ich lass mich mit solch einer Attrappe überlisten, ich will dein ursprüngliches Gesicht sehen, das, mit dem du zu Flaffy wurdest.“

Flaffy zögerte. Diese schwarzen Augen waren doch sehr bedrohlich. Ihr Ausdruck war kalt, aber sie waren von Tränen gequält. Er setzte eine Maske auf. Sie trug sein Gesicht, das er hatte, bevor er zu Flaffy wurde. Sie grinste und ließ von ihm ab, ihre Zähne waren rabenschwarz, ihr gesamter Mund hatte diese Farbe. Flaffy setzte das Glas an und nahm einen kräftigen Schluck. Er konnte es fühlen. Die Flüssigkeit verging in ihm, sie schmeckte nach Leiden und Schmerzen, aber nach ein paar Sekunden begann sie nach Glück zu schmecken, nach Freude und Liebe. Zuerst verzog er das Gesicht, dann aber musste er lachen. Er nahm noch einen Schluck, bis er das Glas leer hatte. „Ich nehme noch einen, aber nur, wenn du mir sagst, was du bist.“

„Was denkst du denn?“, fragte sie.

„Du bist Luna. Dieses Gesöff sind ihre angestauten Gefühle“, überlegte Flaffy. „Du bist so, wie ich dich mir immer vorgestellt hab.“

Sie kam näher, zog ihn zu sich und küsste ihn leidenschaftlich. Flaffy war so perplex, dass er es einfach zuließ. Er konnte sie spüren, sie schmeckte nach dem Gebräu. Er ließ es einfach über sich ergehen, bis sie von ihm abließ. Sie lächelte ihn an.

„Was bist du? Und warum das?“, fragte Flaffy.

„Ich bin Lunas Unterbewusstsein, ich beschütze sie vor dem Tod. Dieses Getränk ist destilliertes Leiden. Indem ich es trinke, nehme ich diese Last von ihren Schultern. Jeder schmeckt das Leid, aber besondere Personen können unter dem Leid das Glück schmecken, das sie Luna geschenkt haben. Du weißt doch, geteiltes Leid ist halbes Leid, geteiltes Glück ist doppeltes Glück", antwortete sie. „Falls sie in schwierige Situationen kommt, die einen instabilen Geisteszustand hervorrufen, übernehme ich die Kontrolle, sie ist dann einfach nur ein Passagier, der mitfährt. So habe ich sie beschützt, bevor sie auf die Titan kam. Da war ich nahezu immer aktiv, aber jetzt braucht sie mich kaum noch."

„Heißt das, du wirst verschwinden, wenn du dich nicht mehr von ihrem Leid ernähren kannst?", fragte Flaffy.

„Nein, ich werde ihr Leid über die Jahrtausende aufnehmen und sie befreien." Sie zog an einem Seil und Flaffy konnte die eine Person erkennen, die dort oben an dem Pfahl hing: „Ich verstehe, was für eine göttliche Strafe."

„Ich werde ihn bestrafen für das, was er Luna angetan hat, und mich für alle Ewigkeit von seinem Leid ernähren", grinste sie.

An dem Pfahl hing Thavor. Sie hielt seine Seele in dieser Welt gefangen, er hatte keine Möglichkeit zu entkommen.

Flaffy grinste: „Ich muss dir danken."

„Dachte ich mir. Aber wofür?"

„Ich muss dir danken, für diese Strafe, und für den Kuss." So schlimm war es gar nicht.

Ihre Art hatte sich verändert. „Sei glücklich, ich habe dir meinen ersten Kuss geschenkt."

„Danke, ich würde zwar gerne weiter Zeit mit dir verbringen, aber ich muss jetzt los", versuchte Flaffy sich zu lösen. Er rannte los Richtung Tür. Die schwarze Luna setzte sich wieder auf den Stuhl und rief ihm nach: „Flaffy, wenn du mich brauchst, gib mir ein Zeichen. Ich werde bereit sein, wann immer du mich brauchst!"

Flaffy lächelte und sprang durch die Tür. Luna griff nach dem Glas auf dem Tisch. Sie wollte gerade ansetzen, als sie merkte, dass das Glas leer war. Im Inneren lag ein blauer Kristall, Flaffy hatte ihn zurückgelassen. Sie musste lachen. Flaffy sprang durch die schwarze Tür.

Derweil an einem ganz anderen Ort ... Cat wusste, er musste schnell handeln. Er machte sich schnell auf den Weg zu der Zentrale. Es war eines der Gebäude, die noch standen. Es war ein weiter Weg. Er wollte seine Kräfte nicht weiter verbrauchen. Er rannte, bis er endlich hinter der Konsole stand. Sie war alt und angefressen. Er konnte genau sehen, wo Flaffy gearbeitet hatte. Flaffy hatte eine bestehende Konfiguration geöffnet. Diese wurde aber jetzt zum ersten Mal benutzt. „Chaos-Dimension, in welcher Ebene sie wohl gelandet sind?“, fragte sich Cat. Er war guter Dinge, dass beide noch lebten. Er öffnete einfach die bestehende Konfiguration wieder. Das Portal öffnete sich.

Cat rannte zu dem Ausleger, auf dem das Portal stand. Es hatte sich bereits geöffnet. Er versuchte hindurchzusprinten, aber kurz bevor er ankam, wurde er von einer Druckwelle weggetragen. Er fiel nach hinten.

In der Chaos-Dimension gab es mächtig Tumult. Flaffy hielt tapfer durch, auch wenn er es mit dem Unterbewusstsein von Luna zu tun hatte. Er ließ sich nicht aus dem Takt bringen. In nicht allzu großer Entfernung öffnete sich das Portal wieder. Ein Schrei ertönte: „Meine Fahrkarte in die Stadt der Portale!“ Der Nebel ließ ab von Flaffy. Er rauschte auf das Portal zu. Flaffy begann zu rennen. Er musste schneller sein. Aber das Netz hatte bereits einen zu großen

Vorsprung. Flaffy war mit Lunas Körper auch schnell, aber nicht schnell genug. Er rannte weiter, überlegte aber, wie er das Portal zu seinem Vorteil nutzen konnte. Alles, was er machen musste, war, das Netz abzuhalten, es zu durchdringen. Das Portal verbrauchte Unmengen an Energie. Er musste einfach die Energiezufuhr umkehren, sodass das Portal Energie abgab. Er konzentrierte sich auf den Durchgang. Kurz bevor das Netz das Portal erreichte, gab das Portal eine abartige Schockwelle ab. Das Netz wurde wie eine Wolke davongetragen. Flaffy rannte immer noch. Er konnte auf der anderen Seite schon Cat sehen. Auch ihn hatte es mit weggeweht. Er sprang förmlich durch das Portal. In dem Moment, als er die Dimension verließ, blitzte kurz ein Bild in seinem inneren Auge auf. Es war ein Wesen, angeschlossen an viele Schläuche, die sich verzweigten. Sein Körper schien mechanisch zu sein. Sein Gesicht war nur ein schwarzer Helm. An seinem Hinterkopf waren die Schläuche angeschlossen. Aber das Bild war sofort wieder weg. In diesem Moment waren sie wieder auf der anderen Seite und hatten auch wieder die Körper getauscht. Flaffy legte sich beim Landen hin. Er stand auf, drehte sich um und schloss das Portal, indem er dem Portal die Energiezufuhr abschnitt. Cat kam an und merkte sofort, dass Luna tief und fest schlief: „Alles okay bei euch?“

Flaffy stellte sich ihm gegenüber: „Bitte übernimm du mal, ich brauch ’ne Pause.“

Flaffy öffnete sich, Luna fiel Cat in die Arme, während Flaffy wie ein Brett nach hinten umkippte. Er lag regungslos da. Cat hielt Luna fest, damit sie nicht abrutschte. Im Schlaf umarmte sie ihn und hielt sich an seinem Rücken fest. Ihren Kopf legte sie auf seine Schulter. Er versuchte, sie zu lösen, aber es gelang ihm nicht, ohne dass sie hinfiel.

„Und was mach ich jetzt?“, fragte Cat sich leise selbst. Er schaute zu Flaffy. Cat zog mit einer Hand ein Seil aus seiner Tasche, machte eine Schleife und fummelte sie um die Füße von Flaffy. Mit Luna auf dem Arm und Flaffy im Schlepptau macht er sich auf den Weg in die Zentrale der Stadt. Er hatte Glück, dass sich Luna im Schlaf selbst festhielt, sonst hätte er sie nicht bewegen können. Als sie angekommen waren, ließ Cat Flaffy einfach im Gang liegen. Er versuchte, Luna an die Wand neben sich zu setzen, aber sie fiel immer wieder um, bis er sie letztendlich an sich lehnte. Nicht lange und Flaffy begann, sich wieder zu bewegen. Langsam begann er sich aufzurichten und rutschte mit an die Wand, um sich neben Cat zu setzen. „Und, wieder einigermaßen okay?“, fragte Cat ihn.

„Ich fühl mich so, als hätte ich einen Kater, aber einen richtig großen. Du siehst ja noch ganz fit aus?“, fragte ihn Flaffy.

„Bei mir ist es nur die Kraftlosigkeit. Diese Welt macht es möglich, viel mehr Kraft auf einmal freizusetzen, das ist aber auch wesentlich anstrengender. Was ist bei euch passiert?“, fragte Cat.

Flaffy zögerte: „Als wir in die Chaos-Dimension gefallen sind, haben wir die Körper getauscht. Ich hatte Mühe, sie irgendwie online zu halten, sonst wäre die Sache echt nach hinten losgegangen.“

„Verstehe, muss für sie echt Hammer hart gewesen sein, wenn es sie so ausgeknockt hat, verständlich, bei einem Tausch mit einem Kollektiv“, meine Cat. „Welchen Gegner hattet ihr, dass ihr so niedergeschmettert seid?“

„Wir haben gegen das Netz gekämpft. Es hatte es explizit auf mich abgesehen, durch den Körpertausch wollte es meinen Körper auf Eis legen und meine Seele auslöschen. Hat nicht ganz funktioniert“, antwortete Flaffy.

„Anscheinend, aber dass das Netz in seiner Denkfähigkeit schon so weit ist, habe ich nicht gedacht“, überlegte Cat.

„Warum, was meinst du?“, fragte Flaffy nach.

„Lass mich das ein andermal erklären, im Moment ist es wichtig, dass wir hier erst mal in Sicherheit sind. Kannst du mir sagen, wie es auf der Titan aussieht?“, versuchte Cat auszuweichen.

Flaffy spielte mit: „Auf der Titan steht immer noch die Zeit still. Wie kommen wir eigentlich aus dieser Situation wieder heraus?“

„Ich weiß es nicht, kann aber an dem Siegel liegen, über das wir hierher gelangt sind. Wir müssen einfach nur den Ursprungszustand wiederherstellen, die Tür verschließen und alles wird gut“, antwortete Cat.

Flaffy lachte. „Alles wird gut. So, wie ich die Situation einschätze, wird uns bald der Arsch bis zum Anschlag aufgerissen.“ Cat musste lachen: „Du hast eine echt gute Auffassungsgabe, wir müssen das Team vorbereiten und wir müssen unsere Nachzügler vorbereiten.“

In diesem Moment rutschte Luna ab und landete auf seinem Bein. Sie schlief weiter, tief und fest. Flaffy blickte ihn an: „Was hältst du von ihr?“

„Bist du dir sicher, dass dies der richtige Augenblick ist, um über dieses Thema zu sprechen?“, wich Cat aus.

Flaffy lehnte seinen Kopf nach hinten an die Wand: „Ich könnte mir keinen besseren Augenblick vorstellen. Also?“

„Kann ich nicht doch lieber die Wirkweise des Netzes erklären?“, fragte Cat.

„Warum zweimal, das bringt nichts, wenn der Rest der Truppe in einer zeitfreien Zone rumhängt“, konterte Flaffy.

„Was willst du von mir hören?“, fragte Cat.

„Ich will nur wissen, was du über sie denkst,“

„Ich finde sie süß, aber trotzdem ist sie stark und anmutig. Ich würde gerne mehr mit ihr machen, aber ich weiß nicht, wie ich mit ihr umgehen kann“, rückte Cat mit der Sprache heraus.

„Findest du sie toll?“, hakte Flaffy nach.

„Mehr als nur toll“, grinste Cat ihn an. „Aber wirst du es ihr verraten?“

„Bin ich dein Pressesprecher, ich schweige wie ein Grab“, erwiderte Flaffy.

„Wann wird sie wieder aufwachen?“, fragte Cat.

Flaffy überlegte: „Ich denke, sie wird sich erst mal richtig ausschlafen, sie wird von diesem Gespräch nichts mitbekommen. Aber wenn du auf sie stehst, müsste dir diese Situation nicht gefallen?“

„Ich weiß nicht, ob mir das gefällt oder nicht“, dachte Cat nach.

Flaffy musste lachen. „Du bist genau so unsicher wie ich, und du lebst schon ein paar Jahre länger.“

Flaffy stand auf. „Was meinst du? Machen wir uns langsam an die Arbeit, wir sind zu zweit, da schaffen wir das.“

„Und wer nimmt Luna?“

„Der, der so dumm fragt“, erwiderte Flaffy: „Ich werde dir den Rücken freihalten.“

Cat stand auf. „Aber bevor wir uns auf den Weg machen, müssen wir hier sauber machen.“ Er hob ihren Kopf und platzierte ihren Arm so, dass er auf ihrer Hand lag. Cat und Flaffy begannen, die gesamte Anlage zu reinigen, unter dem Dreck kamen die fein gefertigten Tasten zum Vorschein. Irgendwann konnte man sogar ein holografisches Display erkennen. Cat wischte über einen Teil der Konsole und fand eine Ausbuchtung. Sie war viereckig.

Flaffy trat an ihn heran. „Denken wir gerade dasselbe?“

Cat nickte. „Oh ja, ich denke, dass du denkst, dass ich weiß, dass dort der Würfel hineinpasst.“

„Genau so.“

Cat zog aus einer Tasche den Würfel und setzte ihn vorsichtig in die Halterung. Vier Krallen klappten nach oben, um ihn festzuhalten. Er versank in dem Tisch, bis nur noch die oberste Reihe zu sehen war. Flaffy schaute aus dem Fenster. Die Zentrale begann zu beben. Sie erhob sich wie ein Turm in den Himmel. Die Ruinen begannen, sich aus dem Boden zu bilden. Sie schoben sich einfach aus dem Boden. Von den faden, gammligen Steinen fielen die Moosblöcke ab. Der Dreck fiel aus den Rinnen. Alles veränderte sich. Die Ruine verwandelte sich in eine richtige Stadt. Laternen schossen aus dem Boden. Die Straßen waren sauber, die Häuser geschwungen und modern. Eine Stadt einer hoch entwickelten Zivilisation. Sie sah so aus, als wäre sie bis gerade eben noch bewohnt worden. Die Lichter gingen an. Auch das Stadion in der Mitte begann sich zu verändern. Es fing an, sich zu drehen. Die Wege wurden von Bögen bekleidet. Es war, als wären sie in einer völlig neuen Stadt. Auch die Räumlichkeiten, in denen sie standen, reinigten sich wie von selbst.

„Da hätten wir uns das Putzen auch sparen können“, moserte Cat.

Auch das Display ging an. Alles, was in der Stadt passierte, konnte man sehen.

„Was meinst du, nutzen wir das, um wieder auf die Titan zu kommen, oder erkunden wir das hier?“, fragte Flaffy.

„Erkunden klingt verlockend, aber wir bringen erst mal die Titan wieder online“, meinte Cat. Er drückte auf ein paar Knöpfe und schaltete eines der Portale am Rand ein. Es sollte sie zurück auf die Titan schicken, direkt vor die Tür des Siegels. Cat zog den Würfel aus der Fassung. Als er ihn löste, tauchte daneben der Halterung einer kleinen Leiste auf. In ihr stand eine hellblaue Flüssigkeit. Daneben stand eine Zeitangabe. Ein paar tausend Jahre dauerte es, bis die Stadt wieder zerfallen war. Cat nahm Luna und stellte sich mit Flaffy in den Fahrstuhl. Sie fuhren nach unten. Sie mussten noch zu dem Portal laufen. Flaffy lief voran. Cat schlich hinterher. Alles war friedlich.

„Für wen oder was war diese Stadt wohl gedacht?“, fragte Flaffy.

„Wie genau meinst du das?“, fragte Cat.

„Ich denke, der Schöpfer baut nichts, was keinen Zweck erfüllt. Also, warum ist diese Stadt hier? Oder was ist, wenn das, was hier mal gelebt hat, schon wieder ganz woanders wohnt?“, überlegte Flaffy.

Cat wollte darüber nicht nachdenken. „Wir können später weiter nach Informationen suchen, lass uns erst mal zurückkehren.“

Flaffy nickte. Sie standen auf dem schön verzierten Stück, auf dem das Portal stand. Sie wanderten darauf zu, bis sie direkt davor standen und hindurchschauen konnten. Dort stand der Rest des Teams mit gezogenen Waffen, still und einsam. Flaffy hoffte, dass Cat mit seiner Theorie recht hatte. Er machte einen Schritt durch das Portal. Er konnte sich auf der anderen Seite noch normal bewegen, alle seine anderen Körper waren in der Zeit gefesselt. Er ging zu der Tür des Siegels und schaute sich den Mechanismus genau an, bis er den Clip gefunden hatte, um die Tür wieder zu schließen. Er zog an dem kleinen Hebel und die Tür schloss sich wieder. Aus der Halterung fiel die Kette von Luna heraus. Als die Tür sich endlich geschlossen hatte, begann sich die Zeit langsam wieder zu normalisieren. Auch Cat kroch nun durch das Portal. Alle schauten sie fragend an. Wie konnten in diesen Raum hinter sich kommen? Flaffy drehte sich zu Cat um. Er sollte Luna nach Hause bringen. An der Tür wartete schon ein anderer Flaffy, der ihm Luna abnahm. Flaffy brachte sie hoch in das Schlafzimmer und legte sie in ihr Bett. Derweil erklärte er dem Rest des Teams, was ihnen gerade passiert war. Die genauen Details ließ er aus, aber das Grobe erklärte er. Bevor Cat wieder verschwinden konnte, hielt er ihn auf. Flaffy hatte mit ihm noch ein Hühnchen zu rupfen.

Cat setzte sich an den Tisch von Flaffys Apartment.

Flaffy kam die Treppe herunter: „Was war das, was uns da angegriffen hat?“ Er hörte sich nicht unbedingt sauer an.

„Wir wurden von dem Netz attackiert“, antwortete Cat.

„Du hast doch sicher noch Hintergrundwissen zu dem Thema, oder?“, hakte Flaffy scharf nach.

Cat zögerte. „Naja, das ist ein etwas schwierigeres Thema. Wo soll ich da anfangen?“

„Am Anfang, wenn du so fragst“, antwortete Flaffy locker.

Cat überlegte einen Moment. „Okay, das Netz ist die Grundlage für den Verbindungsaufbau zwischen Portalen.

Es wird Netz genannt, weil es Knotenpunkte, Verbindungen und Lücken gibt. Es hat einen großen Einfluss auf die Entwicklung von Zivilisationen oder auch deren Untergang. Es war so angelegt, dass es als Verwaltungssystem funktioniert, ohne Intelligenz, aber das habt ihr ja gerade widerlegt.“

Flaffy verschränkte die Arme. „Kann dieses Netz auch auf der Titan Einfluss geltend machen?“

Cat schüttelte den Kopf. „Nein, die Titan besitzt ein festes Energienetz, zwar auf derselben Energieform basierend, aber fest. Es hätte hier keine Möglichkeit, Unruhe zu stiften.“

Flaffy nickte: „Ich weiß jetzt jedenfalls, dass es in die Stadt der Sieben Portale möchte, es hat den Traum, einen eigenen Körper zu haben, und es weiß noch nicht, dass du wieder da bist. Das könnte uns in die Karten spielen.“

„Wenn es immer noch nicht weiß, dass ich hier bin, macht es uns das etwas leichter. Wenn ich weg bin, gibt es nur einen, der ihm im Weg steht, und das bist du. Es scheint auch nicht in die Stadt reinzukommen“, ergänzte Cat. „Was wir aber dringend herausfinden müssen, ist, warum das Netz ein Bewusstsein hat. Das hat es offenbar nicht seit gestern. Steckt es hinter dem Komplott von Haydon? Hat es das Buch? Warum versucht es so dringend, einen Körper zu bekommen, und vor allem, was ist sein Ziel?“

„Das ist eine ziemliche Liste“, stellte Flaffy fest. „Was gedenkst du zu tun?“

Cat legte den Kopf in den Nacken. „Wir untersuchen das Problem, wir gehen nochmal in die Stadt. Als erstes müssen wir herausfinden, was in ihr ist, was das Netz unbedingt haben möchte, warum will es unbedingt einen Körper haben?“

„Welche Vorbereitungen müssen wir treffen?“, fragte Flaffy nach.

Cat antwortete zielstrebig: „Bei der nächsten Runde nehmen wir von vorneherein mehr Leute mit. Wir wissen jetzt, wie wir in die Stadt kommen. Ich hoffe, uns gehen nicht wieder diese Steine auf den Keks.“

Flaffy stimmte zu: „Hoffen wir es, aber warum haben die uns angegriffen?“ Cat zuckte mit den Schultern: „Ich habe keine Ahnung, aber beim nächsten Mal sind wir vorbereitet.“

„Ich denke, wir haben einiges zu schaffen. Das Team an sich ist bereit, aber jeder für sich, wir brauchen unbedingt eine Dynamik im Team, sonst fallen schwächere Mitglieder am Ende noch hinten runter“, meinte Flaffy.

Cat nickte. „Dass wir schon wieder jemanden verlieren, können wir uns nicht leisten, wir werden schon bald eine weitere Reise zu der Stadt machen.“

Damit beendeten sie das Gespräch. Flaffy überlegte, wie sie gegen einen Gegner ankommen könnten, der keinen Körper besitzt.

Stillstand

Der Tag verging. Cat musste sich erst einmal ausruhen und Flaffy ging es nicht anders. Luna hatte diese Aktion am meisten mitgenommen. Flaffy hatte sich auch auf seine Couch gelegt, einfach, um etwas zu entspannen, bis er von Luna geweckt wurde. „Flaffy, Flaffy, aufwachen." Luna hing über der Couchlehne, so wie immer, wenn sie Flaffy weckte, wenn sie Hunger hatte.

Flaffy setzte sich hin: „Wie geht's dir? Alles wieder in Ordnung?"

Luna nickte. „Mir geht es gut, nur ich hab einen Kater, mir tun alle Gelenke weh und mein Kopf explodiert."

„Kann ich mir vorstellen, der Kampf war nicht unbedingt schonend. Aber dich interessiert sicher im Moment etwas komplett anderes, oder?" Flaffy wusste schon genau, was sie wollte.

Luna nickte. „Ich hab Hunger und Reaktion ist nicht in der Nähe."

„Wusste ich es doch, geh mal an den Kühlschrank, ich hab schon was vorbereitet", entgegnete Flaffy.

Im Kühlschrank stand ein Auflauf mit einer Energiedose daneben. „Du denkst aber auch echt an alles", grinste sie ihn an.

Flaffy stand auf. Luna hatte gerade ihr Essen auf den Tisch gestellt. Flaffy stellte sich ihr gegenüber: „Ich hab noch was für dich, bevor es verloren geht." Es war die Kette, er machte sie ihr wieder um den Hals.

„Danke, ich hatte sie schon ganz vergessen", antwortete sie. Sie setzte sich hin und aß erst einmal etwas. Als Luna fertig war, musste er ihr noch was erzählen: „Luna, an was kannst du dich noch erinnern, was in der Stadt passiert ist?“

Luna lehnte sich nach hinten und überlegte: „Ich kann mich an den Kampf mit den Steinriesen erinnern, bis wir dann durch das Portal gegangen sind, ab da ist alles sehr verschwommen. Ich erinnere mich an viele verschiedene Räume, alles passierte gleichzeitig, es war schwer, den Überblick zu behalten. Ich habe mich selbst gesehen, aber ich konnte mich nicht wirklich bewegen, mein Körper fühlte sich so schwer an.“

Flaffy nickte. „Okay, du musst wissen, in dem Moment, als wir das Portal durchschritten haben, haben wir die Körper getauscht. Das erklärt auch, warum du so fertig bist.“

Luna bekam große Augen: „Also, das habe ich gesehen, ich habe die Welt gesehen, so, wie du sie wahrnimmst.“

„Du hattest Glück, wir zwei sind uns ähnlicher, als du denkst. Du weißt, dass ich ein Hybrid bin, eine Mischung aus einem Heiligem Objekt, Roboter und Seele. Bei dir ist es dasselbe, du bist wie ich ein Hybrid aus einem Heiligem Objekt. Das ist auch der Grund, warum wir in dieser Welt nicht gestorben sind. Das ist der Grund, warum du noch lebst, in mehrfacher Hinsicht. Aber wir wissen nicht, welches Heilige Objekt mit deinem Körper verbunden ist.“

Luna musste überlegen. „Also, das ist damals passiert, als …“

Flaffy beendete den Satz für sie: „… du gestorben bist. In diesem Moment hast du das Heilige Objekt erhalten, es hat dir geholfen zu überleben. Deswegen konntest du auch mit Cat die Plätze tauschen.“

Luna musste grinsen. „Und wie war es so, mal in einem anderen Körper zu stecken, Flaffy?“

Flaffy hatte den Themenwechsel verpeilt: „Ungewohnt.“

„Ich hoffe, du hast keine unredlichen Dinge mit ihm angestellt“, grinste sie ihn an.

„Was, ich, hä?“ Flaffy wusste nicht, was er sagen sollte. „Nein, für wen hältst du mich, ich war damit beschäftigt, den Kampf zu führen.“

Sie musste lachen. „Ich weiß, du machst so was nicht, ich zieh dich nur auf, aber was meinst du, wie kann ich mich verbessern?“

Flaffy überlegte einen Moment, wie er auf diese Frage reagieren sollte: „Ich denke, du bist an dem körperlich Möglichen angekommen. Dein Muskelapparat ist bereits an seinen Grenzen. Mehr Training auf Kraft bringt dir nichts. Für dich ist die Technik wichtiger, du hast die Kraft und den Weitblick in einem Kampf, dir fehlen nur das Wissen und die Abläufe, um das auch anzuwenden. Außerdem muss ich das Design deines Anzugs überarbeiten.“

„Warum, ich finde ihn so gut“, antwortete Luna.

„Er behindert bei schnellerem Ausweichen. Die Flügel sind eine schöne Sache, aber wenn du nicht fliegst, sind sie im Weg. Deswegen werde ich den Aufbau nochmal verändern“, fasste Flaffy zusammen.

„Du, aber wenn du ihn bearbeitest, werde ich die …?“ Luna kam nicht weiter zu fragen.

„Ich denke nicht einmal daran, die Flügel zu entfernen, ich will sie nur im eingeklappten Zustand etwas handlicher machen, sie sollen nichts von ihrer Schönheit einbüßen“, unterbrach Flaffy sie.

In ihr Gesicht zog wieder ein Strahlen ein.

„Weißt du, ich muss einige Dinge bearbeiten, um uns für den nächsten Kampf vorzubereiten. Ich habe da auch schon ein paar Ideen, aber vorher muss ich das Zeitfenster kennen. Du ruhst dich erst mal aus. In ein paar Stunden treffen wir uns mit Cat. Wir wollen sehen, ob sich das Siegel wieder öffnen lässt."

Luna verkroch sich wieder in ihr Bett. Flaffy machte sich auf den Weg auf die Brücke. Er wollte mit Titan sprechen. Auf der Brücke war gerade niemand. Hier auf der Nano-Titan war ja sonst niemand. Titan kam um die Ecke geschlichen. „Hi, Flaffy, ich wäre doch auch raufgekommen. Was gibt es, was Luna nicht mitbekommen soll?" Flaffy lehnte an einer Konsole: „Hi, du hast mich durchschaut, ich will, dass du mit Luna ein passendes Training machst. Vor allem ausgelegt auf Nahkampf. Ich denke, wenn du dich mit Yurai darum kümmern könntest, wäre das am besten. Würdest du das bitte tun? Wenn ihr einen Plan habt, sagt ihr mir Bescheid."

„Klar, kein Problem, ich frag sie mal."

„Und ich brauche mal CS, er soll mich bitte in den Archiven treffen", fügte Flaffy hinzu.

„Okay, wird gemacht", entgegnete Titan: „Und wie geht es Luna? Ich hab gehört, in der Stadt sind einige Dinge passiert, die euch ganz schön mitgenommen haben?"

Flaffy nickte: „Stimmt, mir ging es schnell wieder gut, aber Luna braucht noch etwas, damit sie wieder voll auf der Höhe ist."

„Okay, ich werde mal die Nachrichten überbringen. Sehen wir uns nachher nochmal, Flaffy?", fragte Titan nach.

„Klar, bis nachher", antwortete er. Auch wenn Flaffy mehrere Körper hatte, verliefen sie sich schnell auf dem Schiff. Titan war auf dem Weg. Flaffy hingegen schaute sich nochmal die Konsole an. Er hatte das Gefühl, an allem, was hier passiert war, war etwas faul. Er verbrachte die Stunden auf der Brücke, er hatte nebenbei auch noch seine Pflichten zu erfüllen. Als die Zeit nahte, machte er sich auf den Weg, Luna zu holen. Sie sollte auch bei dem Treffen mit dabei sein. Auch CS war mit dabei, Wraith und Yurai interessierte das nur wenig, weswegen sie auch nicht da waren. Alle warteten auf sie. Flaffy bat Luna nochmal um ihre Halskette. Er ging an das Siegel und legte sie wieder in die Form. Es ertönte ein lautes Knacken. Einige Zahnräder begannen sich zu bewegen, bis sich aus Einzelteilen ein Ring um das Tor gebildet hatte. Hinter der Fassung der Kette lief ein Zahnrad, das sich extrem schnell drehte. Ein leises Knacken ertönte, wie ein Taktgeber, immer und immer wieder.

Cat verzog das Gesicht: „Wie ich es mir gedacht habe."

„Was meinst du?", fragte CS. „Das Siegel lässt sich nicht zweimal hintereinander öffnen, wir müssen warten, bis der Timer abgelaufen ist, erst dann können wir wieder eintreten", antwortete Cat ihm.

„Was machen wir wegen der Zeitanomalie?", fragte Flaffy.

Cat überlegte einen Moment: „Wir könnten versuchen, die Kupplung zu finden, die unsere Zeit mit der Zeit des Siegels synchronisiert, Schließen wir diese, läuft die Zeit parallel ab."

An dieser Stelle warf CS eine Frage in die Runde: „Wie finden wir diese Kupplung? Wenn ihr drin seid, könnt ihr nicht zurück, und von außen kommen wir nicht heran."

Cat beantwortete die Frage: „Wir müssen das bei unserem nächsten Besuch in der Stadt erledigen. Wir werden es so machen: Wenn der Timer abgelaufen ist, werden wir als

Team hindurchgehen, falls wir Probleme kriegen, werden wir nicht so hopps genommen wie beim ersten Mal. Wenn wir dem Sieg nahe sind, suchen wir die Kupplung, aktivieren sie, gehen weiter, so können wir in der Stadt Hilfe von der Titan anfordern, falls das nötig ist."

Flaffy nickte. „Okay, dann wäre das erst mal geklärt. Wie organisieren wir die Truppe?" „Lass das meine Sorge sein, ich kümmere mich darum", antwortete Cat überraschend schnell.

CS hakte nach: „Was muss vorbereitet werden?"

„Ich werde mir das Arsenal mal vornehmen. Außerdem würde ich mir gerne mal dein System ansehen, wäre das möglich?", fragte Flaffy.

CS nickte. „Wir werden aber dafür den Erdenmond besuchen müssen."

„Kein Problem. Cat, was haben wir für einen zeitlichen Rahmen und wie gehen wir mit der Titan vor?"

„Wir können nur darauf warten, dass das Siegel abläuft, Die Schilde der Titan werden wir sichern, damit wir keinen unliebsamen Besuch bekommen. Wir sollten es vermeiden, die Titan zu verlassen."

Die wichtigen Sachen waren besprochen, Luna war sehr still gewesen. Vielleicht war es, weil sie noch müde war, oder vielleicht, weil Cat in der Nähe war. Für Flaffy war das eine verzwickte Situation, er konnte beiden nicht sagen, was sie füreinander empfanden, aber das mit anzusehen, tat ihm auch in der Seele weh. Die Truppe löste sich auf. Luna ging zurück in das Apartment, sie sollte sich darauf vorbereiten, in den nächsten Tagen wieder an dem Unterricht teilzunehmen. Was sie nicht wusste, war, dass Flaffy andere Pläne hatte. CS und Flaffy machten sich auf den Weg.

Die Lager waren schon ein unheimlicher Ort. Tausende dieser Cubs, wie Flaffy sie nannte, standen dort in Reihe. In jedem davon war ein Planet eingeschlossen. Viele unbewohnte Planeten, aber auch viele mit Zivilisationen, die noch nicht einmal wussten, dass sie in einem riesigem Schiff gefangen waren. Aber Flaffy ließ sich nicht von diesem Gedanken beeinflussen, er hatte die Aufgabe, sie zu beschützen, auch wenn er am liebsten manchmal die Erde einfach aus dem Lager rauswerfen wollte, weswegen er CS mit den Lagerarbeiten betraut hatte.

Der Weg war nicht mehr lang, bis sie in der Lagerverwaltung angekommen waren. Titan wartete schon auf sie, um sie zu begleiten, sie wollte sich von Anfang an den Kern von CS mit ansehen. Sie stellten sich zusammen auf den Teleporter. Ein weißes Licht umhüllte sie. Und sie standen auf dem Deck einer Kommandozentrale auf der dunklen Seite des Mondes. Hier herrschte nur eine sehr geringe Atmosphäre. Sie war für Lebewesen gänzlich ungeeignet, sie bestand aus Gas, das ein Abfallprodukt der Generatoren hier war.

„Wow, eine ganz schön toxische Mischung“, stellte Flaffy fest.

„Ja, wären hier weitere Lebewesen, würde ich das ändern, aber das wäre Energieverschwendung“, antwortete CS.

Sie gingen zusammen einen Gang entlang. Immer tiefer gingen sie in den Mond hinein. „Ich musste meinen Kern hierher verfrachten, weil ich so verhindern konnte, dass Menschen sich hier großartig ausbreiten. Die helle Seite des Mondes wird bewohnt, hier auf der dunklen Seite findet man keine Menschen, sie kommen nicht hierher, weil ich dafür gesorgt habe“, fasste CS zusammen.

„Warum ziehst du nicht mit auf die Titan?“, fragte Flaffy.

„Ja, ich denke, wir könnten dafür auch noch ein schönes Fleckchen freimachen“, fügte Titan hinzu.

„Solange ich noch unentdeckt hierbleiben kann, werde ich nicht umziehen. Wird es mir hier zu eng, werde ich umziehen“, stellte CS fest.

„Aber ich denke, dass es bald so weit sein wird, ich muss mich beeilen, ich habe hier noch etwas zu erledigen.“

Sie gingen wieder in das riesige Bauwerk hinein. Alle Gänge waren mit Waffen ausgestattet, sodass niemand unangemeldet in dieses Gebäude hineinkam.

Sie gingen immer weiter. Das Aussehen änderte sich allmählich. Alles war verziert mit einem leichten Blumenmuster. Hinter der nächsten Tür erwartete sie das Zentrum der Anlage. Die Tür öffnete sich und sie konnten es sehen. Den Kern umliefen von allen Seiten Leiter, um ihn mit Energie zu versorgen. Der Kern war viel grober gearbeitet als der von Titan. Überall gingen Kabel entlang. CS führte sie zu einem Fahrstuhl, der noch mal eine Etage tiefer führte: „Ihr seid fast angekommen. Allerdings kann ich euch dorthin nicht begleiten. Wir sehen uns.“ Langsam bewegte sich der Fahrstuhl. Titan und Flaffy fuhren hinunter. Die Türen öffneten sich und sie standen vor dem, was sich CS nannte. Vor ihnen saß auf einem Stuhl eine Person. Sie hatte die Seelenmaske auf. Sie war ein mechanischer Körper, er war überall mit dem gold-schwarzen Blumenmuster verziert, das für CS typisch war. Von dem Körper gingen viele Kabel weg. Sie führten direkt in die Decke zu dem Kern in der Etage darüber. Die Einrichtung war sehr spartanisch. An der einen Wand stand ein Schreibtisch. Auf der anderen Seite des runden Raumes war ein Schrank mit Büchern und ein Kleiderschrank.

Flaffy trat vor. „Schön, dich mal von Angesicht zu Angesicht kennenzulernen, CS.“

Langsam bewegte sich der Körper. „Du glaubst nicht, wie lange ich hier schon keinen Besuch hatte.“

Die Anschlüsse zischten, als sie sich öffneten. Sie waren an Armen befestigt und verschwanden in der Decke.

CS stand langsam auf. „Schön, mal wieder jemanden persönlich zu sehen, ich hatte schon seit Ewigkeiten keinen Besuch mehr.“ Er ging langsam zu dem Kleiderschrank. Er nahm sich allerdings keine Kleider. Es war so, als würde er einfach von dem Stoff ummantelt werden. Langsam bildete sich der Stoff. Von der untersten Schicht bis zu dem Mantel. Er nahm den Hut von dem Ständer. Der Unterschied war eindeutig, dieser CS war das Kollektiv, er führte alle zusammen, seine Kleider waren viel feiner gearbeitet. Man merkte, dass er sich viel erhabener gab als die anderen. „Flaffy, du musst wissen, wir sind in unserer Funktion vollkommen verschieden. Du bist ein delokalisiertes Kollektiv, bei dir muss nur ein Körper übrigbleiben und du lebst weiter. Bei mir ist das anders. Ich lebe, solange dieser Körper existiert, ich bin ein lokal gebundenes Kollektiv. In Verbindung mit dem Kern bin ich in der Lage, alle Körper zu bewegen. Diesen Körper verwende ich nur für ganz besondere Momente“, stellte CS fest.

„Schön, dass wir dir so viel wert sind. Was kann ich für dich tun?“, fragte Flaffy.

„Ganz einfach, ich bin es leid, hier gefangen zu sein. Ich will, dass du mein System analysierst und dessen Mobilität verbesserst. Ich will mit diesem Körper diese Anlage verlassen können, ohne zu sterben. Ich möchte die Titan mit eigenen Augen sehen, ich möchte die Hand von Cat endlich selbst schütteln dürfen und ich möchte auch deinen Schützling Luna einmal wirklich kennenlernen. Du hast diesen Körper schon einmal gesehen, ich weiß nicht, ob du dich daran erinnerst, aber ich hab dich mit ihm damals aus der Pyramide gerettet. Jetzt sehe ich dich endlich wieder, du hast dich sehr verändert, aus dir ist wirklich etwas geworden. Du musst wissen, die ganzen Körper, die hier herumrennen, sind nicht vollständig an den Kern angeschlossen. Sie werden nur mit einer Aufgabe ausgestattet. Ich sehe nur alles, was sie sehen, durch die Maske. Es tut mir leid, jetzt hab ich euch gar nicht gefragt, wollt ihr euch setzen?“, erklärte CS.

Titan antwortete: „Das Angebot kann ich doch nicht ausschlagen.“

Aus dem Boden kam ein Stuhl, der wie gemacht für Titan schien. CS sah Flaffy an: „Und du?“

„Danke, ich stehe bequem.

„Flaffy, kannst mich aus diesem Gefängnis befreien?“, fragte CS ernst. Flaffy neigte den Kopf: „Wer wäre ich denn, ich bin nicht umsonst einer der besten Architekten in der Geschichte der Titan“

„Wann willst du anfangen?“, fragte CS.

„Ich denke, das bekomme ich an einem Tag hin. Ich würde gerne anfangen.“ Flaffy war voller Elan. „Was meinst du, Titan, wann wird Luna von ihrem Training zurückkommen? Ich will noch mit ihr zusammen Kaffee trinken.“

„Du hast ungefähr sieben Stunden. Da musst du dich ganz schön ranhalten“, antwortete Titan.

„Na dann, lasst uns anfangen.“ Flaffy begann sich aufzuteilen, erst zwei, dann vier, dann acht. Die Arbeit begann. Alle begannen, sich perfekt im Einklang zu bewegen. Sie scannten die Wände, untersuchten die Maschinen und begutachteten den Kern. Flaffy fasste zusammen: „Ich werde mir zuerst die Baupläne für dieses Bauwerk einverleiben, dann werde ich mir dein generelles System anschauen. Ich will nicht, dass deine Lebenserhaltung flöten geht. Ich werde an dem Kern einen Dimensionskern installieren, er ähnelt dem meinem und damit ist die Verbindung gesichert. Als Hauptverbindung werde ich eine Minivariante der Hochleistungsantenne der Titan verbauen. Den Raum des Generators und des Kerns werde ich schlussendlich noch für die Mobilisierung vorbereiten, damit der Abzug irgendwann schnell vonstattengeht, bist du damit einverstanden?“

CS nickte: „Ich bin damit einverstanden.“ Flaffy begann zu arbeiten. CS legte sich in einem benachbarten Raum auf eine Liege. Der Raum war dafür vorgesehen, um an ihm zu arbeiten. Flaffy öffnete die Außenhülle von CS. Die Feinheit der Einzelteile war beeindruckend. Jedes einzelne Teil war verziert. Die lebenserhaltenden Maßnahmen waren klein, aber effizient. „Du, sag mal, wie viel von deinem menschlichen Körper ist denn noch übrig?“, fragte Titan nach. „Ich besitze nur noch einen kleinen Teil des Gehirns. Damals, als ich das erste Mal gestorben bin, ist ein Teil davon abgestorben, es wurde von Nanobots ersetzt. Mein Gehirn ist teils organisch und teils anorganisch. Aber beide Seiten können ohne das Gegenstück nicht überleben, und ich brauche noch diesen Kern, um mich flüssig bewegen zu können“, beantwortete CS die Frage.

Flaffy hörte kurz auf zu arbeiten. „Warum sagst du das nicht gleich, dann bau ich dir noch einen Unterstützungsprozessor mit ein, dann bist du nicht mehr auf den Kern angewiesen, zumindest, wenn es um diesen Körper geht. Außerdem bekommst du von mir noch eine Energieversorgung, die auf der Energieform der Titan basiert. Damit solltest du ein paar Jahre ohne Aufladen zurechtkommen." Flaffy kannte den Aufbau seiner normalen Körper. Aber diese waren zu viel mehr fähig. Alle Statuswerte waren erhöht, verschiedene versteckte Waffen zierten CS. Es war schon fast schade, dass diese Macht in einem kleinen Hinterzimmer auf einem Mond verrottete. Flaffy gab sich Mühe, bei jedem seiner Verbesserungen die Verzierung zu erhalten. Der Wert sollte ja dadurch nicht fallen. Der Kern war weniger das Problem. Als Team mit acht Körpern war Flaffy schnell und seine Fähigkeit unterstützte diese Geschwindigkeit. An dem generellen Bewegungsapparat und den Waffensystemen veränderte Flaffy nichts. Wichtig war es für ihn, das CS sich flexibel bewegen konnte und nicht hier gefangen war. Titan passte genau auf. Für sie war es spannend, wie Flaffy aus dem Nichts Teile erschuf, um weiterzuarbeiten. Ihm schien das gar nicht mehr aufzufallen. Er tat es einfach. Sie erinnerte sich noch an die Anfänge von Flaffy, wo er noch mit einfachen Formen rumexperimentierte. Als er nur einen Körper hatte. Die Zeiten waren aber schon lange vorbei. Flaffy war geistig gereift. Man merkte es kaum, aber er war nun nicht mehr so naiv und leichtsinnig. Er dachte jetzt mehr über seine Handlungen nach und auch darüber, was sie für Folgen hatten. Aber auch die Skrupel hatte er abgelegt. Das musste er, wenn er der Führer der Titan war.

Nach sieben Stunden beendetet Flaffy seine Arbeit. Der komplette Innenraum konnte mittels eines Portals auf die Titan verfrachtet werden. „Kann ich sonst noch etwas für dich tun?“, fragte Flaffy.

„Ich hätte da noch eine Bitte. Da ich mich jetzt unabhängig von dem Kern bewegen kann, möchte ich mit auf die Titan kommen. Ich habe dir viel zu erzählen. Und du musst wissen, ich habe, seitdem ich damals die Titan verlassen habe, nicht viel von ihr gesehen. Was ich gesehen habe, waren bloß zusammenhanglose vereinzelte Bilder. Ich würde Luna gerne mal kennenlernen, persönlich, wenn es dir nichts ausmacht“, fragte CS.

„Flaffy, nimm ihn einfach zum Kaffee mit“, warf Titan ein.

„Okay, komm mit. Ich werde gleich mit ihr Kaffee trinken“, schlug Flaffy vor.

„Gerne doch, so kann ich testen, ob deine Umbaumaßnahmen funktionieren“, erwiderte CS.

„Natürlich funktioniert es, ich bin doch kein Stümper“, antwortete Flaffy etwas beleidigt.

Die drei machten sich auf den Weg zurück auf die Titan. Wieder durchschritten sie die Lager. „Es ist schön, wieder hier sein zu können. Ich war schon so lange nicht mehr hier“, murmelte CS vor sich hin.

„Ich hoffe, dass die Upgrades es dir ermöglichen, mit uns hierzubleiben“, meinte Titan.

„Sicher, aber noch braucht mich die Erde. Dort gehen gerade interessante Dinge vor sich“, meinte CS.

„Naja, jetzt kannst du dich zwischen den Welten bewegen und musst nicht mehr deine Schergen schicken“, fasste Flaffy zusammen.

Sie benutzten das nächste Portal, um zurück zu der Nano-Titan zu kommen. Sie gingen in Flaffys Apartment.

„Hier also lebst du.“ CS schaute sich um. Er sah sich die kleine Küche an, den großen Tisch, die Couch und vor allem das riesige Panoramafenster, das sich über zwei Etagen erstreckte.

„Wenn man das Leben nennen kann. Es ist mein Platz zum Entspannen auf diesem Schiff, auch wenn das manchmal schwierig ist“, entgegnete Flaffy.

„Dir geht es wie mir, wir haben keinen Moment mehr, in dem wir wirklich für uns sind“, sprach CS, ohne sich von dem Fenster abzuwenden.

„Da hast du recht, aber ich denke, es hat mehr Vorteile als Nachteile“, entgegnete Flaffy. In diesem Moment ging die Tür auf. Luna kam herein: „Hi Flaffy, bin wieder da.“ Sie hatte ihren Kampfanzug an. Das Modul für die Flügel hatte Flaffy bereits abgebaut, um es zu bearbeiten.

„Hi Luna, wir haben einen Gast, der dich mal kennenlernen wollte, es ist CS, aber diesmal ist es er persönlich“, stellte Flaffy ihn vor.

„Guten Tag, Luna.“ CS drehte sich um. „Schön, dich endlich mal persönlich kennenzulernen, ich habe immer nur sehr spärliche Informationen über dich bekommen.“

Luna ging auf ihn zu und reichte ihm die Hand. „Jetzt kann ich mich endlich persönlich bedanken. Danke für das Geschenk.“

CS war etwas verdutzt. Er wusste nichts von einem Geschenk. Luna zog die Pistole aus dem Halfter und reichte sie ihm: „Die hast du mir vor meinem Kampf geschenkt.“

CS betrachtete sie genau. „Das ist eine verkleinerte Variante von Shorty. Und damit eindeutig von mir.“

Flaffy stellte drei Tassen auf den Tisch: „Ich hoffe doch, du trinkst was mit?“, fragte Flaffy.

„Einen Kaffee von Flaffy höchstpersönlich, wie könnte ich da nein sagen“, meinte CS. Der Nachmittag wurde interessant. CS war froh, endlich nicht mehr an diesen alten staubigen Mond gebunden zu sein, endlich konnte er wieder mit anderen ganz direkt sprechen.

Sie saßen da und lachten, CS erzählte ein paar Storys über Flaffys Anfänge. Luna kam aus dem Lachen nicht mehr heraus, wie sich Flaffy nun verhielt im Gegensatz zu seinem früheren Ich. Auch wenn es lustig war, irgendwann hatte auch der Abend ein Ende.

Währenddessen hatte Flaffy ein Meeting mit Cat. Es ging um das Siegel. Beide standen vor dem Tor. Langsam drehte sich das Zahnrad in der Mitte. „Und was meinst du? Wie lange wird es dauern, bis der Timer abgelaufen ist?“, fragte Flaffy.

Cat zuckte mit den Schultern: „Ich weiß es nicht. Wir müssen abwarten, bis wir erste Vermutungen anstellen können.“

„Können wir das Siegel nicht irgendwie manipulieren, damit es sich schneller wieder öffnet?“, fragte Flaffy.

„Machst du Witze? Du willst ein Siegel des Schöpfers manipulieren? Das ist keine Eieruhr, die man einfach vordrehen kann. Das sind Tresore, die dafür geschaffen wurden, um die Heiligen Objekte zu schützen. Wenn wir einen Fehler machen, gibt es für uns keine Hoffnung mehr“, hielt Cat ihm entgegen.

„Also heißt das, dass wir jetzt hier festsitzen, bis das Siegel abgelaufen ist“, fasste Flaffy zusammen.

„Es heißt Stillstand. Wir können uns maximal ein paar schöne Tage machen. Wenn wir Glück haben, dann ist es in ein paar Tagen abgelaufen“, fügte Cat hinzu.

„Und was unternehmen wir wegen des Netzes?“, musste Flaffy nachfragen.

Cat überlegte einen Moment: „Wir müssen unbedingt herausfinden, was diese sprunghafte Entwicklung heraufbeschworen hat. Es muss einen Auslöser geben, aber das können wir erst machen, wenn das Siegel abgelaufen ist.“

„Okay, also bereiten wir uns vor, wir müssen mit noch mehr Gegnern rechnen als nur mit diesen Dominosteinen“, antwortete Flaffy.

„So ist es, wir müssen uns vorbereiten, aber wie?“, fragte Cat.

„Wir brauchen Zusammenhalt, als Team, wir brauchen alle dasselbe Ziel, erst dann sind wir ein Team“, versuchte Flaffy zusammenzufassen. „Ich denke, im Moment haben wir ein Team. Nur musst du darauf achten, dass es nicht im falschen Augenblick zusammenbricht.“

Cat nickte. „Ich hoffe, dass du mir auch sagen kannst, was der Anker des momentanen Teams ist, denn ich hab ihn noch nicht gefunden.“

Flaffy musste lachen. „Der Anker liegt näher, als du denkst, du erkennst ihn einfach nicht. Aber das musst du selbst herausfinden.“

Cat schmunzelte. „So lange, wie wir uns aufeinander verlassen können, werden wir nicht verlieren.“

Flaffy nickte. „Du kannst auf mich zählen. Dafür musst du mir aber auch vertrauen.“

„Ich vertraue dir, das weißt du doch. Wenn das alles vorbei ist, müssen wir unbedingt mal Urlaub machen.“

„Das stimmt“, lachte Flaffy, „aber bis dahin haben wir noch viel Arbeit vor uns.“

„Das ist wohl wahr“, musste Cat lachen.

Beide verabschiedeten sich, beide hatten zu tun. Wobei Flaffy da mehr Freiheiten hatte als Cat, schließlich konnte er sich teilen. Der Tag ging zu Ende. Auch Flaffy hatte wieder alleine Dienst auf der Brücke. Einer der wenigen Momente, die er mal wirklich für sich hatte. Er genoss sie immer. Überall auf der Titan standen die Maschinen still, außer denen, die überlebenswichtig waren. Alle hatten einen festen Tag. Er dachte immer daran, dass die Titan der Erde ähnelte. Alle versuchten hier, ein normales Leben zu mimen. Aber darüber musste er nicht mehr nachsinnen, denn er hatte hier auf der Titan etwas gefunden, das ihm das Gefühl des Lebens vermittelte. Aber es ging nicht nur ihm so, viele hatten dieses Gefühl. Endlich jemanden zu haben, der wirklich lebt, der Luft braucht, ein Bett, etwas zu essen, aber trotzdem hier auf der Titan zu Hause ist.

Der Tag neigte sich dem Ende zu, bis am nächsten Morgen das Spiel von vorne begann. Doch an diesem Tag sollte etwas ganz Besonderes passieren. Flaffy ging nach Hause. Es war früh. Aber er war immer daheim, wenn Luna aufwachte. Es war für ihn ein Ritual, das Frühstück zu machen. Sie früh zu begrüßen, mit ihr zu frühstücken und sie zu verabschieden, und dann darauf zu warten, dass sie nach dem Training wieder zurückkam. Er ging den Tag über seinen Aufgaben nach, aber er war immer da, um ihr die Tür aufzumachen. Doch an diesem Tag schien ein unangemeldeter Gast vorbeizuschauen. Luna war gerade nach oben verschwunden, als es klingelte. Flaffy machte die Tür auf, es war Cat. Er war locker gekleidet, was für ihn eher untypisch war. Er hatte sich eine kleine Umhängetasche über die Schulter gelegt.

Flaffy roch den Braten sofort. „Cat, heute mal nicht so förmlich unterwegs, was kann ich für dich tun?“

„Hi … ähm …“ Cat brachte zuerst kein Wort raus. „Ich möchte fragen, ob Luna vielleicht etwas Zeit hat?“

Flaffy gab bloß einen Seufzer von sich.

„Wer ist es, Flaffy?“, rief Luna von oben. Sie hatte die Angewohnheit, sich über das Geländer zu lehnen. Manchmal übertrieb sie es, sodass sie gleich auf der Couch stand.

„Gib mir eine Sekunde. Okay?“, rief Flaffy nach oben. Er ging zu Cat vor die Tür und schloss sie hinter sich. Er gab einen Seufzer von sich: „Weißt du, Cat, du musst mich nicht fragen, wenn du was mit Luna machen möchtest. Ich bin nicht ihr Vormund, sie ist alt genug.“ Flaffy fügte leise etwas hinzu: „Oder sollte sie zumindest sein.“ Flaffy sprach normal weiter: „Aber du rückst hier an wie ein kleines Kind, das die Eltern seiner Sandkastenfreundin fragt, ob sie nachher Zeit hat.“ Flaffy setzte eine kindliche Stimme auf: „Du, Flaffy, darf Luna nachher raus zum Spielen?“ Er sprach wieder mit normaler Stimme: „Frag sie einfach, ob sie mit dir was unternehmen will. Ich würde meine Rüstung darauf verwetten, dass sie mit dir mitgeht, und hast du dir überhaupt schon überlegt, was du mit ihr unternehmen willst?“

Cat wollte zu einem Satz ansetzen.

„Sag mir jetzt bitte nicht, dass du sie zu einem Filmabend oder einem Essen einladen willst?“, unterbrach ihn Flaffy.

Cat verstummte sofort.

„Ich weiß ja nicht, welche Erfahrung du mit Frauen gemacht hast, aber ich garantiere dir, wenn du wirklich was mit Luna zusammen machen möchtest und du mit ihr was machen willst, was sie wirklich liebt, dann darfst du mich fragen, was sie gerne macht“, schloss Flaffy seine Rede ab.

Cat zögerte: „Flaffy, kannst du mir verraten, was Luna gerne macht?“

Flaffy drückte ihm einen Flyer auf die Brust: „Frag sie einfach, ob sie Lust hat, mit dir da mitzumachen. Und wenn du sie etwas besser kennenlernen möchtest, nimmst du sie heute Abend noch mit auf das Holodeck und zockst etwas mit ihr. Danach gehst du noch zu Reaktion, der kocht euch noch was Leckeres zum Abendbrot, zum Beispiel eine Pizza, die ihr dann gemeinsam vor der Konsole verspeisen könnt. Außerdem trinkt sie gerne Energiedosen. Wäre gut, wenn du welche bereithältst.“

Cat nahm den Zettel in die Hand und schaute Flaffy fragend an: „Das ist der Aushang für das morgige Panzerderby im Freizeitdistrikt? Ich hab mal gehört, dass Frauen nicht so auf Panzer, Dreck und Gefahr stehen?“

„Vertrau mir, das ist das, was sie will. Und glaub mir, sie ist gut, sie macht dir den Titel als bester Fahrer der Titan streitig“, sicherte Flaffy ihm zu.

Cat nickte.

„Weißt du jetzt, was du zu tun hast? Ich erwarte dich in einer Stunde wieder hier.“ Flaffy hatte seine Anweisungen beendet.

Cat nickte wieder untertänig: „Ja, habe verstanden.“

„Übrigens, ich habe mir schon erlaubt, euch anzumelden, also kannst du keinen Rückzieher mehr machen“, fügte Flaffy hinzu.

Cat musste sich davor bewahren, im Boden zu versinken. Er wusste nicht, wie er sie fragen sollte. Flaffy hingegen ging durch die Tür. Cat trottete weg, um alles vorzubereiten. Flaffy schloss die Tür hinter sich. Luna landete gerade auf dem Sofa: „Und, wer war da?“

Flaffy antwortete flink: „War nicht wichtig, ging um das Schiff.“

„Ah okay, was meinst du, unternehmen wir heute Abend noch etwas? Zocken wir eine Runde oder fragen wir CS, ob wir bei ihm ’ne runde Mondrover fahren können, oder wollen wir uns zu Wraith an das Höllenfeuer gesellen? Und danach fragen wir Reaktion noch, ob er uns was zu essen macht?“, fragte Luna.

Flaffy schüttelte den Kopf. „Glaub mir, der Abend wird interessanter für dich, als du dir vielleicht ausmalen kannst.“

„Wie meinst du das“, fragte Luna verdutzt nach.

„Warte es ab“, erwiderte Flaffy. Luna versuchte weiter, ihm eine Antwort zu entlocken, aber er hielt dicht. Cat hingegen gab sich alle Mühe, den Abend noch vorzubereiten und dabei keine von Flaffys Aufgaben zu vergessen. Eigentlich fiel es ihm nicht schwer, sich etwas zu merken oder Aufgaben abzuarbeiten, aber jetzt hatte er den Kopf voll. Er wollte mehr als sonst keine Fehler machen. Er überlegte die ganze Zeit, was er in welcher Situation sagen würde. Gegenüber Yurai war er immer locker, aber immer, wenn er in Lunas Nähe war, war er verkrampft und versuchte, einen guten Eindruck zu machen. Hoffentlich stimmt das, was Flaffy gesagt hat, sonst stehe ich da wie der letzte Trottel vom Dorf, dachte sich Cat.

Auch wenn Luna es nicht geschafft hatte, Flaffy eine Antwort zu entlocken, versuchte sie ihn zu überreden, noch etwas mit ihr zu unternehmen.

Doch Flaffy lehnte vehement ab. Luna war total heiß darauf, noch etwas zu erleben. Flaffy wollte sie nur auf den anrückenden Abend vorbereiten, damit Cat leichtes Spiel hatte. Flaffy hatte extra einen weiteren Körper vor der Tür platziert, um zu wissen, wann Cat wiederkommen würde.

Cat stiefelte siegessicher den Gang entlang. Der Flaffy, der an der Tür lehnte, ging seiner Wege. Der Flaffy in der Wohnung verkroch sich in seiner Küche. Luna hatte es sich schon auf der Couch bequem gemacht. Es klingelte. Luna sprang auf: „Ich mach die Tür auf." Sie rannte zur Tür. Natürlich stand Cat da. „Hi Cat …" Luna war etwas verdutzt über seinen Besuch.

„Hi Luna", antwortete Cat.

Luna reagierte sofort. „Du willst sicher zu Flaffy, der ist gerade in der Küche. Warte, ich hol ihn schnell."

Sie wollte direkt losstürzen, um Flaffy Bescheid zu sagen.

„Luna", rief Cat ihr hinterher: „Warte bitte, ich will nicht zu Flaffy."

Sie hielt an und kam zurück: „Du willst nicht zu Flaffy?"

„Nein, ich will eigentlich zu dir", antwortet er leise.

„Entschuldige, ich hab dich nicht verstanden?", fragte Luna nach.

Cat wiederholte sich: „Ich will zu dir." Luna lächelte ihn an, man konnte förmlich das Funkeln in ihren Augen sehen. „Komm doch rein und setz dich erst mal", forderte sie ihn auf.

Cat schlich herein und setzte sich. Luna setzte sich ihm gegenüber und stützte ihren Kopf auf beide Hände: „Was kann ich für dich tun?"

Cat überlegte einen Moment, um die Worte in seinem Kopf zu ordnen: „Naja, wir haben uns noch nicht richtig kennengelernt, deswegen wollte ich dich fragen, ob du heute Abend schon was vorhast, wenn nicht, dann wollte ich dich fragen, ob wir was zusammen unternehmen wollen?“

Luna hob den Kopf und sah etwas grimmig zu Flaffy: „Ich hab noch nichts vor, also können wir was unternehmen.“

Cat schaute in die Küche. Er bekam von Flaffy zwei Daumen nach oben. „Auf was hättest du denn Lust?“, fragte Cat. „Heute hätten wir das Holodeck für uns alleine, was hältst du davon, aber wir müssen da nicht hingehen.“

Luna lächelte ihn an: „Holodeck, hört sich doch gut an, ich hätte Lust auf ein kleines Spiel, ich muss nur noch kurz Flaffy fragen.“

Sie sprang auf und ging zu Flaffy: „Du Flaffy, darf ich heute Abend mit Cat rausgehen?“

Flaffy hatte direkt ein Déjà-vu. Für ihn hörte es sich an wie: „Du Flaffy, darf ich nachher noch mit Cat spielen gehen?“ Flaffy musste an sich halten, nicht den Kopf zu schütteln. „Klar, warum nicht?“

„Danke dir“, Luna ging zu Cat zurück und schleifte ihn zur Tür. „Bis nachher.“

Cat versuchte, sich auch zu verabschieden, aber ihn konnte Flaffy nicht mehr verstehen. Flaffy verschränkte die Arme: „Womit hab ich mir diesen Spaß wohl verdient?“

Beide zusammen machten sich auf den Weg zum nächsten Portal. „Was wollen wir auf dem Holodeck machen?“, fragte Cat.

Luna überlegte: „Was hältst du davon, wenn wir ein Game anschmeißen, ich wollte eigentlich mit Flaffy mal das Play-Party-Spiel spielen, das Titan für mich zurechtgemacht hat, aber Flaffy war irgendwie heute nicht zu überreden.“

„Ja, warum nicht?“ Cat grinste. Flaffys perfider Plan war aufgegangen.

Flaffy hingegen hatte andere Pläne, er wusste, dass Titan den beiden sicher folgen würde, wohin sie auch gingen. Er hatte hinter Lunas Rücken noch ein kleines Treffen mit ihrer Trainingsgruppe gemacht. Er hatte etwas für den morgigen Tag geplant.

Luna und Cat waren schon fast auf dem Deck. „Und was machen wir in diesem Spiel?“, fragte Cat sie vorsichtig.

„Das ist ein Sportspiel, wo man viele schöne Dinge machen kann, so was wie Skifahren, Golfspielen, Bowlen oder Holzblockpanzer fahren.“

„Okay, klingt lustig.“ Eigentlich war das nicht die Richtung Games, die Cat mochte. „Und was willst du zuerst ausprobieren?“

„Ich möchte gern Holzblockpanzer fahren“, antwortete sie flink. Sie kamen an der Tür zum Holodeck an. Sie öffnete sich. Titan hatte alles schon geladen, damit sie nicht warten mussten. Sie gingen hinein. Vor ihnen war das Menü, wo sie auswählen konnten, was sie spielen wollten. Cat klickte auf das Symbol des kleinen Blockpanzers. Es war ein 2-D-Game. Auf einer riesigen Leinwand erschien ein Feld aus Holzblöcken, in der Mitte waren einige Hindernisse. Lunas Panzer war der blaue und Cat hatte den roten. Ein weiterer Panzer stand auf der anderen Seite der Hindernisse. Es war wie ein Wettbewerb: Wer am Ende die meisten Panzer getroffen hatte, hatte gewonnen. Die Level wurden immer schwieriger, mehr Panzer, verschiedene Arten. Die Kugeln prallten von den Wänden ab. Sie steuerten mit der einen Hand und zielten mit der anderen. Nach ein paar Runden machte es auch Cat Spaß, den kleinen Panzer über den Holzboden zu bewegen. Beide wetteiferten darum, mehr und mehr Punkte zu sammeln. Die Level schienen nur so an ihnen vorbeizuziehen. Sie lachten und machten Scherze darüber, wie sie gerade verloren hatten. Das Spiel war unwichtig geworden. Es ging nur noch darum, zusammen etwas zu unternehmen.

Auch wenn es Spaß machte, wollte Luna noch etwas anderes probieren. „Was meinst du, wollen wir noch eine Runde bowlen?“, fragte sie Cat.

„Ja klar“, antwortete er. Sie startete das Spiel. Hier war es ein virtueller Raum, in dem sie spielten. In diesem Moment fiel Cat etwas auf. „Aber warum spielen wir hier auf dem Holodeck, wir haben doch auf dem gesamten Schiff Bowling-Hallen?“

Luna schaute ihn traurig an. „Ich hab Hausverbot in den Bowlinghallen.“ „Warum das denn? Ich kann mir nicht vorstellen, warum“, erwiderte Cat.

Luna fuhr fort: „Meine Truppe geht jedes zweite Wochenende bowlen, und sie haben mich mitgenommen. Das Management hat mich dann vor die Tür gesetzt, weil ich den gesamten Boden zerkratzt habe.“

„Ich hab zwei Fragen. Erstens: Wie hast du es geschafft, den Boden zu zerkratzen? Und zweitens: Das System der Titan ist regenerativ, das heißt, kleine Schäden beheben sich von alleine, deswegen ist das eigentlich kein Grund“, fragte Cat sie.

„Ich kann keine Schuhe anziehen“, antwortete Luna.

Cat fragte nach: „Warum nicht?“

Lunas Blick schweifte nach unten auf ihre Füße. Cat folgte ihrem Blick. „Oh, verstehe.“ Luna hatte keine richtigen Schuhe an. Ihre Krallen zerkratzten beim Laufen den Boden in der Bowlingbahn. Auf der Titan spielte das keine Rolle. Er schüttelte den Kopf: „Manchmal ist mein Volk einfach zu sehr darauf bedacht, alles unversehrt zu lassen, obwohl sie wissen, dass es sich regeneriert. Und was meinst du, wollen wir deinen Namen für immer von der Schwarzen Liste streichen?“

„Wie meinst du das?“, fragte sie ihn.

„Naja, du gehst mit mir, als meine Abendbegleitung, in die Bowlingbahn, was meinst du?“, schlug Cat vor.

„Also lädst du mich auf ein Date in die Bowlingbahn ein?“, fragte Luna nach.

„Und wäre das schlimm, wenn es ein Date wäre?“, fragte Cat schüchtern nach.

Lunas Augen strahlten: „Nein, durchaus nicht.“

Cat reichte ihr die Hand: „Dann lass uns dieses Spiel beenden und bowlen gehen.“

Sie machten sich auf zu der Bowlingbahn, in der Luna Hausverbot bekommen hatte. Sie gingen hinein. Luna hatte sich bei Cat eingehakt. Am Tresen stand eine Frau, sie hatte Cat schon bemerkt. Auch Luna hatte sie gesehen: „Guten Abend. Was kann ich für Sie tun?“

Cat blickte kurz zu Luna. „Ich möchte mit meiner Abendbegleitung etwas bowlen, haben Sie heute Abend noch eine Bahn frei?“

„Natürlich, für Sie doch immer, ich nehme an, Sie brauchen nur ein Paar Schuhe?“, fragte die Frau hinter dem Tresen.

Cat warf einen offensichtlichen Blick auf die Liste hinter ihr. Es war die Schwarze Liste. Lunas Name stand ganz unten. „Dürfte ich mir die Liste mal zu Gemüte führen. Ich möchte mal wissen, wer hier Unruhe stiftet?“, fragte Cat nach.

Sie griff hinter sich und riss die Liste von der Wand: „Tut mir leid, die Liste ist nicht mehr auf dem neuesten Stand.“

Cat tat so, als hätte er sie nicht schon überflogen. „Dann würde ich mich freuen, wenn Sie mir die Liste nachher vorbeibringen, während wir etwas Spaß miteinander haben. Okay?“

Sie nickte eingeschüchtert. Sie wusste, was die Stunde geschlagen hatte: „Bitte, gehen Sie auf die Bahn 7, dort wartet schon Ihre Lieblingskugel auf Sie und für Ihre Begleitung werden wir gleich eine bringen.“

Cat bedankte sich noch und führte Luna nach hinten. Er zog seine Schuhe an. Luna suchte sich natürlich eine tiefblaue Kugel aus. „So, jetzt hast du wieder Zutritt in allen Bowlingbahnen auf der Titan“, sagte Cat zu ihr. „Aber warum hast du Flaffy nichts davon erzählt?“

Luna zögerte mit der Antwort auf diese Frage. „Weißt du, Flaffy tut so viel für mich, er kocht für mich, er ist da, wenn ich nach Hause komme, er hilft mir sogar bei schwierigen Aufgaben, er lässt mich bei ihm wohnen. Ich möchte ihm einfach nicht noch mehr Probleme bereiten.“

„Ich denke, dass du Flaffy keine Probleme bereitest. Er freut sich darüber, von jemandem gebraucht zu werden. Ich glaube sogar, Flaffy hätte die Sache etwas härter gelöst, als ich das gleich tue“, antwortete Cat ihr.

Während sie auf dem Weg zur Bahn waren, bedankte sich Luna noch bei Cat.

In der Zeit, in der Luna und Cat etwas herumturtelten, ging Flaffy zu seinem geheimen Treffen. Er sollte die Klasse in ihrer Kaserne treffen. Sie standen alle an ihren Plätzen und salutierten. Flaffy kam rein: „Leute, nehmt die Flossen runter, das ist ein inoffizielles Treffen.“

Alle nahmen die Hand runter und setzten sich gleichzeitig. Es war eine bunt gemischte Truppe aus Frauen und Männern. „Darf ich fragen, wie ihr zu Luna steht?“, fragte Flaffy ganz offen in die Runde.

Einer stand auf und antwortete: „Luna ist ein geschätztes Mitglied unserer Einheit. Zusammengefasst, wir haben sie alle gern. Sie ist eine der Besten.“ Er setzte sich wieder.

„Wer von euch wird morgen bei dem Derby dabei sein?“, fragte Flaffy. „Handzeichen reichen.“ Alle meldeten sich. „Hat euch Luna gefragt, ob sie auch mitkommen darf?“, fragte Flaffy weiter.

Diesmal stand eine der Frauen auf: „Luna hat uns gefragt, aber wir haben die Karten bestellt, als sie noch nicht in unserer Klasse war. Die Plätze sind schon seit Monaten ausverkauft, wir haben für sie einfach keinen Platz mehr bekommen.“

Sie setzte sich wieder. „Verstehe ich, aber würdet ihr euch freuen, wenn sie auch mit dabei wäre?“, fragte Flaffy in die Runde.

Wieder stand ein anderer auf: „Wir würden uns freuen, aber bei uns ist doch kein Platz mehr frei, und wenn, wäre sie doch in einem völlig anderen Bereich als wir?“

Flaffy lachte leise. „Sie soll ja auch nicht mit auf die Tribüne, Luna wird mitfahren.“

Reges Gemurmel brach aus. Es war freudig, sie waren froh, dass Luna auch mit dabei war.

„Was meint ihr, würdet ihr sie etwas anfeuern? Wäre doch was, oder?“, machte Flaffy den Vorschlag. Sie waren alle ganz unruhig.

„Ihr sitzt doch alle gleich vorne an der Startlinie. Wäre doch schön, wenn ihr sie auf der Bühne des Spektakels etwas willkommen heißt“, fuhr Flaffy fort.

Alle sahen ihn an. Sie waren alle ganz heiß darauf, seiner Bitte nachzukommen. Einer stand auf. „Wir werden uns was überlegen, verlassen Sie sich darauf.“

Flaffy grüßte die Truppe und verabschiedete sich wieder. Er ging nach draußen, aber er hatte noch nicht vor, nach Hause zu gehen. Er wollte noch die Ausbildungsleiterin aufsuchen. Sie hatte ihr Büro zwei Stockwerke über dem Klassenraum. Flaffy kam zur Tür hinein. Sie bemerkte es erst nicht, wer gerade hereingeschneit war. „Ich habe keinen Termin für Sie gemacht, bitte machen Sie erst einen mit meinem Sekretär aus.“

„Brauche ich auch einen Termin, wenn mein Name mit F anfängt und auf laffy endet?“, fragte er etwas höhnisch.

Sie blickte von ihrem Papierkram auf, es dauerte keine drei Sekunden, dann stand sie aufrecht vor ihm. „Es tut mir leid, Flaffy, bitte verzeihen Sie mir, ich habe nicht gleich gemerkt, wer hereingekommen ist.“

„Machen Sie sich keinen Stress, ich bin hier, um nachzufragen, wie es mit der Prüfungsvorbereitung steht“, fragte Flaffy nach. Er wusste, dass Sie nicht wusste, dass Luna von ihm in die Trainingsgruppe geschickt worden war.

Sie holte einen Aktenordner hervor. „Wir haben dieses Jahr keine Probleme mit den Kadetten, alle sind gut vorbereitet, alle sollten die Prüfung mit mehr als 95 Prozent abschließen. Wir haben allerdings eine kleine Truppe, die etwas hinterher hängt, aber auch sie sind gut genug, um aktiv in der Eingreiftruppe zu werden. Wir haben einen Sonderfall. Sie heißt Luna, sie ist erst sehr spät beigetreten, sie musste den Kurs in Rekordzeit absolvieren, sie hat eine Befreiung von dem Dice-Training. Aber auch wenn sie das weglässt, ist sie eine der besten der Klasse."

Flaffy nickte: „Wie kommt sie in der Klasse an?"

„Sie hat sich schnell eingelebt, sie kommt mit allen gut zurecht. Man könnte sagen, alle sind mit ihr befreundet. Sie gibt sogar einigen anderen Nachhilfe, wenn es um Kampftaktiken, Maschinentechnik oder deren Anwendung geht. Sie schien mir am Anfang etwas uninteressiert zu sein, wo es um den Tower ging. Aber als sie besser wusste als unser Mechaniker, wie der Taktiktower funktioniert, habe ich meine Meinung geändert. Sie hat ein enormes Verständnis von Maschinen und komplexen Abläufen. Ihr Kampfstil ist mittelmäßig. Aber wenn es um die Verteidigung geht, ist sie unschlagbar, ihre Konterangriffe sind selbst für uns Trainer wegweisend. Ich vermute, dass sie bereits früher schon mit der Technik in Kontakt getreten ist, folglich muss sie jemanden kennen, der bereits auf Einsätzen dabei gewesen ist. Darf ich fragen, warum Sie sich für sie so interessieren?", fasste sie kurz zusammen.

Flaffy überlegte. „Schön, wissen Sie, Luna kennt nicht nur irgendeinen, der schon auf Einsätzen dabei war. Man könnte sie als meinen Schützling bezeichnen. Ich habe genau diese Antwort erwartet, ich will ihr nicht nachspionieren, ich wollte nur wissen, wie sie sich schlägt."

„Bitte sagen Sie mir, Sie haben sie sicher von dem Dice-Training befreit, darf ich fragen, wieso?“, fragte die Frau ihn.

„Ich möchte es bei der Aussage belassen, dass Luna nicht unbedingt eine schöne Vergangenheit hat. Ich werde sie persönlich auf dem Gebiet der Würfel trainieren, sie wird wie geplant an den Prüfungen im vollen Umfang teilnehmen. Aber bitte erwarten Sie keine Bestleistungen, auch wenn ich mich darum kümmere“, antwortete Flaffy.

Sie nickte: „Natürlich, danke sehr.“

„Außerdem, ich möchte das Dice-Training in der Klasse selbst begleiten, ich werde auch mal etwas Besonderes mitbringen, aber sagen Sie der Truppe nichts, okay?“, fragte Flaffy.

„Natürlich, wie Sie befehlen. Darf ich fragen, um welches besondere Objekt es sich handelt?“, fragte sie unterwürfig nach.

Flaffy stand auf. „Ich werde den Würfel mitbringen, um zu demonstrieren, wie wichtig der Umgang mit solchen Waffen in einer Notlage sein kann. Ich danke Ihnen für Ihre Auskunft, ich werde mich melden.“

„Ich wünsche Ihnen auch noch einen schönen Tag“, verabschiedete sie sich. Flaffy ging durch die Tür und verließ das Gebäude. Er hatte heute Abend noch einen Termin, mit einer eher zwielichtigen Person, einer Person, die ihm schon viele Probleme gemacht hatte. Er suchte sich das nächste Portal und gab eine ellenlange Nummer ein. Es öffnete sich und er schritt hindurch.

Währenddessen an einer ganz anderen Stelle auf der Titan, genauer auf einer Bowlingbahn. Es war schon fast eine

Blamage für Cat, dass er weniger Strikes gemacht hatte als Luna. Er machte eine kleine Pause, er hatte sich etwas Süßes bestellt. Die Frau von der Rezeption kam vorbei, um ihm das Dessert zu bringen. Sie reichte ihm im gleichen Zug die Liste. Er nahm den Zettel, Luna warf gerade einen Strike, er las die Namen durch: „Ich habe vorhin den Namen gelesen, Sie haben ihn schnell entfernt?“ Es war schon fast mehr eine Frage als eine Aussage. „Sie wissen doch, dass kleinere Schäden auf der Titan von dem System automatisch repariert werden. Ich möchte einfach nicht, dass jemand ausgegrenzt wird, weil er oder sie keine Schuhe anziehen kann. Wer sich natürlich Schuhe anziehen kann, muss das auch, aber sagen Sie mir, würde Ihnen ein Schuh einfallen, der ihr passen könnte?“, fragte Cat nach.

Sie überlegte einen Moment: „Nein, Sir.“

„Sie wissen, was Sie falsch gemacht haben, ich möchte, dass Sie diese Nachricht in diesem Vergnügungszweig verbreiten. Es wird keine Konsequenzen haben. Ich möchte mir dennoch die Liste anschauen und wissen, was die Leute verbrochen haben“, meinte Cat. Er schlug einen eher lustigen Tonfall an: „Ich möchte mal wieder ein paar Leuten auf die Füße treten. Oh, und könnten Sie uns bitte etwas zu essen bringen, ich überlasse Ihnen die Entscheidung.“

„Okay, ich werde die Nachricht verbreiten. Es tut mir leid, wird nicht wieder vorkommen.“ Sie drehte sich um und ging wieder.

Luna kam zum Tisch: „Was hast du mit ihr besprochen?“

„Ich bin bloß meiner Aufgabe nachgekommen. Ich sorge für etwas Ordnung. Außerdem habe ich mir erlaubt, etwas zu essen zu bestellen“, antwortete Cat. „Du denkst aber auch an alles“, meinte Luna und setzte sich an seine Seite. „Was meinst du, wir haben noch ein Spiel, aber noch genügend Zeit. Wollen wir was essen und dann noch mal auf die oberste Ebene der Titan schauen?“, fragte Cat.

Die Frau kam wieder und brachte etwas zu essen. Cat schaute auf den Teller. Er bedankte sich freundlich. Sie hatte das Essen für beide auf einen Teller getan und zu allem Überfluss waren es auch noch Spaghetti.

Cat schaute Luna an: „Willst du vielleicht zuerst?“

„Warum, mich stört das nicht, wenn wir gleichzeitig essen“, antwortete sie.

Cat dachte sich nur „Das muss die Strafe sein, hätte ich doch bloß nichts gesagt. Mehr Klischee hätte es nicht geben können.“

„Was hast du gerade gesagt?“, fragte Luna.

Cat hatte laut gedacht. „Frag Flaffy, der kann dir das mit den Spaghetti erklären, oder du erfährst es gleich.“

Luna nickte. Sie begann, sich die Nudeln einzuverleiben. Cat musste unbedingt diesem Klischee ausweichen. Er schaute auf den Teller, er musste unbedingt ein anderes Ende finden, aber der gesamte Teller schien nur aus einer einzigen langen Nudel zu bestehen. Bevor sie ihn verdächtigte, nahm er sich das andere Ende. Nudeln waren nicht so sein Fall, aber Luna schlürfte das Ding weg wie eine Kabeltrommel. Bevor Cat in die Verlegenheit kam, das andere Ende der Nudel kennenzulernen, schnitt er mit seinem Löffel die Nudel kurz vor seinem Teil ab. Bevor Cat sich versah, hatte Luna den Teller leer gemacht: „Sorry, wolltest du mehr von den Nudeln?“

Cat schüttelte den Kopf. Er war froh darüber, dass sie den Teller leer gemacht hatte. „Und was meinst du, auf dem obersten Deck warten zwei schöne Plätze auf uns. Wollen wir uns losmachen oder hast du von Flaffy ein Zeitlimit bekommen?“, fragte Cat.

Luna nickte. „Lass uns nach oben gehen, aber ich nehme noch was zu essen mit nach oben“, stellte sie fest. Sie bestellte sich noch ein paar Fleischklößchen zum Mitnehmen.

„Du bist eher ein kleiner Fleischfresser?“, fragte Cat sie.

„Ich hab Hunger, ich mach auch viel Sport, daher viele Eiweiße. Und ich find es lecker.“

Luna grinste Cat an und naschte ein Klößchen.

Cat überlegte einen Moment, fragte aber dann trotzdem: „Was hältst du davon, wenn wir morgen noch was unternehmen?“

„Woran was hast du da so gedacht?“

„Ich hätte da zwei Plätze bei dem Panzerderby morgen, sehr exklusiv, sehr selten?“, antwortete Cat.

„Und was wären das für Plätze?“, fragte Luna lächelnd.

„Plätze direkt in einem Panzer. Wir sind beide für morgen als Fahrer angemeldet“, grinste Cat sie an.

Luna konnte sich das Lächeln nicht verkneifen. „Das hast du nicht getan, wir werden beide morgen mitfahren?“

„Wir fahren morgen mit. Ich habe einen Freund, der hat alles schon organisiert. Alles steht schon bereit“, erwiderte Cat. Luna musste lachen: „Und ich dachte, ich bekomme keinen Platz mehr auf der Tribüne, jetzt darf ich sogar mitfahren, aber in jedem Panzer sitzt immer nur einer. Also heißt das, wir werden gegeneinander fahren.“

Cat grinste: „Dann finden wir zumindest heraus, wer besser fahren kann. Flaffy hat mir erzählt, du wärst eine der besten, ich vertraue auf seine Worte.“

Luna drehte sich zu ihm und fuhr mit einer Hand seinen Arm entlang. „Was hältst du davon, wenn wir uns heute noch einen schönen Abend auf dem obersten Deck machen, um uns dann morgen als erbitterte Rivalen zu begegnen?“, fragte sie.

Cat lachte. „Du bist ja cool drauf, machen wir es so.“

Die beiden machten sich auf den Weg. Sie schauten sich den restlichen Abend noch die Sterne an, betrachteten die Gaswolken längst vergangener Sterne und versuchten zu erraten, wonach die Wolken aussahen. Die Sterne zogen langsam an der Titan vorbei und jeder sah anders aus. Lunas Lachen war heiter. Cat hatte dort extra zwei Liegen aufstellen lassen, auf die sie sich legen konnten. „Und wie findest du es hier?“, fragte Cat.

„Ich finde es schön hier, aber ich meine nicht nur das hier, ich meine diese Welt, die Titan, unser Team und vor allem Flaffy. Ich habe hier meine Familie gefunden“, lächelte Luna.

„Schön, dass dir mein Lebenswerk gefällt. Wusstest du, dass ich den Kern der Titan komplett selbst gebaut habe?“, gab Cat etwas an.

Luna überlegte kurz: „Meinst du damit die Brücke oder die Steuereinheit?“

„Nein, ich meine die gesamte Nano-Titan. Ich hatte zwar etwas Hilfe, aber den Großteil habe ich selbst entworfen und gebaut“, stellte Cat fest.

„Wie hast du das geschafft?“, fragte Luna fassungslos nach.

Cat lächelte. „Warte, ich zeige es dir.“ Er zog aus seiner Tasche einen Stift und hielt ihn hoch. „Also, ein Stift?“, stellte Luna fest.

„Nein nicht ganz“, entgegnete er. Langsam konnte man um den Stift eine Verzerrung des Raumes sehen. Dann verschwand der Stift, man konnte schon fast sagen, dass selbst das Licht an der Stelle verschwand. Nach und nach lösten sich die Krümmungen im Raum auf. Cat hielt etwas in der Hand.

„Wow, wie hast du das gemacht?“, fragte ihn Luna.

Cat hielt eine gläserne blaue Rose in der Hand. „Ich kann Materie mittels der Manipulation der Gravitation und der elektromagnetischen Anziehungskraft der Teilchen verändern. Sie ist nicht so effizient und schnell wie die Technik von Flaffy, aber mit ihr habe ich die Nano-Titan gebaut.“

Er reichte ihr die Blume. „Sie ist wunderschön.“ Luna betrachtete sie einen Moment. Cat konnte es sich nicht verkneifen, sie zu fragen: „Luna, ich möchte dich fragen, wann du Geburtstag hast.“

Luna lachte leise: „Tut mir leid, aber ich kenne meinen Geburtstag nicht. Ich habe ihn nie erfahren.“

„Dann lass uns das ändern. Wir feiern einfach den Tag, an dem du hier zu uns gekommen bist.“

„Ja, warum nicht“, lachte sie. „Weißt du, du hast ein Paradies erschaffen, eine Welt, in der alles möglich ist, wo niemand nach seinem Stand bewertet wird, alle haben dieselben Möglichkeiten. Niemand muss hungern, alle haben eine Arbeit und eine Wohnung. Aber manchmal gibt es einen besonderen Service für uns.“ Luna lächelte Cat an. „Manchmal gibt es für uns ein gut vorbereitetes, inszeniertes Date von Flaffy.“

Cat verschluckte sich und musste husten: „Woher wusstest du davon?“

„Weißt du, meine Fähigkeit besteht darin, vorherzusehen, was andere denken und machen werden.“ Sie lachte. „Du bist sehr einfach zu lesen, Flaffy hingegen ist für mich unmöglich, sein Kollektivbewusstsein macht es jemandem wie mir schwer, dafür kann er sich nicht verstellen. Es gab bis jetzt noch nie einen Abend, an dem er meine Einladung ausgeschlagen hat, er kann sich einfach nicht verstellen.“

Cat war perplex: „Bist du sauer?“

Luna lachte herzlich los: „Nein, warum sollte ich, ich hatte das erste Mal ein Date in meinem Leben und es war wunderbar.“ Luna umarmte ihn: „Weißt du, es ist schon spät, im Gegensatz zu dir brauche ich noch Schlaf. Wir sehen uns morgen.“ Luna ließ ihn wieder los.

Cat wusste nicht, was er jetzt tun sollte. Er war wie in einer Schockstarre. Luna sah sich beim Gehen noch einmal über die Schulter und zwinkerte Cat zu. Cat schaute ihr nach, er wusste nicht, wie er reagieren sollte. Luna verschwand in dem Abgang der Treppe und machte sich auf den Weg nach Hause. Sie wusste, dass Flaffy nicht mehr da war. Sie ging nach oben und legte sich in ihr Bett, so, als könnte sie mit so viel Spannung auf morgen einschlafen.

Cat hingegen legte sich wieder auf die Liege und blickte weiter in die Sterne.

Flaffy stand derweil in einer Cafeteria. Alle Augen waren auf ihn gerichtet. Es war eine Seltenheit, dass jemand aus der oberen Ebene hier auftauchte. Er lief zielstrebig los. Er suchte nach einem bestimmten Tisch. An einem Tisch in der Ecke saß ein rot gekleideter Mann. Flaffy setzte sich zu ihm. Der Mann schlürfte langsam seine Suppe. Er schaute

Flaffy an, ohne den Kopf zu heben: „Flaffy, ich hatte nicht erwartet, dass ich einmal von dir Besuch bekomme.“

„Hallo Haydon, lange nicht gesehen. Ich habe ein paar Fragen an dich“, begrüßte ihn Flaffy.

„Ich versauere hier bis an mein Lebensende, was wahrscheinlich nie eintreten wird. Was kannst du mir schon noch antun?“, erwiderte Haydon.

„Ich könnte dir dein restliches Leben etwas lebenswerter machen, wäre das nicht eine Variante?“, schlug Flaffy ihm vor.

„Wenn ich dir ein paar Antworten geben, bekomme ich einen Monat Urlaub und ’ne Freifahrkarte für den Freizeitpark“, versuchte Haydon zu verhandeln.

Flaffy lehnte sich nach hinten. „Du bekommst zwei Tage und einen Spielzeugkasten.“

Haydon lehnte sich nach vorne. „Okay, was brauchst du?“

„Ich will eigentlich nur wissen, ob Cat schon mal eine Freundin hatte“, fragte Flaffy geradeheraus.

Haydon schaute etwas verdutzt. „Okay, mit dieser Frage habe ich überhaupt nicht gerechnet. Cat muss wohl schon mal so was wie eine Beziehung geführt haben, aber das war lange, bevor ich ihn kennengelernt habe. Sehr lange, es war wahrscheinlich sogar vor Wraiths Zeit, denn er weiß nichts davon“, erzählte Haydon.

„Und woher weißt du das?“, fragte Flaffy.

„Ganz einfach, Cat verfällt in einen Rausch, wenn man ihm etwas von der Energie der Sieben Portale in seinen Drink tut. Da hat er erwähnt, dass er schon mal eine Freundin hatte, aber mehr hat er dann auch nicht erzählt“, erklärte Haydon.

„Hast du sonst noch was zu bieten?", fragte Flaffy.

Haydon überlegte einen Moment: „Nicht direkt, aber Cat ist nicht jemand, der direkt Liebe für jemanden empfindet. Wenn er auf jemanden steht, gibt es dafür einen bestimmten Grund, ich gebe dir den Rat: Forsche an der Stelle nach. Frage dich, warum empfindet Cat Liebe? Bei ihm gibt es keinen Grund, in irgendeiner Form Liebe zu empfinden."

Flaffy stand auf: „Danke, du bekommst deine zwei Tage und den Spielzeugkasten, auf Nimmerwiedersehen."

Er drehte sich um und ging wieder durch das Portal. Haydon schlürfte wieder seine Suppe. Flaffy machte sich auf den Weg zu Cats alter Werkstatt. Er hatte am Abend noch etwas vor. Er hatte sogar auf dem Weg ein kleines Souvenir mitgehen lassen, denn er wollte für morgen noch etwas basteln.

Die Ruhe vor dem Sturm

Flaffy hatte seine Idee fertiggestellt. Er machte sich auf den Weg nach Hause. Es war tiefste Schlafenszeit, nur noch die notwendigsten Systeme liefen noch auf der Titan. Alle schliefen. Flaffy öffnete seine Tür. Das Licht war spärlich, was ihm nichts ausmachte. Er ging auf das Sofa zu und lehnte sich darauf. „Weißt du, Luna, ich hab dir schon das Bett überlassen, da musst du mir nicht auch noch meine Couch nehmen."

Luna tat weiter so, als würde sie schlafen. Flaffy wusste aber, dass sie nicht schlief.

„Und wie war der Abend?", fragte er weiter.

Luna drehte sich um und öffnete die Augen. Lächelnd antwortete sie: „Schön. Danke dir, Flaffy, für den Abend."

„Du hast es herausgefunden. Aber was anderes hätte ich auch nicht erwartet", antwortete Flaffy. „Du kannst wohl nicht schlafen, bist sicher aufgeregt wegen nachher?"

Sie stand auf. „Ja, schon, ich krieg kein Auge zu. Aber nicht wegen des Rennens, sondern wegen gestern."

Flaffy nickte verständnisvoll. „Alles klar, ich verstehe, mach dir nicht zu viele Gedanken, ich hab was für morgen für dich vorbereitet." Flaffy führte sie im Halbschlaf zum Tisch.

„Was hast du?", fragte ihn Luna.

„Ich habe deine Flügel fertig."

Er hatte den Backpack auf den Tisch gelegt. Luna sah etwas überrascht aus. „Aber ich sehe keine Flügel?" Es war tatsächlich nur die Zentraleinheit.

Flaffy erklärte: „Ich hab die Flügel so designt, dass sie im Ruhemodus vollständig verschwinden. Wenn du sie brauchst, benötigt das Teil ungefähr zwei bis drei Sekunden, bis sie einsatzbereit sind. Dann sind sie genau wie die alten. Was meinst du? Willst du sie mal anprobieren?“

„Schlafen kann ich sowieso nicht, also warum nicht?“, entgegnete Luna. Sie zog ihr T-Shirt aus und drehte Flaffy den Rücken zu.

„Es wird etwas kribbeln“, warnte Flaffy sie vor.

Sie machte ihre längeren Haare nach vorne. „Flaffy, sei so freundlich.“ Flaffy musste noch ihren BH aufmachen. Er hatte an dem neuen Flügelmodel extra zwei Haken vorgesehen, um es wieder einzuhängen. Er hielt ihr den Backpack an den Rücken und aktivierte ihn. Sie musste lachen, es kitzelte, als sich die Flügel mit ihr verbanden. Flaffy hängte ihren BH an den Haken ein: „Wie findest du sie?“

Luna lief eine Runde durch den Raum und machte ein paar Dehnübungen: „So machen sie sich besser, sie sind leichter und nicht so steif wie die alten, ich kann mich viel besser bewegen.“ Sie öffnete die Flügel. Sie sahen genauso aus wie ihre alten. „Sie sind toll geworden“, lächelte Luna.

„Das freut mich, wirst du sie nachher tragen?“, fragte Flaffy.

„Na klar, mit denen kann ich mich nun auch in einen Panzer setzen, mit den alten wäre das schwierig gewesen“, antwortete Luna.

„Na dann kann ja nichts mehr schiefgehen.“ Flaffy musste lachen. Es war nicht das Einzige, was er für Luna fertig gemacht hatte. Aber diese Überraschung hob er sich für den Start auf. Luna setzte sich so, wie sie war, auf das Sofa und machte Flaffys alte Konsole an. Flaffy machte sich daran, ein Frühstück vorzubereiten.

Unruhiges Gemurmel ließ darauf schließen, dass der Showdown bald kommen würde. Die Tribünen waren überfüllt, es gab keine Stehplätze mehr, geschweige denn Sitzplätze. Die Fahrer mit ihren Teams hatten sich in den Boxen eingefunden. Nur Flaffy, Luna und Cat waren noch nicht auf der Bildfläche erschienen. Aus den Lautsprechern kam eine Ansage voller Elan: „Sehr geehrte Damen und Herren, liebe Bewohner der Titan, ich darf Sie heute recht herzlich zu unserem Panzerderby begrüßen." Ein lautes Jubeln und Klatschen fuhr durch die Abertausenden Reihen der Tribüne. „Dies ist unsere Auftaktveranstaltung zur Wiederbelebung der Titan. Ich möchte Ihnen die heutigen Kandidaten vorstellen." Die Stimme nannte die 73 Teams mit den 73 Fahrern. Luna und Cat blieben ungenannt. Das doch recht verhaltene Klatschen verstummte, nachdem der letzte Teilnehmer sich an der Startlinie aufgereiht hatte. „Heute, liebe Freunde, haben wir noch ein paar besondere Gäste, um genau zu sein, sind es zwei. Natürlich wird unser geliebter Cat Steloun mitfahren, doch das ist heute nicht der interessanteste. Heute fährt noch jemand Besonderes in diesem Rennen mit. Es gibt bis jetzt nur Gerüchte über sie. Ich bin selbst gespannt, wie sie aussehen wird. Sie soll der Engel des neuen Teams sein und ein Dämon auf dem Schlachtfeld. Sie ist der Schützling unseres Oberbefehlshabers Flaffy. Ich darf voller Spannung und Neugier vorstellen: *Luna!!!*"

Die Menge klatschte, jubelte und pfiff. Die Türen des Haupteinganges öffneten sich. Direkt gegenüber des Sprechers hatte sich die Klasse platziert. Sie hielten ein riesiges Schild hoch. Das Schild war lila, mit Lunas Namen drauf. An den Seiten war es mit schwarzen Flügeln bemalt. Luna schritt durch die Tür, ihre schwarz-lila Kluft mit den schwarzen Flügeln ließ sie bedrohlich aussehen. Im Schlepptau hatte sie Flaffy. Sie lächelte kalt. Hinter den beiden schwebte Lunas Sprinter ein. Flaffy hatte ihn erst in der Nacht fertiggestellt. Er war einem Prototyp von Cat nachempfunden. Schnell und wendig. Luna war neu in dieser Liga. Sie wurde gefeiert, als wäre sie gerade gekrönt worden. Sie winkte ihrer Klasse zu und machte sich auf den Weg zu ihrer Box. Von dem Pfeifen konnte man glatt einen Tinnitus bekommen.

Flaffy stellte ihr Gefährt an die Startlinie. Luna ging noch schnell zu Cat. „Was hat sie vor? Es scheint so, als würde sie nochmal mit Cat sprechen wollen. Es sieht so aus, als wäre das kein Wettbewerb zwischen den 75 Teams, sondern auch ein persönlicher Kampf zwischen Luna und Cat", spekulierte der Lautsprecher.

„Es scheint so, als hätten sie uns durchschaut", begrüßte sie Cat.

Cat grinste aus dem Cockpit heraus: „Durchaus, lass uns alles geben und ihnen ein tolles Spektakel liefern."

„Na dann, ich werde mich nicht zurückhalten, also gib alles", Luna verhöhnte Cat mit einer Handbewegung.

Die Lautsprecher reagierten: „Luna verhöhnt Cat, das gab es in der Geschichte der Titan noch niiieeeeee. Niemand hat es bis jetzt gewagt, Cat zu verhöhnen, es scheint so, als wären die beiden Rivalen durch und durch."

Cat lächelte. „Das verspricht ein toller Tag zu werden."

Langsam schloss sich das Cockpit. Luna kehrte zu ihrem Panzer zurück. Sie gab Flaffy noch einmal die Hand und stieg in ihr Fahrzeug ein.

„Es scheint, als könnte es losgehen, feuern wir die Kandidaten nochmal an!“, gaben die Moderatoren von sich. Eine riesiger Jubel begann. Alle feuerten die Fahrer an. Flaffy machte sich auf den Weg in die Box.

„So, für alle nochmal die Regeln. Ihr dürft alles, rammt die Gegner, zerstört ihre Panzer, kickt sie von der Rennstrecke, aber passt auf, dass es euch nicht erwischt“, kam eine kleine Ansage. In den Reihen gab es von normalen Radpanzern über Kettenpanzer bis hin zu Schwebepanzern alles in verschiedensten Ausführungen. Die Bewaffnung war eher dürftig, um Gewicht zu sparen. Alle Panzer waren Sonderanfertigungen, getunt bis zum Gehtnichtmehr. Luna startete ihren Panzer. Sie fasste vorsichtig die beiden Joysticks an, die zur Steuerung da waren. Flaffy hatte die Steuerung perfekt für sie angepasst. Sie hatte ein gutes Sichtfeld. Einige der anderen Fahrer hatten nur einen Sichtschlitz. Bevor das Rennen startete, hatte Flaffy aber noch einen Hinweis für sie: „Luna, ich wünsch dir viel Glück, aber bitte pass mit deinem Unterboden auf, die Panzerung ist dort nicht sehr stark, und bitte lass die Turbine nicht dauerhaft im Overdrive-Modus laufen.“

„Warum nicht?“, fragte sie über Funk zurück.

„Weil dein Motor dich sonst unfreiwillig überholt, also tu es bitte nicht“, bat Flaffy sie.

„Danke für deine Sorge, ich werde sie schon nicht zum Explodieren bringen“, verabschiedete sich Luna. In der jubelnden Masse erklang ein Horn. Das Zeichen dafür, dass es bald losgehen würde. Die roten Lichtzeichen gingen nach und nach an, bis letztendlich das grüne Blinken das Startsignal gab.

Alles gab Gas. Steine und Sand flogen durch die Luft. Eine Wolke aus Dreck legte sich über den ersten Abschnitt der Wüstenstrecke. Einige kamen nur schlecht von der Stelle, andere waren schon jetzt damit beschäftigt, ihre Gegner von der Strecke zu drängen. Luna trat auf das Gaspedal. Die Turbine hinter ihr heulte auf. Ihr Vorteil war, dass sie nicht auf Bodenhaftung angewiesen war. Cat schoss an den hintersten fünf Teilnehmern vorbei, dicht gefolgt von Luna, die sich keine Blöße gab. Auch Cat hatte ein ähnliches Modell, allerdings hatte er dieses selbst gebaut. Dicht gefolgt von Luna überholte er einen nach dem anderen. In der Wüste waren sie eindeutig überlegen. Mit horrendem Tempo rauschten sie in den künstlich erschaffenen Dschungel. Der Weg war schmal, Cat hatte sich an den hintersten vierzig Teilnehmern vorbeigedrängelt, aber Luna wurde er nicht los. Er musste sich richtig anstrengen, damit sie ihn nicht überholte. Luna gab Gas und rammte ihn. Cat machte einen Satz nach vorne. Ein Baum riss seinen linken Stabilisator ab. Er hatte Glück, dass er sich nicht wie ein Brummkreisel drehte. Nach einigen Kurven verließen sie den Wald wieder.

Als Nächstes fuhren sie in ein riesiges Tunnelsystem. Cat gab Vollgas in der Hoffnung, dass Luna ihm nicht länger am Heck hing. Ohne Turbinen sah er etwas alt aus. Luna aktivierte den Overdrive. Ihr Panzer schnippte nach vorne, Cat drängte sie nach links ab. Sie pfefferte die Wand nach oben. Sie flog einen Überschlag. So schnell konnte Cat nicht reagieren, war sie neben ihm und zischte nach vorne ab. Voller Entsetzen versuchte er, sie einzuholen. Ihre Gabe machte es ihr einfach, an den restlichen Teilnehmern vorbeizuhuschen. Sie hatte den Spieß umgedreht. Als

Neunte überquerte sie in der ersten Runde die Ziellinie. Eine von drei Runden war geschafft. Die drei Teams, die noch vor ihr waren, die Favoriten, hatten die letzten Rennen gewonnen. Weiter hinten konnte man es knallen hören. Gerade war ein Panzer in den Röhren explodiert. Luna schlängelte sich langsam nach und nach an den Teilnehmern vorbei. Noch bevor sie mit Cat im Schlepptau den Wald erreichte, hatte sie die Truppe überholt. Das Gerede des Moderators interessierte sie überhaupt nicht, auch wenn sie von allen gefeiert wurde. Sie hatte die Führung übernommen, bei ihrem ersten Rennen. Sie war so damit beschäftigt, Cat nicht vorbeizulassen, dass sie nicht bemerkte, dass es hinter ihr immer wärmer wurde. Sie war eine halbe Runde komplett mit dem Overdrive gefahren. Cat nahm Anlauf und rammte sie von hinten. Ein lautes Knacken ertönte. Die Turbinen gaben einen mächtigen Schub. Eine Stichflamme kam aus der Motorentlüftung. Sie griff unter sich und zog an dem schwarz-gelb gestreiften Hebel. Sie wurde aus dem Cockpit herauskatapultiert. Flaffys selbstgebauter Panzer ging in Flammen auf, prallte auf den Boden und riss Cat mit runter. Luna öffnete den Gurt und löste sich von dem fallenden Sitz. Für sie war es kein Problem, wieder unbeschadet auf den Beinen zu landen. Sie war schon aus wesentlich höheren Distanzen gefallen und hatte das unbeschadet überlebt.

Die Fahrbahn war nahezu versperrt von den beiden brennenden Panzern. Cat krauchte aus seinem brennenden Panzer heraus. Er war etwas angekokelt. Das Husten zeugte davon, dass auch er nicht ganz unbeschadet geblieben war.

Luna rannte zu ihm, um ihm aus den Trümmern zu helfen: „Scheint wohl so, als würden wir nicht erfahren, wer besser ist?“

„Ja, scheinbar. Dann müssen wir das auf einen anderen Tag verschieben.“

Der erste Fahrer kam mit seinem Panzerzug angeflogen. Er hielt kurz an: „Na ihr beiden, da habt ihr euch ja schön ins Bockshorn gejagt. Weißt du, Cat, du hast ganz schön nachgelassen, dass du dich einfach so aus dem Rennen schmeißen lässt. Eine Schande, dass wir damals nicht gegen dich gewonnen haben.“ Er fuhr weiter, bevor er von jemand anderem überholt wurde.

Cat war aufgebracht. Er blickte zu Luna: „Was meinst du, kaufen wir uns den?“

„Ich bin dafür, aber wie?“, fragte sie zurück.

Cat stellte sich hin: „Ich hab gesehen, das die Nummer 36 noch einen alten Hover fährt. Den werden wir uns krallen, wir müssen so schnell wie möglich zu der letzten Kurve des Waldes kommen.“

Luna breitete ihre Flügel aus: „Ich würde sagen, so geht das am schnellsten. Sie sprang in die Luft, drehte einen Looping. Cat sprang nach oben, damit sie ihn greifen konnte. Sie hakte mit den Armen seine Arme ein. Mit den Beinen umschlang sie seine, damit er nicht nach unten hing. Cat schaute nach unten. Er beobachtete die Fahrer. Luna war in der Luft leicht schneller als die Fahrer. Sie hatte keine Hindernisse, denen sie ausweichen musste. Cat fühlte sich etwas unwohl, so, wie sie ihn trug.

„Du, Cat, wie wollen wir den Panzer knacken?“, fragte sie ihn.

„Wir müssen an die Steuereinheit kommen, die für die Turbinen zuständig ist. Sie ist unten in der Mitte des Panzers. Wenn wir es schaffen, das gelbgrüne Kabel mit dem blauen kurzzuschließen, wird der Schleudersitz aktiviert“, fasste Cat zusammen. „Einer muss sich dabei auf den Panzer stellen und das Schließen der Haube verhindern.“

Luna begann langsam auf die Kurve zuzusteuern. „Ich werde die Kabel kurzschließen, du hältst die Klappe offen.“ Luna steuerte nun nicht mehr direkt die Kurve an, sondern den Panzer mit der Nummer 36. Sie näherte sich von hinten. Die 36 war im Gegensatz zu den anderen schwer und etwas unbeholfen. Sie ließ Cat auf den Panzer fallen. Sie flog nach oben, beschleunigte und landete vor dem Panzer. Der Fahrer fuhr vollen Kollisionskurs mit ihr. Sie rannte los. Kurz bevor das nackte Metall sie erreichte, ließ sie sich fallen. Sie rutschte und krallte sich mit ihren Fingern in einer Kante fest. Ein kurzer Schrei ertönte. Sie musste die Zähne ganz schön zusammenbeißen. Sie versteckte sich in einer der Rillen, um nicht von Bodenwellen abgerissen zu werden. Sie riss die Platte ab. Cat hielt sich bereit. Der Fahrer wusste nicht, wie ihm geschah, als er ohne Vorwarnung aus dem Panzer katapultiert wurde. Cat hielt die Klappe offen. Er sprang herein und hielt an. Luna kroch unter dem Panzer hervor. Cat öffnete ihr die Tür. Sie sprang herein. Cat ließ ihr den Vortritt. Sie durfte steuern, etwas, was Cat noch nie erlaubt hatte. Er hatte bis jetzt immer selbst gesteuert.

Sie legte ihre Hände um die Steuerhebel. Er sah ihre Hände. Sie waren blutunterlaufen. „Willst du wirklich steuern?“, fragte er sie, während sie Gas gab.

„Ich steuere und du siehst zu, dass die Motoren dieses Rennen überleben", erwiderte sie.

Cat ging nach hinten zu den Maschinen.

Luna war hoch konzentriert, die Schmerzen der gebrochenen Finger beirrten sie nicht. Auch wenn sie sich langsam regenerierten, war es schmerzhaft, die Hebel zu bewegen.

Cat versuchte sein Bestes, um noch mehr aus den Turbinen herauszuholen. Luna schaute durch die kleinen Schlitze. Ein anderer versuchte, sich an ihr vorbeizudrängeln. Sie schien genau zu wissen, was die Fahrerin der 39 vorhatte. Luna ließ niemanden vorbei, auch wenn sich hinter ihr eine Traube gebildet hatte. Der Panzer hatte schon einige Schäden erlitten.

„Cat, hast du es endlich? Ich bekomme langsam Probleme! Wenn wir nicht hinmachen, werden wir von der Bahn gedrängt!", schrie Luna nach hinten.

Cat zog an einem Hebel und koppelte den Antrieb wieder an. „Ich hab's gleich."

Ein Ruck fuhr durch den Panzer. Er wurde schneller. Langsam zog sich der wütende Mob hinter ihnen in die Länge. Luna ließ den Antrieb aufheulen. Sie knechtete die Maschinen regelrecht.

„Hey, pass auf, sonst überleben die Teile nicht bis zum Ende des Rennens", rief Cat nach vorne.

„Kümmre du dich darum, dass der Antrieb sich nicht in seine Einzelteile zerlegt, während ich dieses Rennen gewinne", antwortete sie etwas aufmüpfig.

Ein lautes Knacken fuhr durch das Innere des Fahrzeuges. Sie hatte gerade den Gegner vor sich von der Strecke gerammt. Cat stand hinten und versuchte die Leitungen zu flicken, die gerade begannen, sich aufzulösen. Eine Leitung dort, ein Ventil da. Alles zischte und pfiff. Was ihm aber noch mehr Sorgen machte, war die Brennkammer. Das leichte Rot schien nämlich schon hervor. Bevor sich der der Antrieb verflüssigte, trennte Cat die Zufuhr der Klimaanlage und ließ den flüssigen Stickstoff auf die Brennkammer laufen. „Du musst zwischendurch ab und zu den Fuß vom Gas nehmen."

Gerade überfuhren sie die Ziellinie. Die zweite Runde war geschafft. Sie hatten ein wenig der verlorenen Zeit wieder eingeholt. Flaffy winkte sie raus. Luna hielt an. Flaffy war fünf Mal da. Cat öffnete die Tür.

„Cat, ich hab was für euch." Flaffy schob vier Flaschen Kühlmittel zu Cat hinüber. Ein anderer öffnete die Luke für Luna: „Ich hab Handschuhe für dich, sie sind unterstützend, dann tun dir die Hände nicht mehr so weh." Flaffy schmiss ein paar seltsam aussehende Handschuhe herein.

Luna bedankte sich und die Türen schlossen sich. Flaffy hinterließ ihnen noch ein paar Ersatzteile und das Spiel ging weiter. Cat war damit beschäftigt, die Teile auszuwechseln, die schon kaputt gegangen waren. Nebenbei musste er noch die Maschinen kühlen. Lunas Fahrstil wurde nicht unbedingt sanfter. Je weniger ihre Finger weh taten, desto heftiger und waghalsiger wurden ihre Manöver. Sie eliminierte einen nach dem anderen.

„Wow, wenn du so weitermachst, knackst du noch den Rekord von den meisten zerstörten Panzern in einem Rennen", rief ihr Cat zu.

Luna grinste frech. „Was meinst du, was ich vorhabe." Dem Panzer vor sich fuhr sie unter das Heck. Die Kurve voraus war die Steilkurve des Sandabschnittes. Sie fuhr am äußeren Ring entlang. Langsam flog ihr Panzer aus der Bahn, bis er sich von dem Rennen verabschiedet hatte. Jeder, der sie im Rückspiegel sah, bekam es mit der Angst, sie räumte das Feld von hinten auf und niemand konnte seinem Schicksal entkommen. Die letzten drei vor ihr waren etwas hartnäckiger. Sie hatten sich darauf spezialisiert, als Kolonne direkt hintereinander, als Verband, zu fahren. Luna versuchte, an ihnen vorbeizukommen, allerdings war das in dem Wald sehr schwierig, die Wege waren viel zu schmal. Langsam ging ihr auch der Treibstoff aus. Für solche strapaziöse Fahrten war das Gefährt nicht ausgelegt. Cat musste sich unbedingt etwas einfallen lassen. „Luna, wir brauchen unbedingt Treibstoff, wenn wir noch bis zum Ende kommen wollen."

Luna nickte, so als würde sie sagen: „Zur Kenntnis genommen."

„Ich meine, wir brauchen dringend Treibstoff", korrigierte sich Cat. Luna ließ das Steuer an einer Seite los und öffnete ihren Energiekern, der ihre Flügel mit Energie versorgte: „Reicht das?" Leichtsinnig schmiss sie die Zelle zu Cat.

Der sprang wie ein Irrer, um sie zu fangen: „Mit dem Zeug werden wir es auf jeden Fall schaffen." Cat klemmte den Energiekern in die Halterung. Sie war von Anfang an vorhanden, als Notlösung. Cat schloss die Batterie an. Die Farbe der Motoren veränderte sich. Das Rotglühende verging. Die Leiter begannen nun blau zu glühen. Für Luna war es so, als hätte Cat den Motor ausgetauscht.

Luna rammte den letzten Panzer. Sie war wie ein Terrier, der sich gerade festgebissen hatte. Sie schien nicht zu versuchen, den Zug abzubremsen. Sie wollte sich bloß festhalten, um die Motoren zu schonen. Als Nächstes kamen die Tunnel. Auf diesen Moment hatte es Luna abgesehen. Als eine Abzweigung kam, lenkte sie scharf ein und bremste. Der letzte Panzer konnte der Kante nicht mehr ausweichen und fuhr direkt drauf. Nur noch zwei vor ihnen. Luna war in einem parallelen Tunnel. Sie hielt das Tempo des Zuges. Sie fing an, Loops zu fahren. Immer schneller, bis die Kreuzung kam. Die Nummer 2 wusste nicht, wie ihr geschah. In dem Moment wurde sie von Luna gerammt. Sie kam von links, die Nummer 2 schoss wie ein Flummi in die andere Richtung. Luna war nun direkt hinter der Nummer 1.

„Du bist auch gleich dran“, murmelte Luna vor sich hin. Der Moment kam, als sie aus dem Tunnel herausfuhren. Die Ziellinie war schon in Sicht. Luna zog nach rechts. Auf der rechten Seite hatte das Fahrzeug schon mächtig Schaden genommen. Links war noch etwas von der Panzerung da. Luna zog an und setzte sich neben die Nummer 1. Auch sie gab nun alles. Es ging nur noch darum, wer zuerst die Ziellinie überflog.

Cat seufzte und rollte mit den Augen: „Dass ich das mal machen würde.“ Er rannte zu dem Modul mit der Zelle. „Luna, du lenkst auf mein Zeichen nach links, so gut du kannst. Dann duck dich einfach.“ Cat wartete einen Moment. Luna nickte stumpf. „Jetzt!“, schrie er. Luna drehte die beiden ineinander verhakten Panzer nach links. Cat riss das Modul mit der Zelle heraus und schmiss es hinten zur Luke heraus. Als Nächstes rannte er zu Luna und hielt sie fest, um sie zu schützen. Die Explosion schleuderte die beiden Panzer Richtung Ziellinie. Cat schaute aus dem Fenster, er wartete nur darauf, dass er die weiße Linie sah, um die Reißleine zu ziehen, doch das Problem war, Luna hatte diese bereits abgefeuert. Er hielt Luna fest, so gut er konnte. Mit einem Knall schossen die beiden durch die offene Heckluke. Luna konnte ihre Flügel nicht verwenden, sie hatte vorhin die Energiezelle zu Cat geworfen. Cat sah, während sie fielen, dem brennenden Panzer hinterher. Er flog mitten auf die Tribüne zu. Cat bekam Panik. Er konnte nichts machen, aber nur, bis der Panzer auf einer unsichtbaren Wand aufschlug. Cat machte in diesem Moment die Augen zu und schlug mit dem Rücken auf dem Sandboden auf. Luna landete ziemlich weich auf ihm. Sie war bewusstlos geworden. Cat hatte sie mit seiner Fähigkeit aus dem Panzer geschleudert.

Flaffy ging auf sie zu. Er hatte den geöffneten Würfel in der Hand. Der andere Panzer war in der Leitplanke eingerastet, die es auch nur mit der Hilfe von Flaffy geschafft hatte, stehen zu bleiben. Luna machte die Augen auf. „Haben wir es geschafft?"

Cat hob den Kopf. „Ich weiß es nicht, aber wir sind zumindest noch an einem Stück."

Luna rollte von ihm runter. Cat stand auf, er wollte ihr gerade die Hand reichen, um ihr aufzuhelfen, als er von jemandem abgeworfen wurde. Cat drehte sich rum und konnte seinen Augen nicht trauen. Der Fahrer aus der Nummer 1 hatte einen weiblichen Charakter. Sie nahm ihren Helm ab und schmiss ihn nach Cat. Sie warf alles, was sie in greifbarer Reichweite hatte. Bis sie ihren Schraubenzieher schmiss, der in Cats Schulter seinen Platz fand. „Du Scheißkerl!", schrie sie ihn an: „Weißt du, wie lange ich dafür gebraucht habe, um die Panzer zu bauen!

Und du hast sie alle zerstört. Ich wollte doch nur einmal gegen dich gewinnen."

Cat zog den Schraubenzieher wieder aus seiner Schulter: „Lynne, dass du bei diesem Wettrennen mitmachst?"

„Durchaus, ich mache schon seit Hunderten Durchläufen mit, aber ich habe immer den Kürzeren gezogen", antwortete sie. „Aber gegen dich sind alle anderen schlecht." Sie scheuerte Cat eine.

Cat rieb sich die Wange. „Ich hab nicht gewonnen."

„Ach, und wie kommt es dazu? Du warst doch in dem Panzer, der gerade über die Ziellinie geflogen ist", motzte sie ihn an.

„Ich hab nicht gesteuert, ich bin disqualifiziert, Luna hat die ganze Zeit den Panzer gesteuert", erwiderte Cat.

Lynne verließ sofort der Zorn auf Cat. Sie schaute an Cat vorbei. Luna richtete sich gerade auf. Sie zog ihre Handschuhe aus. Ihre Hände waren tieflila, unterlaufen von Blut. Lynne kniete sich zu Luna: „Bist du die ganze Zeit mit diesen Händen gefahren?"

Luna nickte. Luna versuchte Luft zu holen, aber sie hatte einen stechenden Schmerz im Brustkorb. Flaffy kam angerannt und musterte sie: „Luna, du hast ein paar gebrochene Rippen."

Luna nickte und flüsterte: „Nichts, was ich noch nicht erlebt hätte."

Flaffy richtete sich auf. „Gleich geht es dir besser."

Titan kam angelaufen, sie hatte sich für diesen Auftritt ein schwarzes Kleid angezogen: „Hier, Flaffy." Sie reichte ihm die Schachtel, die sie in den Händen hielt. Flaffy nahm sie, öffnete die Schachtel und entnahm die Energiezelle. Luna öffnete die Halterung für die Zelle, Flaffy legte sie hinein. Luna biss die Zähne zusammen und ließ sich von Flaffy aufhelfen. Sie flüsterte: „Hey Lynne, tut mir leid, ich hab deine Fahrzeuge geschrottet."

Lynne war überrascht, dass Luna überhaupt etwas sagen konnte. „Du musst dich weiß Gott nicht entschuldigen, von dir können sich einige eine Scheibe abschneiden, so hart im Nehmen, wie du bist. Dann hast du sicher auch Cat aus dem Rennen gekickt, meinen größten Respekt." Sie sah Lunas Hände an, sie wurden langsam wieder blau. In diesem Moment atmete Luna tief ein. Ihre Rippen waren wieder verheilt.

„Was zum Teufel bist du und was ist mit dir passiert?", fragte Lynne.

Luna grinste: „Glaub mir, das willst du gar nicht wissen." Und Luna legte ihr die Hand auf die Schulter. Lynne war schockiert. In dem Moment nahm Cat Luna auf die Schulter. Die Lautsprecher verkündeten den Sieg. Alles feierte, grölte und pfiff.

„Lasst uns unsere Gewinnerin feiern!", rief Cat.

Luna hielt sich fest und atmete nochmal tief ein. Cat marschierte mit ihr auf den Schultern Richtung Tor, hinter dem die Siegerehrung stattfand. Hinter ihm war Lynne und nach ihr kamen Flaffy und Titan. Langsam trudelten auch die letzten Teilnehmer ins Ziel ein. Der Panzer mit der Nummer 56 war auf Platz 3.

Luna warf einen Blick nach hinten. „Wie viele sind denn noch übrig?"

„Du hast mindestens 20 Fahrzeuge auf dem Gewissen, damit hast du auch den Rekord für die meisten zerstörten Fahrzeugen geknackt", antwortete Lynne schnippisch.

„Und wer darf die alle reparieren?“, fragte Luna von oben herab. Lynne schaute sie mit hochgezogenen Brauen an. „Oh, verstehe“, ergänzte Luna.

Sie mussten noch etwas warten, bis endlich der Rest vollständig angekommen war. Alle fanden sich an der Bühne ein. Sie stellten sich nebeneinander auf. Flaffy und Titan waren wieder im Hintergrund verschwunden. Der Moderator begann von hinten nach vorne die Teilnehmer aufzurufen. Cat war ganz vorne bei den disqualifizierten dabei, er war nicht am Steuer eines Fahrzeuges über die Ziellinie gekommen. Danach kamen alle die, die zerstört worden waren. Auf dem Treppchen standen auf dem dritten Platz der Fahrer mit dem Panzer 56, auf dem zweiten Platz stand Lynne, deren Gesicht und Name jetzt dem Publikum das erste Mal offenbart wurde. Sie hatte es endlich geschafft. Sie hatte Cat in einem Rennen geschlagen. Und letztendlich, auf dem ersten Platz, Luna. Auch sie hatte es geschafft, ihr Ziel zu erreichen. Sie hatte Cat besiegt.

Cat musste den restlichen Tag mächtig einstecken. Luna hatte seine etwas zu perfekte Siegesbilanz zerstört. Sie feierten ausgiebig. Nachdem sie endlich nicht mehr belagert wurden, kehrten Lynnes Team, Flaffy, Cat und Luna in die Box der Nummer 1 ein.

„Hey, Lynne“, rief Flaffy.

„Was gibt's?“

„Weißt du, da die gesamte Sache auf meinem Mist gewachsen ist, würde ich mich doch dazu hinreißen lassen …“, Flaffy hielt in seiner rechten Hand den Würfel.

Lynne bekam große Augen. „Das ist der Würfel der Formen, das heißt, du willst mir helfen, alle Panzer wieder flottzumachen?“

„Ja, und im Gegenzug hilfst du mir bei einem kleinen Projekt, später mal, ist das ein Deal?“, fragte Flaffy forsch.

„Wie könnte ich da nein sagen?“, stimmte Lynne zu.

„Dann machen wir morgen die Flotte wieder startklar“, entgegnete Flaffy.

„Ja, und, was meinst du, soll ich mir als nächstes Ziel setzen?“, versuchte sie, das Gespräch am Laufen zu halten.

„Naja, du hast es geschafft, Cat zu besiegen. Such dir doch mal ein anderes Hobby oder setz dir als Nächstes das Ziel, Luna von ihrem Treppchen runterzuholen. Oder?“, machte Flaffy einen Vorschlag, „ich gegen Luna, die Kleine ist wahnsinnig, die Manöver mit der alten Kiste, in ihrem Zustand dieses Rennen noch zu fahren … Egal, wie hart ich mich anstrenge, gegen die kann ich nicht gewinnen.“ Lynne machte eine kurze Denkpause: „Oh, sorry, ich hab vergessen, dass sie bei dir wohnt.“ Sie drehte sich beschämt um und zog die Schultern hoch.

„Ja, das stimmt, in zweierlei Hinsicht, sie wohnt bei mir und sie hat einen Riss in der Platte, aber dafür liebe ich sie ja“, antwortete Flaffy.

„Du bist nicht sauer?“, fragte Lynne.

„Nein, warum? Ich bastle dir ’ne brandneue Flotte. Und mit der gibst du ihr Gegenwind. Sagen wir mal als Training für dich“, fügte Flaffy hinzu.

„Du willst, dass ich mit Luna trainiere?“, fragte Lynne aufgeregt.

„Ja, und ich weiß nicht, was du als Letztes gemacht hast, aber ich brauch noch jemanden, der sich um die Werkstatt im untersten Stockwerk der Nano-Titan kümmert“, fügte Flaffy hinzu.

„Warte, diese Werkstatt ist die von Cat, dort wurden die wichtigsten Technologien der Titan entwickelt, und du willst, dass ich dort arbeite?“, fragte Lynne nach.

„Lynne, ja, du darfst die Werkstatt für deine Fahrzeuge benutzen, dafür möchte ich, dass du dort etwas Ordnung hältst, das heißt, ich finde dort kein Gramm Staub und du fasst die Prototypen nicht an, außer ich sage es dir. Ist das ein Jobangebot?“, vervollständigte Flaffy.

„Wie könnte ich da nein sagen, ich mach das, aber darf ich, ich meine, dieses Rennen ist hier mein Lebenswerk …“, weiter kam sie nicht.

„Klar darfst du das hier weitermachen, du sollst sogar, ist doch was Schönes. Du hast meine Unterstützung und ich bekomme später nochmal einen Gefallen von dir.“

Flaffy war guter Dinge, er hielt ihr die Hand hin, um den Vertrag abzuschließen. Lynne griff zu. „Das heißt, wir sehen uns morgen am Portal 001“, bedankte sich Flaffy.

„Wir sehen uns morgen“, bedankte sich Lynne. Der Tag war wieder perfekt. Luna und Cat feierten zusammen. Flaffy ließ die beiden allein. Er hatte bei dieser Veranstaltung nichts mehr verloren. Er beobachtete alles aus der Ferne und erfreute sich an der ausgelassenen Stimmung, die hier in der Box 1 herrschte.

Der nächste Tag kam, Flaffy war spät dran, er kam gerade von der Brücke und stand in der Tür. Alles war still. Luna sollte eigentlich wach sein. Er klopfte an die Tür vom Bad, niemand da. Die Küche war unberührt. Er ging die Treppe hinauf. Er klopfte an die Tür, sie antwortete nicht. Flaffy ging hinein. Das Bett war gemacht. Also war Luna über Nacht nicht hier gewesen. Wo könnte sie sein? Flaffy lehnte sich über das Geländer und sah nach unten, direkt auf das Sofa. Luna lag da. Sie hatte nach dem harten Abend den Anker geschmissen. Flaffy ging herunter und lehnte sich auf das Sofa. Ein Auge ging leicht auf und schaute ihn mit einer riesigen Pupille an. Flaffy fragte gut gelaunt: „Und wie viele Bierflaschen waren es, drei oder vier?“

Das Auge ging wieder zu, sie lallte etwas: „Ich glaub, fünf.“

„Dann war es aber Radler“, fügte Flaffy hinzu: „Bei dir haben die echt vergessen, eine Leber einzubauen.“

Schon war sie wieder eingeschlafen. Flaffy schnappte sich eine Decke und deckte sie zu: „Mit dir habe ich einen Fang gemacht.“ Er beschloss, sie dann später zum Mittag zu wecken, falls sie da schon wieder ansprechbar war, woran Flaffy aber auch nicht wirklich glaubte.

Er ging nochmal zu Titan. „Hi, hast du Zeit für mich?“

Titan stand etwas beeiert da: „Falls du das Siegel meinst, das braucht nach meiner Schätzung, genauer geht es nicht, noch ungefähr einen Monat.“

„Und hast du dich um den anderen Auftrag gekümmert?“, fragte Flaffy nach.

„Ja, für wen hältst du mich? Yurai will sich des Problems annehmen. Wenn Yurai von der momentanen Mission wieder da ist, wird sie Luna trainieren“, fasste Titan zusammen.

„Danke dir, ich erwarte gleich Lynne hier. Wir sehen uns später“, machte sich Flaffy wieder vom Acker. Er zeigte Lynne dann alles. Sie bekam von ihm einen extra Zugang, mit dem sie in die Werkstatt kam. Flaffy wusste, dass sich das Zusammenspiel hier auf der Nano-Titan jetzt drastisch verändern würde, er hoffte, dass es nicht allzu chaotisch werden würde. Aber die Hoffnung ist bekannt dafür, dass sie zuletzt stirbt.

Aufgabenverteilung

Cat und Flaffy waren Freunde, die sich besser kannten als die meisten Brüder. Sie teilten und herrschten auf dem Weltentransportschiff Titan, einem Paradies mit vielen Facetten, Aufregung, Unsterblichkeit und endlosen Möglichkeiten. Kam aber das Verhältnis aus dem Gleichgewicht, dann geriet auch die Führungsebene ins Wanken. Viele Aufgaben, die Cat sonst übernahm, blieben liegen und Flaffy konnte nicht alles ausgleichen. Für den Fall, dass dies in der Bevölkerung passiert, wurde penibel vorgesorgt. Allerdings gab es keine Protokolle, die dies in der Führungsebene verhindern.

„Flaffy …. Flaffy?“ Wraith klopfte an die Tür des Apartments. Niemand machte auf: „Flaffy … *Flaffy!!!*“ Wraith zückte seinen Zweihänder und öffnete manuell die Tür, indem er sie in zwei Hälften schlug. Er machte ein paar Schritte in die Wohnung. Er rammte sein Schwert einfach in den Boden und schaute sich um. Niemand war da. Nur ein Klirren kam aus der Küche. Er blickte um die Ecke: „Titan?“ Wraith war sehr überrascht über das Bild, das sich ihm in diesem Moment offenbarte: „Wenn du schon eine Schürze anziehst, kannst du auch noch was drunter ziehen.“

Titan stand in der Küche und machte den Abwasch. „Moser nicht rum, was willst du?“

„Wo zum Teufel ist Flaffy abgeblieben?“, fragte Wraith. „Und warum stehst du hier in Flaffys Apartment und machst den Abwasch, bist du hier die neue Putze?“

„Nein, Flaffy hat mich darum gebeten, etwas auszuhelfen“, entgegnete Titan und legte den Teller weg.

„Was zum Teufel ist hier passiert?“, fragte Wraith nach. Er war, seitdem das Siegel geschlossen worden war, nicht mehr hier gewesen. Es waren nur noch einige Tage, bis es sich wieder öffnen würde. Titan lehnte sich an die Spüle: „Hier ist einiges passiert, zu viel, um es in Worte zu fassen. Lass es dir am besten von Flaffy erklären.“

„Und wo steckt unser Kollektivbewusstsein? Ich meine, von dem rennen zwanzig hier rum, so schwer kann es doch nicht sein, einen zu finden“, kommentierte Wraith die Situation.

„Warst du schon auf der Brücke? Da sollte er im Moment sein“, antwortete Titan.

Wraith zog sein Schwert aus dem Boden und ging durch die zerstörte Tür wieder nach draußen. Mit festen Schritten näherte er sich der Brücke. Die Tür ging auf. Er schaute nach links, niemand da, er schaute nach rechts, niemand da. Er ging ein paar Meter auf die Brücke, bis er Flaffy sehen konnte, er hing über einer Konsole. Wraith zückte sein Schwert, holte aus und ließ es neben dem komatösen Flaffy einschlagen. Langsam drehte sich Flaffy um: „Mach doch hier nicht so einen Stress.“

Wraith war erschrocken von dem, was er sah. Flaffy glich einem verschrotteten Auto. Seine gesamte Rüstung war zerkratzt und hatte Dellen. Sein Kopf hatte den Anschein, als hätte man ihn mit einem Backstein massiert. Seine Streifen waren so blass, dass man ihn nicht von einer schwarzen Wand unterscheiden konnte. „Bei allen drei Heiligen Waffen, was ist mit dir passiert?“, fragte Wraith und drehte Flaffy auf seinem Drehstuhl einmal um 180 Grad. Flaffy hob den Kopf: „Was meinst du?“

Wraith wusste nicht, was er darauf antworten sollte. Er schüttelte den Kopf, bis ihm die Worte wieder einfielen: „Du siehst aus wie eine wandelnde Roboterleiche. Ich weiß, dass deine Rüstung keinem Verschleiß unterliegt, also schätze ich, dass sie mit ihrem schadhaften Aussehen deinen geistigen Zustand symbolisiert. Wie sehr bist du ausgelastet?"

Flaffy drehte langsam seinen Kopf in verschiedene Richtungen: „Warte, ich muss kurz nachzählen." Dann starrte er ein paar Sekunden in die Luft, bis er antwortete. Da unterbrach ihn Wraith: „Beim letzten Mal waren es doch noch siebzehn und du hattest überhaupt keine Probleme damit und jetzt musst du nachzählen. Was ist los mit dir!" Wraith formulierte mehr eine Aussage als eine Frage.

„Ich habe 43 Körper am Start und bin damit bei 220 Prozent meiner geistigen Leistungsfähigkeit, Tendenz fallend", antwortete Flaffy langsam.

„Aha, und warum hast du auf einen Schlag so viele Doppelgänger erschaffen? Ich verstehe ja, dass du dich an diesen Zustand gewöhnst, aber momentan scheint das ja rückläufig zu sein", fragte Wraith scharf, er hatte Angst, dass Flaffy ihm sonst wegpennte.

„Anders schaffe ich die Arbeit nicht. Seitdem Cat nicht mehr arbeitet, muss ich hier alles machen, auch die Notfallbearbeitung der Anträge funktioniert nicht mehr. Ich brauche so viele, um der Aufgaben Herr zu werden", rechtfertigte Flaffy sich.

„Ich kann dir zwar keine Befehle erteilen, aber du brauchst eindeutig eine Pause, oder wir stehen komplett ohne qualifizierte Führungsebene da", stellte Wraith fest.

„Wann hast du eigentlich zuletzt Luna und Cat, CS, Yurai, Reaktion und Titan gesehen?“

„Also, Reaktion, CS und Yurai, ist schon ’ne Weile her, Luna und Cat zuletzt kurz nach dem Rennen. Warum fragst du?“ Flaffy war nicht ganz auf der Höhe.

Wraith hob Flaffy an, er war sehr schwer. Wraith stellte ihn hin: „Komm, ich bring dich erst mal nach oben.“ Als er ihn losließ, fiel Flaffy wie ein Kartenhaus zusammen. „Was ist los mit dir? Ach … vergiss es.“ Wraith packte Flaffy an den Füßen und schleifte ihn nach oben: „Warum steht hier keine Schubkarre? Damit ist es einfacher, Alkis oder Workaholics zu transportieren.“ Wraith schüttelte mit dem Kopf. „Dass ich mal der Vernünftige hier bin … Ich sollte ein paar Kreuze im Kalender machen.“

Die Tür von Flaffy war natürlich immer noch auf. Wraith schleifte Flaffy hindurch. „Hey, Titan. Kannst du mir sagen, was die anderen Körper von Flaffy gerade machen?“

Titan nickte: „Die gammeln irgendwo auf dem Schiff rum. Warum? Hast du ihn etwa nicht gefunden?“ Sie machte einen Schritt nach vorne, um die Tür zu sehen. „Oha, auf jeden Fall, die anderen sehen nicht viel besser aus.“

Wraith brüllte durch die ganze Bude: „*Luna!!!*“ Keine Antwort. „Wo steckt der Dämonendrache gerade?“, fragte Wraith, er hatte für Luna einen durchaus kreativen Spitznamen gefunden.

„Du weißt doch, dass ich sie nicht sehen kann. Ich weiß nicht, wo sie ist“, antwortete Titan:

„Aber cooler Spitzname.“ „Ey, ich bin, weiß der Schöpfer, nicht verantwortungsbewusst oder habe ein Gewissen, aber der Dämonendrache könnte sich ruhig mal um Flaffy sorgen“, regte Wraith sich auf. Titan musste dazu einen

Kommentar abgeben: „Was meinst du, warum ich hier die Putzfee spiele? Weil sie es ja nicht macht, Flaffy ist ja zu pflichtbewusst, als dass er seine Pflichten als Kommandant vernachlässigen würde und der ‚Dämonendrache‘ ist ja nicht hier. Ich finde, sie sollte sich auch mal um ihn sorgen, er hat sich ja auch für ihr Wohlbefinden den Arsch aufgerissen.“

Wraith nickte, er schaute Flaffy an, der war still. „Ob der pennt?“, fragte er Titan. Sie zuckte mit den Schultern. Wraith griff sich eine Keule aus seinem Arsenal und zog Flaffy eine runter. Titan antwortete: „Jetzt sind gerade alle anderen umgefallen oder bewegen sich nicht mehr. Offenbar kann Flaffy doch KO gehen, wenn er geistig am Ende ist.“

Wraith nickte: „Der ist ja so was von um, seit wann arbeitet der so?“

„Seitdem Luna nur noch mit Cat abhängt, Flaffy muss Cats Zeug mit übernehmen, Luna lässt ihn hier alleine. Dabei rückt der Tag immer näher, an dem sich das Siegel wieder öffnet“, fasste Titan zusammen.

Wraith nickte. „Ich werd mal rumfahren und die anderen einsammeln.“ Mit diesen Worten machte sich Wraith auf den Weg, um den Rest von Flaffy einzusammeln, damit er nicht mehr so viel Kraft aufwenden musste, um alle gleichzeitig an unterschiedlichen Orten zu bewegen. Es dauerte einen Moment, bis Wraith alle eingesammelt hatte. Sie lagen alle in der Wohnung rum. Beide hofften, dass Flaffy bald wieder zu sich kam, aber der schien gänzlich offline zu sein. Sie mussten einige Stunden warten, bis Flaffy wieder online war. Einer nach dem anderen begann sich zu bewegen. Sie sammelten sich und verschmolzen miteinander, bis nur noch einer übrig war. Flaffy sah einen Moment in die Luft, dann begann er wieder, sich zu vervielfältigen. Nachdem er sich zwölf Mal geteilt hatte, war er fertig. Viele der zusätzlichen Körper verschwanden durch die Tür. Titan und Wraith hatten das Schauspiel voller Spannung beobachtet. Flaffy stand immer noch mit ihnen im Raum: „Danke für den kurzen Reset. Was kann ich für euch tun?“

Wraith verschränkte die Arme: „Das, was ich brauche, ist eher unwichtig, vielmehr lautet die Frage, wie können wir helfen, du warst ja gerade noch voll out of order.“

Flaffy setzte sich an den Tisch. „Ich hab mich halt in meinen Aufgaben verrannt, mir ist nicht aufgefallen, dass ich an meine Leistungsgrenze gekommen bin. Ich muss halt noch etwas mehr üben, dann ist das auch kein Problem mehr.“

Wraith nickte. „Aber meinst du nicht, dass du das nicht alleine machen musst. Ich meine, wir haben alle unsere Aufgaben, zu deinen gehört es, Cat dabei zu unterstützen, das Schiff zu verwalten, nur dass bei deiner Tätigkeit Cat momentan nicht vorkommt. Ich will auch nicht an dir zweifeln, du machst das super. Aber komplett alleine ist das doch eine etwas extreme Aufgabe.“

Flaffy überlegte und fasste den Entschluss: „Ich werde mal mit Cat sprechen, Titan, kannst du mir Cat in den großen Verhandlungssaal bestellen. Du kannst ihm schon mal etwas Angst machen. Ich erwarte ihn in ungefähr 15 Minuten.“

Titan nickte und sprang los.

„Was hast du vor?“, fragte Wraith. „Ich will Cat mal auf die Finger klopfen“, antwortete Flaffy.

„Und Luna? Wirst du mit ihr reden?“, fügte Wraith hinzu.

Flaffy rief die Liste der Fehltage von Luna in ihrer Einheit auf, sie hatte keine Fehlzeiten, das hieß auch, dass sie immer da gewesen war. „Sie hat ihre Zeiten eingehalten, ihre Aufgaben hat sie also nicht vernachlässigt. Ich will erst mal Cat wieder gerade rücken. Ob Luna was davon abbekommt, überlege ich mir noch“, fasste Flaffy zusammen. „Bitte entschuldige mich, ich habe jemanden zusammenzuscheißen. Wenn du Hunger hast, im Kühlschrank steht noch ein Essen, Titan hat den Braten gemacht.“

Wraith ging an den Kühlschrank: „Mh, Luna scheint heute Abend leer auszugehen.“

Flaffy machte sich, ohne etwas zu sagen, aus dem Staub. Er machte sich auf den Weg zu seinem Meeting.

Derweil hatte Titan Cat und Luna gefunden. Sie waren auf einem Holodeck liegen geblieben. „Cat, Cat … ich hab ’ne Nachricht von Flaffy für dich“, rief Titan, als sie die beiden sah.

„Was könnte Flaffy von dir wollen?“, fragte Luna ihn.

„Ihr sollt ihn im Verhandlungssaal Nummer 1 treffen. Er ist etwas verstimmt“, überbrachte Titan die Nachricht.

„Er hat wahrscheinlich mit mir ein Hühnchen zu rupfen“, überlegte Luna.

„Nein Cat, du bist das Hühnchen, das er rupfen möchte, du hast noch fünf Minuten, bis das Meeting beginnt, oder der Teufel sucht euch höchstpersönlich.“

Cat sprang auf. „Wir brauchen ungefähr zehn Minuten bis dorthin.“ Er rannte los und Luna folgte ihm.

Titan schaute den beiden nach: „Mal sehen, wie sich Flaffy entschieden hat.“

Luna und Cat schafften es mit Ach und Krach, pünktlich an der Tür zu stehen. Sie machten sie auf. Flaffy saß auf dem großen Stuhl gleich am Anfang des Tisches. Cat und Luna traten ein. Beide stellten sich gerade in einer Reihe auf. Flaffys weiße Linien glühten Rot. Er musterte die beiden. Cat wollte gerade fragen, warum er ihn sprechen wolle, aber Flaffy unterbrach ihn, bevor er ansetzen konnte: „Was denkst du, warum du jetzt hier bist?"

Cat wollte gerade antworten, aber Flaffy fragte weiter: „Und du, kannst du dir vorstellen, warum ich Cat hierher bestellt habe?" Luna überlegte und nickte. „Kannst du dir vorstellen, warum du hier stehst?", fragte Flaffy weiter. Luna nickte wieder. Flaffy hob die Hand und zeigte auf Luna: „Dann verlässt du jetzt diesen Raum und wartest zu Hause. Dann hast du nochmal ein paar Minuten, um nachzudenken." Luna schaute nochmal zu Cat, sie drehte sich um und verließ den Raum.

Cat schluckte, als hinter Luna die Tür wieder zuging.

Flaffy stand auf und ging zu Cat. „Ich möchte dich fragen, warum ich dich den letzten Monat, seit dem Rennen, nicht einmal auf der Brücke gesehen habe. Warum habe ich dich zu keinem Planungstreffen mehr gesehen, warum funktioniert die automatische Antragsauswertung nicht mehr, warum sitze ich ohne Pause an deinen Aufgaben, warum muss ich Titan in meiner Wohnung anstellen, um sauber zu machen, weil ich nicht genug Leistung mehr aufbringen kann, auch noch dort sauber zu machen?" Flaffy wurde immer aufbrausender: „Bitte sag mir, warum hast du alle deine Aufgaben hingeschmissen?!"

Cat blieb stumm.

„Warum kannst du auf einmal nicht mehr deine Aufgaben erfüllen? Was mache ich falsch, dass du nicht mehr mit mir arbeiten willst, oder gibt es da einen anderen Grund?“, beendete Flaffy seine Frage.

Cat wollte gerade Antworten. „Nein, ich hab mit … ich …“

„… habe mit Luna abgehangen“, beendete Flaffy seinen Satz. „Ja, und wie kommt es zustande, dass Luna volle Stunden hat? Sie muss schlafen und zur Schule gehen. Wenn du nicht die Daten manipuliert hast, wart ihr nicht die ganze Zeit miteinander beschäftigt. Also?“

Cat überlegte einen Moment: „Ich hab die Daten nicht manipuliert. Ich war die ganze Zeit mit dabei, hab vor der Tür gewartet und nachts hab ich keinen klaren Kopf bekommen. Ich musste immer an sie denken.“

Flaffy fasste sich mit einer Hand an den Kopf: „Du hast es ihr immer noch nicht gesagt?“ Flaffy war auch mit dieser Frage sehr aufbrausend. „Ich hab mir den letzten Monat den Arsch aufgerissen, weil du Zeit gebraucht hast, um mit Luna was zu machen, und dann erfahre ich, dass da immer noch nichts läuft.“

Flaffy wurde in seiner Rede richtig laut: „Sie steht genau so sehr auf dich wie du auf sie. Ich meine, das ist schon ein Wunder, dass die nicht weiß, was ein Sexualtrieb ist, sonst müsste immer jemand die Tropfspur hinter ihr wegmachen, Herr Gott noch mal! Der große Unterschied zwischen euch ist im Moment, dass Luna so tut, als würde sie dem Unterricht folgen. Sie hat ihre Aufgaben weiter erfüllt oder zumindest so getan. Du allerdings hast weder deine Aufgaben erfüllt noch hast du so getan, als würdest du mir helfen, obwohl es eigentlich meine Aufgabe ist, dir zu helfen. Ist das angekommen?“

Cat überlegt gerade und nickte: „Ja, ist angekommen. Warte mal, Luna steht auf mich?"

Cat blickte sich hektisch um, er wollte gerade losspringen, als ihn Flaffy aus einer anderen Richtung aufhielt. „Das ist irgendwie nervig und faszinierend."

Flaffy war nun zweimal im Raum. „Bevor du weiterhin deine Aufgaben vergisst, machst du bis morgen die Planung für den Einsatz fertig, die habe ich nämlich nicht geschafft in den letzten Wochen. Ich denke, damit bist du bis zum Tag des Ereignisses ausgelastet. Übrigens, wenn wir schon einmal dabei sind, du wirst auch den Einsatzleiter spielen, also bereite dich vor!"

Damit beendete Flaffy seine Rede und ging durch die Tür. Er machte sich auf den Weg nach oben und kurz bevor er die Treppe hinaufging, teilte er sich nochmal, damit die Brücke wieder von ihm besetzt war. Er öffnete die Tür.

Luna lehnte an dem Esstisch, der mitten in dem großen Zimmer stand. Sie hatte den Kopf gesenkt. Sie konnte Flaffy nicht richtig anschauen. Er kam ein Stück auf sie zu. „Es tut mir leid, Flaffy", murmelte sie leise vor sich hin.

Flaffy ließ den Kopf etwas hängen. „Es tut mir leid, dass ich dafür gesorgt habe, dass du alle Aufgaben alleine machen musst." Flaffy schüttelte den Kopf und legte ihr die Hand auf die Schulter. „Weißt du, dafür, dass Cat nicht seinen Pflichten nachgekommen ist, musst du nicht die Verantwortung übernehmen. Ich will nur, dass du, wenn du schon mit mir hier lebst, auch mit im Haushalt hilfst. Okay?" Luna nickte. „Und ich würde dich auch gerne ab und zu mal sehen", fügte Flaffy hinzu.

Luna musste schmunzeln: „Ja, Flaffy, verstehe."

„Jetzt geh, ich will dich hier nicht festketten“, fügte Flaffy hinzu. Sie verschwand in ihrem Zimmer und Flaffy ging vor die Tür, wo CS schon auf ihn wartete. „Hi Flaffy, wie sieht es aus mit der Planung für den Einsatz?“

Flaffy entgegnete: „Die habe ich Cat aufs Auge gedrückt.“

„Das ist jetzt nicht dein Ernst. Der ist doch damit überfordert, so verknallt wie der gerade ist“, warf CS ein. „Meinst du, dass sich das innerhalb eines Tages bessern wird?“

Flaffy schüttelte den Kopf: „Nein, aber in ungefähr einem Tag holt er sich von ganz alleine wieder zurück auf den Boden der Tatsachen.“

„Woher weißt du das?“, fragte CS nach.

„Glaub mir, er tut es, er wird schon die richtige Entscheidung treffen.“

CS nickte verstört. Flaffy verabschiedete sich und ging seinen Aufgaben nach, er hatte noch viel zu tun. Die Arbeit einfach liegen zu lassen, war nicht seine Art. Er machte sich den Spaß und kam einfach am Abend nach Hause.

Luna lachte ihn an. Sie hatte mit Titan zusammen gekocht und beide hatten auf Flaffy gewartet. Er wusste nun, seine Rede war angekommen. Es ging nicht darum, dass sie gekocht hatte, sondern dass sie nicht nur an Cat denken sollte. Der Abend wurde schön, endlich mal nicht arbeiten, auch mal zusammen einen Abend verbringen, der erste freie Abend seit einem Monat.

Der nächste Tag rückte näher. Luna, die schlief, Flaffy, der weiter auf der Brücke stand, Cat, der über der Planung grübelte. CS, der sich in dem Konzertsaal sein Orchester anhörte, Wraith, der seine Klingen wetzte, und Yurai, die ihre Waffen putzte. Alle warteten auf das Meeting. Es sollte abends stattfinden, denn am nächsten Tag sollten sie früh wieder in die Stadt gehen.

Luna kam gerade die Treppe runtergesprungen, als sie bemerkte, dass Flaffy eine Vase aufstellte: „Flaffy, warum die Vase, du stehst doch nicht auf solch ein Gedöns?"

Flaffy lachte. „Du wirst sie noch lieben lernen, glaub mir." Er hatte gut 15 Vasen verteilt.

„Darf ich schon mal gehen?", fragte Luna.

„Ja, mach dich schon auf den Weg, ich bin auch gleich da." Flaffy wartete noch einen Moment, bis er sich auf den Weg machte.

Cat sah sich um. Es waren alle da, nur Flaffy fehlte. Er begann mit den grundlegenden Informationen, die er ausgearbeitet hatte, bis er dann endlich dazu kam, wer alles dabei sein sollte: „So, es sollen mich nicht alle begleiten, Dabei sind: Wraith, Yurai, CS und Reaktion. Ich denke, dass das Team groß genug ist."

Luna überlegte: „Warum darf ich nicht mitkommen?", fragte sie etwas konsterniert.

Cat wusste nicht, was er darauf sagen sollte. „Ich möchte nicht, dass du mitkommst."

„Ja, und warum?", fragte Luna erneut nach.

„Ich muss dir nicht erzählen, warum ich wen mitnehme oder auch nicht", versuchte Cat weiter auszuweichen.

Luna war etwas enttäuscht, sie biss vor Wut die Zähne zusammen.

„Hi Cat, Luna, tut mir leid, dass ich zu spät bin." Flaffy kam gerade angestiefelt. Cat schaute nach links zu Flaffy. Als er wieder nach vorne zu Luna schaute, bemerkte er, dass sie mit links ausgeholt hatte. Mit Tränen in den Augen gab sie ihm eine Schelle, mit aller Kraft, die sie aufwenden konnte. Luna drehte sich weg und rannte nach Hause, einfach an Flaffy vorbei, ohne ihn auch nur einmal anzusehen.

Flaffy stellte sich zu Cat. „Sie hat ’ne echt fiese Linke, aber ihre Rechte willst du nicht auch noch erleben. Hat es zumindest gezwiebelt?“ Cat schaute immer noch den Boden an, sein Unterkiefer sah etwas entstellt aus, er war nach links verschoben. Cat nickte, um auf Flaffys Frage zu antworten.

„Und weißt du, was du falsch gemacht hast?“, fragte Flaffy.

Cat zog mit einem Ruck an seinem Kiefer, damit er wieder seine ursprüngliche Position einnehmen konnte. „Ja.“ Seine Antwort klang schmerzhaft.

„Lass mich raten, du hast ihr gesagt, sie kommt nicht mit, und hast vergessen zu sagen, warum sie nicht mitkommt? Das bedeutet dann sicher auch, dass ich auch nicht mitkomme?“, fragte Flaffy hellsehend nach.

Cat nickte.

„Gut, ich akzeptiere die Entscheidung, ich hab dich ja zum Teamleiter gemacht, ich hoffe, auch hierfür hast du eine gute Begründung. die musst du mir natürlich nicht erzählen.“ Flaffy drehte sich auf dem Absatz rum und ging wieder. Yurai hüpfte von dem Stuhl runter: „Das war eindeutig die härteste Schelle, die du dir fangen konntest.“

„Oh ja, Mann, da wirst du ’ne Weile durch den Strohhalm essen müssen“, warf Reaktion ein.

„Geht in ein paar Minuten wieder“, warf Cat ein.

„Doch keine Suppe zum Abendbrot“, meinte Reaktion.

Cat rollte mit den Augen.

„Wollen wir uns endlich zum Siegel aufmachen?“, fragte Wraith. „Bevor wir hier festwachsen.“

Cat nickte. Titan wartete schon an dem Tor auf die Truppe. „Was meint ihr, wollt ihr das wirklich ohne Flaffy durchziehen?“

„Wir schaffen das schon“, behauptete Wraith.

CS war nicht unbedingt glücklich über die Entwicklung des Teams. Titan rollte mit den Augen. „Na gut, wie ihr wollt, das Siegel ist schon bereit.“

Sie legte die Kette in die Aussparung. Das Tor begann sich zu öffnen. Einer nach dem anderen verschwand durch das Tor. Titan nickte: „Viel Glück. Ich denke, ihr werdet es brauchen.“ Nicht weit entfernt von dem Siegel passierte etwas vollkommen Unerwartetes. Flaffy öffnete gerade seine Tür. Luna schmiss in dem Moment eine der Vasen, die Flaffy vorhin aufgestellt hatte, gegen die Scheibe. Flaffy trat ein und setzte sich an den Tisch. Luna kam auf den Tisch zu, legte die Hand an die Vase und warf sie gegen die Scheibe gerade an dieselbe Stelle wie die andere, die sie davor geschmissen hatte. In der Scheibe waren schon ein paar Risse zu erkennen. Flaffy legte seine Hand auf den Tisch. Genau an der Stelle, wo die Vase vorher stand, entstand eine neue.

„Komm schon Luna, beruhig dich, es gibt Schlimmeres als nicht dabei zu sein.“

Luna zerschmiss die nächste Vase. „Ich will mich nicht beruhigen!“ Der Riss in der Scheibe wurde immer größer.

„Dann wirf zumindest immer mal an andere Stellen der Scheibe, sonst muss ich die Risse selbst wegmachen“, entgegnete Flaffy. Seine Vase war fertig. Sofort griff Luna sie sich und schmiss sie gegen eine andere Stelle der Scheibe.

Flaffy stand auf. „Hey, Luna, komm mal her.“ Er ging zu ihr und nahm ihr die nächste Vase aus der Hand: „Komm mal her, jetzt lass mal die Vase sein.“ Er konnte sehen, dass sie dunkel unterlaufene Augen hatte, ein Anzeichen dafür, dass ihre Tränendrüsen auf Hochtouren arbeiteten. „Aber ich, … Warum darf ich denn nicht mitkommen?“, fragte sie Flaffy mit einem Schluchzen: „Will er mich nicht dabeihaben, bin ich ihm bloß ein Klotz am Bein, oder warum darf ich nicht mitkommen?“

Flaffy stellte die Vase zur Seite. „Komm erst mal her.“ Luna drehte sich zu ihm, er wischte ihr die Tränen aus den Augen. „Du wusstest, dass das passiert, du hast die Vasen absichtlich aufgestellt?“, fragte Luna bedrückt.

„Ich hatte so eine Ahnung, dass du jetzt was zum Zerschmeißen brauchst“, antwortete Flaffy. Sie musste in ihrem Schluchzen einmal kurz lachen. Sie umarmte Flaffy und legte den Kopf an seine Schulter. Auch wenn er kalt war wie Stahl, wollte sie ihn nicht loslassen. „Aber warum darf ich nicht mitkommen?“

„Weißt du, das hat nichts mit dir zu tun, dafür kannst du nichts, das liegt einfach nur an ihm“, versuchte Flaffy um den heißen Brei herumzureden.

„Was meinst du damit?“, fragte Luna nach.

Flaffy wich aus: „Glaub mir, es ist kein böser Wille, aber auf die genaue Antwort musst du schon von alleine kommen.“

Luna ließ langsam locker. „Und was meinst du, wie weit werden sie sein?“, fragte sie.

„Naja, sie sind noch nicht wieder da, das heißt, sie werden die Zeit synchronisiert haben, sie sind wahrscheinlich schon in der Stadt, hoffentlich gibt es keine Probleme, aber

Wraith ist dabei, der wird die zur Not aus dem Dreck ziehen“, antwortete Flaffy. Aber dann dachte er nochmal über seine Worte nach: „Wenn das Netz wieder auf dieselbe Weise angreift wie bei ihrem ersten Besuch in der Stadt, dann hat auch Wraith keine Chance, denn wie sollte er einen Gegner angreifen, der gänzlich körperlos war?“ Flaffy sprang von seinem Stuhl auf. Er musterte Luna, die ihn etwas verdutzt anschaute. Sie hatte bereits alle ihre Sachen an, den lila-schwarzen Kampfanzug, die Flügel und ihr gesamtes Waffenarsenal. „Wollen wir mal schauen, was die anderen so treiben?“, fragte Flaffy. Luna nickte schief. „Ich muss nur noch kurz etwas holen!“ Flaffy ging an eine Wand und drückte auf eine unscheinbares Stück der Wand. Sofort öffnete sich eine Geheimtür. In dem kleinen Raum waren viele von Flaffys Erfindungen gelagert, die wichtig für ihn waren, darunter auch die drei Herzkapseln. Luna schaute Flaffy zu, wie er sich ausstattete. Er nahm sich einen Backpacker mit, die drei Kapseln und den Würfel. Er bewahrte ihn den größten Teil der Zeit hier auf, da man ihn hier am schlechtesten wahrnehmen konnte. Flaffy kam wieder raus. „Ich hoffe, dass sich meine Befürchtung nicht bestätigt.“ Er ging forschen Schrittes auf die Tür zu. Luna folgte ihm immer noch bedrückt. Beide standen vor dem Tor, es war immer noch offen, Luna blickte Flaffy an.

„Na, dann wollen wir mal“, murmelte Flaffy vor sich hin. Von allen Seiten kamen weitere seiner Körper, er wollte mit voller Kraft in den Kampf ziehen. Luna schluckte, sie wusste, was das bedeutete: Flaffy hatte Angst, mehr, als sie gedacht hatte. Nachdem er alle Körper eingesammelt hatte, schien er einmal tief einzuatmen, er nickte einmal deutlich: „Und los geht’s.“

Luna griff seine Hand. Sie machten zusammen den Schritt durch das Tor des Siegels. Nachdem sie die Schwelle überschritten hatten, ließ Luna seine Hand wieder los. Flaffy ging geradewegs auf die Konsole zu. Luna blieb am Rand stehen, während Flaffy das Siegel drehte. Vor ihnen tat sich das Portal auf, durch das sie in die Stadt gelangen sollten. Es war, wie es Flaffy sich gedacht hatte, wieder in luftigen Höhen.

Flaffy ging auf das Portal zu. Er schaute hindurch auf die Stadt. Was er dort sah, war erschreckend. Er war vollends erstarrt.

„Was ist los, Flaffy?“, fragte Luna.

Flaffy zeigte auf die Punkte, die auf der Oberfläche der Stadt rumrannten. Yurai legte gerade einen Sprint hin, nur weg von diesen Ungeheuern. In der Stadt war die Hölle losgebrochen, doch waren es diesmal nicht die Gegner, die sie kannten, es waren große schwarze Ungetüme. Sie hatten Arme und Beine wie Menschen, doch es schien so, als würden sie in schwarzen Flammen brennen. Ihre Köpfe war geziert von zwei lodernden Auswüchsen. Ihre Augen waren rot glühend wie der Riss auf ihrer Brust. Ihre Arme waren länger und schienen muskulöser zu sein. Sie alle sahen ähnlich aus, doch alle hatten verschiedene Verstümmelungen, einige hatten nicht alle Körperteile, andere schienen Mutationen aufzuweisen, die hatten zusätzliche Arme, Tentakel oder auch mehr Beine. Was für Flaffy aber noch wichtiger war, in der Mitte der Stadt hatte sich eine riesige Energiemenge angesammelt, das Netz war eingedrungen. Er wusste nicht, wie, aber das konnte nichts Gutes bedeuten. Cat stand mit seinem Schwert den Dämonen gegenüber, Reaktion hielt sich tapfer, aber sein Körper war schon ziemlich lädiert, CS war am besten unterwegs, er rannte von Dach zu Dach, über die Dächer der Ruinen. Wraith musste sich gegen das Netz stellen, er konnte nur abwehren, aber angreifen fiel ihm schwer, alle waren an ihren Grenzen, die Dämonen schienen immer mehr zu werden. Flaffy nahm Anlauf und sprang Richtung Stadt. Luna tat es ihm gleich. Flaffy flog wie ein Komet auf die Stadt zu. Es fühlte sich an wie eine Ewigkeit. In seinen Händen bildeten sich schon wilde Linien. Cat schaute in seiner Notlage auf zum Himmel. Das blaue Licht von Flaffy war wie ein Leuchtfeuer der Hoffnung. Alle sahen es. Hilfe nahte. Flaffy legte eine Superheldenlandung hin, wie sie im Buche stand. Er schlug auf einem der Ausleger ein, auf dem ein Portal stand. Die schwarzen Biester sahen ihn verdutzt an. Flaffy erhob sich, in seinen Händen bildeten sich Handfeuerwaffen, sie waren nicht voll entwickelt, nur so weit, dass er schießen konnte. Die Dämonen begannen auf ihn zuzustürmen. Flaffy schoss nach vorne. Luna sprang aus dem Portal. Sie öffnete ihre Flügel. Es sah so aus, als würde ein schwarzer Engel vom Himmel herabsteigen, um alles zu vernichten. Sie landete hinter Flaffy. Sie faltete die Flügel hinter sich, zog ihr Schwert und tauschte mit Flaffy die Position. Mit dem Geschenk von CS in der einen Hand und dem Schwert von Yurai in der anderen war sie gut gewappnet. Flaffy stand hinter ihr und gab ihr Deckung, während sie einen Teufel nach dem anderen in zwei Hälften teilte. Die Last von CS, Yurai und Reaktion wurde kleiner, Luna und Flaffy waren ein gutes Team. Flaffy war höchst konzentriert, damit er nicht versehentlich Luna traf.

Reaktion, CS und Yurai sammelten sich in einer Ruine. Sie versteckten sich. Wraith und Cat hatten keine Besserung zu verzeichnen, Cat verteidigte mit aller Kraft die Zentrale. Wraith versuchte, sich zum Zentrum des Netzes durchzuschlagen, aber er hatte damit kein Glück. Er wurde immer wieder von den Angriffen des Netzes zurückgeschleudert, aber er gab niemals auf. Flaffy gab ein lautes Pfeifen von sich. Luna riskierte in einem günstigen Moment einen Blick zu ihm. Er gab ihr das Zeichen, dass sie verschwinden sollte. Sie sprang einfach wagemutig von der Stadt herunter. Die schwarzen Kreaturen schauten ihr nach, aber sie hatten nicht bemerkt, was sich hinter Flaffy befand. Er hatte hinter sich ein Geschütz aufgebaut, es bestand nur aus Linien, es war nur sehr schwer zu erahnen, was es war. Aber der Knall machte es klar. Die Teufel verpufften, als die Kugel durch die schwarze Masse flog. Luna breitete ihre Flügel aus und begann, um die Stadt zu kreisen. Sie hatte alle im Blick. Hinter Reaktion, Yurai und CS war auch schon wieder eine Horde hinterher. Flaffy teilte sich zwei Mal, um weitere Feuerkraft hinzuzufügen. Er sah zu Luna auf, sie schien ihn zu verstehen. Sie sollte alle einsammeln. Flaffy schoss sich immer weiter den Weg frei. Langsam, aber sicher erreichte er sein Ziel, es war eine Treppe zum unteren Teil der Stadt. Er verteidigte die Stellung, aber die Position war ungünstig. Sie konnten ihn nun aus mehreren Richtungen angreifen. Luna machte einen Sturzflug auf Yurai zu. Sie hatte die meisten Verletzungen erlitten. Die schwarzen Gestalten folgten Luna auf der Oberfläche, aber sie war zu schnell, als dass sie sie hätten einholen können. Yurai hinkte etwas beim Rennen. Luna machte einen Sturzflug und griff Yurai unter die Schultern.

Diese tat einen kurzen Schrei, bis sie merkte, dass Luna sie geschnappt hatte. Luna schleppte sie zu Flaffy, der die Treppe verteidigte. Sie setzte Yurai hinter Flaffy ab, landete und griff sich das Verbandsmaterial, das sich gerade an Flaffys Hüfte gebildet hatte. Er drehte sich kurz um. „Halt etwas durch, ich kümmere mich gleich um dich, Yurai."

Luna drehte sich wieder um, sprang über den Rand der Stadt und flog los, um sich nun auch CS zu holen. Auch wenn CS und Reaktion schon auf dem Weg zu ihnen waren, hatten sie immer noch eine riesige Armee vor sich. Luna gesellte sich zu den beiden, um sie zu unterstützen. Sie war immer noch frisch – im Gegensatz zu den anderen. Sie schaute Reaktion an: „Kannst du fliegen?"

Reaktion nickte. „Nicht weit, mein Treibstoff ist schon am Ende, aber bis Flaffy komme ich, wenn du CS nimmst."

„Schließt mich nicht einfach aus aus der Planung", entgegnete CS, aber da war es schon zu spät, Luna krallte ihn sich und flog zu Flaffy. Reaktion flog ihr hinterher. Er war sehr schwerfällig in der Luft, er hatte nicht seine normale Flugform angenommen. Er schoss auf seinem Weg noch etwas in die Menge, sie schien nicht auszuweichen. Sie waren bei Flaffy angekommen. Sie hatten jetzt eine feste Stellung, an der sie sich gut verteidigen konnten. CS übernahm für einen Flaffy, damit er sich um Yurai kümmern konnte. Er verarztete sie und füllte ihre Wunden

„Was mache ich mit Wraith und Cat?", fragte Luna. „Die werden von dem Netz direkt angegriffen."

„Mach es so wie immer, lass dich angreifen", antwortete Flaffy, „lies den Gegner und weich ihm aus. Der wird was anderes zu tun bekommen, als dich zu verfolgen." Luna startete in Richtung Wraith. Seine Position war immer noch außerhalb der heißen Zone. Als er sie sah, begann er zu rennen. Er rannte Richtung Abhang. Er sprang. Luna wollte ihn abfangen, sie griff ihn. Nur war er zu schwer. Er glitt ihr aus den Händen. Sie eilte im Sturzflug hinter ihm her. Sie versuchte es mit ihren Füßen. Sie krallten sich tief in seine Rüstung. Ihre Beine hatten genug Kraft, um ihn festzuhalten. Sie musste sich ganz schön anstrengen, um ihn wieder nach oben zu fliegen. Auch ihn setzte sie wohlbehalten hinter Flaffy.

„Nicht schon mal drüber nachgedacht, etwas abzunehmen?", fragte Luna höhnisch.

„Das ist das Gewicht der Rüstung", entgegnete Wraith

„Wer's glaubt", murmelte Luna.

Flaffy hielt immer noch die Stellung. Einer seiner drei Körper drehte sich um. „Was meint ihr, könnt ihr die Stellung hier halten? Ich muss Luna helfen, Cat aus der Scheiße zu ziehen."

CS warf Wraith einen kritischen Blick zu. „Wir schaffen das hier. Mach du dich auf den Weg zu Cat."

CS und Wraith wechselten Flaffy aus. Reaktion positionierte sich hinter den beiden, um sie zu unterstützen. Flaffy kletterte an Reaktions Rücken hoch. Er machte den Batterieschacht auf und platzierte zwei Energiezellen, um ihm wieder genügend Treibstoff zuzuführen. Im selben Zug füllte er noch seine Munition wieder auf. „Wenn wir mit Cat wieder zurück sind, werden wir schnellstens in die unteren Gefilde verschwinden. Also bereitet euch darauf vor", fügte Flaffy hinzu.

Die anderen bestätigten den Befehl mit stillem Nicken. Flaffy ging in Lunas Richtung. „Krieg ich für den Hinflug eine neue Rüstung?“, fragte Luna.

„Wenn du meinst“, antwortete Flaffy. Er ließ sich rückwärts von dem Weg fallen. Luna sprang ihm hinterher und umarmte ihn. In dem Moment schien er sie zu umhüllen. Sie schlug mit den Flügeln und flog wieder die Stadt entlang nach oben, an der Truppe vorbei.

Yurai sah ihr nach. „So ein Dreck, das Outfit steht ihr aber auch perfekt“, murmelte sie vor sich hin.

Sie steuerten das Netz an. Cat war mittendrin, an der Zentrale, er musste sich mit dem Schwert und dem Kristall inmitten der Energiewolke verteidigen, mit dem Rücken zur Wand fiel es ihm schwer zu entkommen. Luna wusste, dass sie ihn nicht über den Luftweg erreichen konnte. Sie ließ sich fallen und zog die Flügel ein. Sie rannte los, einfach an den Gegnern vorbei, die versuchten, sie zu Fall zu bringen, aber Luna sprang einfach über die Hindernisse hinüber, unter anderen rutschte sie hindurch. Von vorne kam ein Arm des Netzes geflogen. Sie legte sich hin, rutschte ein paar Meter. Stand auf. Sie musste die nächste Abbiegung rechts weg. Sie rannte, so schnell sie konnte, sie schlug zur Kurve ein. Ein weiterer Arm versuchte, sie von den Beinen zu reißen. Sie neigte sich in die Kurve, wie es ein Rennmotorrad tut. Ihre Krallen schlugen auf dem Steinboden Funken, während sie leicht rutschte. Nachdem sie die Kurve geschafft hatte, stieß sie sich ab, um wieder gerade zu rennen. Es war nicht mehr weit bis zu Cat. Flaffy löste sich von ihr, sie rannte einfach weiter. Flaffy stand mitten in der Wolke, er teilte sich gleich drei Mal, er hatte jetzt fünf Körper auf dem Schlachtfeld, zwei bei der Treppe, drei mitten im Geschehen. Sofort verschob sich der Fokus des Netzes von Cat auf Flaffy, Luna war uninteressant.

„Na, wie geht es dir, scheinst dich ja gut entwickelt zu haben, aber meinst du nicht, du solltest es mit einem Gegner aufnehmen, der dir gewachsen ist?“, spottete Flaffy über das Netz.

Es wurde sofort rasend. Es schlug mit aller Kraft auf Flaffy ein, doch den störte das in keinster Weise. Das Netz schlug mit seinen Auslegern immer wieder nur auf das Magnetschild von Flaffy. Dieser ließ seine Fäden entstehen: „Mal sehen, wie du zurechtkommst, wenn ich gegen dich antrete.“ Flaffy schuf Wände und Häuser, frei nach Belieben, seine Gebäude waren nur provisorisch gebaut, er isolierte Teile des Netzes spontan und griff diese dann in der Verwirrung an, er schuf Waffen und Geschütze. Flaffy schien den Krieg gegen das Netz alleine zu führen. Jeder Angriff des Netzes schien Flaffy in seinem Rausch nur noch weiter zu stärken. Flaffy war beherrscht, ruhig und konzentriert. Luna hingegen sprintete immer noch zu Cat. Er ruhte sich gerade etwas aus, aber sie gab ihm ein energisches Handzeichen, das bedeutete: Renn! Cat begann zu rennen, Luna hatte ihn schnell eingeholt. Cat hatte schon einen Großteil seiner physischen Kraft aufgebraucht. Sie kamen aus dem Einflussbereich des Netzes heraus, hier hatten sie es jetzt mit den schwarzen Dämonen zu tun. Cat zerschnitt einen nach dem anderen, während Luna Cat durch die Straßen zerrte, auf dem schnellsten Weg zu einem Abhang. Sie wechselten ständig die Richtung. Cat stoppte vor der Klippe. Er wusste, wenn er dort runterfiel, würde er das nicht überleben, Luna versetzte ihm einen

Tritt und sprang hinter ihm her. Sie krallte sich mit ihren Füßen in seine Schultern. Sie nahm Kurs auf die Treppe. Sie flog waghalsige Manöver. Sie ließ Cat nicht wie die anderen sachte ab, sondern ließ ihn los, als er in der Wand einrastete. Sie flog einen Looping und landete neben Cat, der aus der Wand fiel. Yurai lehnte sich zu ihm, der immer noch an der Wand festhing. „Du hast sie wirklich wütend gemacht.“

Cat löste sich von der Wand. Er spuckte einen Stein aus und sackte an der Wand wieder in sich zusammen. Auch er brauchte eine Pause. Die Dämonen wurden nicht weniger, genauso wie die Leichen immer wieder verschwanden. Die zerflossen einfach und versickerten in der Stadt. Auch Luna machte sich sofort auf den Weg, um Flaffy wieder abzuholen. Selbes Spiel wie zuvor, sie sah die Angriffe vorher, bis sie in eine Falle tappte. Sie war plötzlich von den schwarzen Dämonen umzingelt, Flaffy erwachte aus einer Ruhe, er versuchte, sich weiter zu konzentrieren, aber er konnte nicht, und Luna konnte nicht weg. Ihre Flügel waren wie gelähmt. Die Dämonen kamen immer näher, man konnte es an ihrem Gesicht sehen, sie hatte jetzt Angst. Flaffy besann sich, er zog den blauen Kristall aus einem seiner Einschübe: „Luna, es tut mir leid, ich hatte gehofft, das niemals tun zu müssen.“ Der Kristall begann rot zu leuchten. Die schwarzen Dämonen sprangen Luna an und drückten sie zu Boden. Es entstand ein Haufen, sie schrie nach Flaffy, der Kristall blinkte immer schneller, bis er wieder zu blau wechselte und die Dämonen von Luna weggeschleudert wurden. Sie stand auf und tat einen Schrei, er war durchdringend und schrill. Ihre Pupillen wurden riesig. Das Schreien hörte auf und ihr Lächeln wurde bösartig, Sofort verschwanden ihre Flügel. Sie steckte auch das Schwert in die Scheide, einer der Dämonen griff sie an, aber sie schlug ihn mit den Händen zusammen, sodass er sich auflöste, ihr Gesicht hatte jetzt wieder diesen wahnsinnigen Ausdruck. In diesem Moment hetzte das Netz so viele Dämonen auf Luna, wie es nur konnte, aber das machte ihr nichts aus, sie schlug einen nach dem anderen zu Brei.

Yurai lugte aus der Deckung hervor. Sie konnte Luna nur leicht erspähen. „Hey, schaut mal da, Luna ist wieder zum Drachendämon mutiert."

Luna zerstörte die Dämonen auf jede erdenkliche Weise, und wenn sie den Kopf der Kreaturen mit einer Kralle an der Wand einer Ruine zerdrückte. Flaffy machte ein heikles Manöver und gesellte sich zu Luna. Rücken an Rücken kämpften sie nun. „Danke, dass du uns hilfst", sagte Flaffy hastig, als er bei ihr ankam.

Luna grinste ihn giftig an. „Ich helfe nur dir, ich kann doch nicht zulassen, dass Luna was zustößt!" Flaffy erwiderte, als er wieder nah genug an ihr dran stand: „Und wie darf ich dich dem Rest der Truppe vorstellen?"

Sie lachte, auch wenn sie gerade eine Kreatur auseinanderriss. „Darüber habe ich noch niemals nachgedacht, aber ich denke, die Schwarze genügt."

„Na, dann werde ich dich jetzt auch so nennen." Flaffy schlug mit einer Faust auf den Boden, eine Welle schlug die Gegner etwas zurück. Beide begannen zu rennen. Während Flaffy den Weg freischoss, verprügelte die Schwarze weiter die Dämonen. Sie rannten währenddessen immer weiter Richtung Treppe. Sie rannten Seite an Seite. Nun räumten sie das Feld von hinten auf. CS und Reaktion schossen ihnen einen Korridor frei. Wraith erwartete sie schon oben an der Treppe, die seitlich an der Stadt vorbeiführte. Beide huschten an ihm vorbei. Flaffy sammelte noch seine vier Körper auf. Er rannte, verfolgt von einer Horde Gegner, Wraith hatte Luna bereits durchgelassen. Flaffy legte sich hin und rutschte unter Wraith durch. Alle, die hinter ihm waren, bekamen Wraiths Stahl zu schmecken.

Flaffy stand auf. Die Schwarze kam auf ihn zu und hielt ihm die Hand hin, Flaffy klatschte ab: „Schicke Sache."

Sie zogen sich zurück und rannten die Treppe hinunter, die Dämonen stoppten allerdings an der ersten Stufe. Nur das Netz verfolgte sie weiter. Sie rannten und rannten immer weiter, bis sie nach einer Vierteldrehung um die Stadt endlich einen Eingang sahen. Sie rannten hindurch, Flaffy kam als letzter. Er verschloss die Tür mit seiner Fähigkeit. Sie waren fürs Erste geschützt. Sie setzten sich an die Wand und ruhten sich aus. Von dem Verschluss war ein lautes Hämmern zu vernehmen, aber so lange, wie es hielt, war das egal. Flaffy machte den Schutztrupp. Er positionierte an dem nächsten Gang einige seiner Körper und an der verschlossenen Tür ebenfalls. Die Schwarze war ruhig und ernst, nicht so wahnsinnig, wie man sie kannte, sie hielt Yurai weiter, auch CS gab sie eine neue Energiezelle. Flaffy stellte sie vor: „Leute, darf ich vorstellen: Die Schwarze, Lunas zweite Persönlichkeit."

Sie brachte zwischen ihren Handgriffen ein kurzes „Hey" heraus.

„Sie wird für eine Weile bei uns bleiben", fügte Flaffy hinzu. Alle waren fertig, die Spannung in der Truppe war hoch, sie beschlossen, ein paar Minuten sitzen zu bleiben, bevor sie weitergingen.

Der Kern der Stadt

Das Team war niedergeschlagen, Flaffy bewachte die Korridore, die von dem Eingang wegführten. Wraith, Cat, Yurai und Reaktion waren schwer damit beschäftigt, die ruhige Minute auszukosten. Die Schwarze Luna setzte sich zu Yurai. Alle merkten, dass Luna anders war. Yurai reichte ihr die Hand. „Schön, endlich mal die andere Seite von Luna kennenzulernen."

Luna ergriff Yurais Hand. „Freut mich auch."

„War eine schöne Rennerei dort oben", versuchte Yurai ein Gespräch anzufangen.

Luna antwortete nur kurz: „Dann musst du mehr trainieren."

Yurai schmunzelte. „Nicht jeder kann so starke Beine haben wie du." Yurai hob die Hand und wollte Luna einen Klatsch auf den Oberschenkel geben. Luna fing ihre Hand im Flug ab. Sie hatte Yurais Handgelenk fest im Griff. „Versuch es und du verlierst deine Hand", fügte Luna leise hinzu.

„Willst du sie mir abschneiden, oder was?", fragte Yurai höhnisch nach.

Luna hob den Kopf und blickte Yurai in die Augen: „Nein, ich werde sie dir einfach abquetschen."

Luna drückte etwas zu. Yurai konnte jetzt ihre Kraft spüren. „Und wenn du es noch mal bei der anderen Luna versuchst, komme ich und hole dich." Luna kam Yurai immer näher. Ihre Gesichter waren nur noch wenige Zentimeter voneinander entfernt: „Ich werde dich in feinste Scheiben schneiden und an die Haie verfüttern." Luna hatte einen schon fast verstörenden Blick aufgesetzt.

Yurai zog ihre Maske nach unten und gab Luna einen Kuss auf die Wange. Sofort schreckte sie zurück und ließ Yurais Hand los. Diese setzte schnell ihre Maske wieder auf und stand auf. „Du gefällst mir, macht richtig Spaß.“ Yurai lachte.

Luna hingegen war verstört, sie machte mit den Händen komische Bewegungen und starrte Flaffy an, so, als wollte sie fragen, was gerade passiert war. Dieser lachte. „Mit Humor kannst du nicht umgehen, oder?“

Luna konnte nicht reagieren. Sie blickte einfach weiter zu Flaffy und ließ die Arme fallen. „Nimm es etwas lockerer, wir wollen dir nichts tun“, führte Yurai an.

Luna begann, etwas nachdenklich zu schauen. Leise brachte sie ein bedrücktes „Okay“ heraus und ließ sich von Yurai aufhelfen. Einer der vielen Flaffys drehte sich um und stellte sich mit in die Runde: „Jetzt mal Spaß bei Seite, Leute, was ist da oben passiert? Wie ist das passiert, dass ihr so elendig geendet seid?“

Reaktion projizierte sofort eine Karte der Stadt auf dem Boden und CS begann zu berichten: „Wir sind, wie ihr, in die Stadt gekommen. Wir wurden von den Steinriesen begrüßt. Sie schienen uns nicht als Gegner wahrzunehmen. Sie hielten uns bloß ab, in bestimmte Bereiche der Stadt zu gehen. Solange wir auf den Wegen blieben, waren sie friedlich. Sie haben uns zu der Mitte der Stadt geführt, wir haben das Zentrum nochmal unter die Lupe genommen. Hierbei haben wir uns in zwei Trupps aufgeteilt. Cat und Wraith untersuchten die inneren Bestandteile, Yurai, Reaktion und ich, wir haben die Gebäude im ersten Ring der Stadt untersucht, zumindest das, was uns die Steinriesen ließen. Sie sind die Beschützer der Stadt, scheinen sie aber selbst nicht zu bewohnen. Wir haben Hinweise auf die alte Zivilisation gefunden, die Schrift ist uns aber absolut unbekannt. Ich bin mir nicht sicher, ob das, was wir hier sehen, wirklich die Ruinen der alten Stadt sind, ich hege Zweifel."

Wraith fuhr fort: „Im Inneren des Stadions, wie ihr wisst, gibt es einen Mechanismus oder eine Maschine, die in der Lage ist, Seelen wieder zusammenzusetzen, allerdings muss die Seele auch von der Maschine auseinandergenommen worden sein. Wir haben versucht, sie zu aktivieren. In dem Moment schien die Stadt verrücktzuspielen. Die Portale begannen, sich von allein zu aktivieren. Die Maschine versuchte, Teile für eine Stelle zu finden, konnte aber nichts finden. In diesem Moment begann es: Dadurch, dass die Portale unkontrolliert die Welten wechselten, konnte das Netz eindringen."

Cat machte weiter: „Die Hölle brach los, diese schwarzen Riesen, sie kamen aus den Häusern, so, als hätten sie dort gewohnt. Auch wenn wir bis an die Zähne bewaffnet waren, haben sie uns überrannt. Das Netz und diese Wesen, wir konnten einfach nicht standhalten. Wir versuchten, die Kommandozentrale zu verteidigen, aber vergebens. Wir waren bereits getrennt. Wir hatten Glück, dass ihr in diesem Moment aufgetaucht seid."

Yurai nickte nur zustimmend und Reaktion begann weiter zu erzählen: „Das Netz war sehr erpicht darauf, in die Zentrale zu kommen. Aber sonst haben wir keinen Plan, was es will."

Flaffy nickte: „Okay, dann bin ich jetzt auch auf dem Stand der Dinge. Ich würde vorschlagen, dass wir jetzt erst mal sehen, was hier unten ist, wir können nicht hoch. Es wäre aussichtslos, wieder auf die Titan zu kommen. Wir müssen herausfinden, was mit der Stadt passiert ist, und wir müssen das Netz von seinem Plan abhalten, noch stärker zu werden."

Cat stimmte seinem Plan zu, er hatte selbst keine bessere Idee. Flaffy wandte sich an Luna: „Luna, hast du ein Limit?"

Sie nickte. „Ja, ich habe ein Limit, ungefähr noch eine halbe Stunde. Ich werde euch noch so lange helfen, wie ich kann. Dann brauche ich ein bisschen Zeit, um mich zu erholen. Dann werde ich wieder die alte sein."

Flaffy nickte. „Dann lasst uns keine Zeit verlieren. Wir wissen nicht, was uns hier unten erwartet und auch wenn es gefährlich ist, würde ich vorschlagen, wir werden uns wieder aufteilen, immer in Zweierpaaren, wir bleiben dauerhaft in Kontakt. Die Teams sind, denke ich, egal."

Wraith und Yurai gingen zusammen, ebenso CS und Reaktion, blieben nur noch Luna und Cat übrig, dieser Truppe schloss sich Flaffy auch noch an. Die Truppen machten sich auf den Weg. Sie waren schnell, versuchten aber immer noch, eine gewisse Sorgfalt walten zu lassen. Flaffy dachte die ganze Zeit nach. Er musste es ausnutzen, dass die Schwarze Luna gerade dabei war. Sie hatte viele Schwächen gegenüber Luna. Die Schwarze verwendete keine Waffen, konnte ihre Gegner nicht lesen und war generell eine Einzelgängerin, aber dafür zögerte sie nicht, sie kannte keine Reue, war schneller und kräftiger als die andere und musste sich nicht auf einen Kampf vorbereiten. Vorteile, die es ihr auf diesem Gelände einfacher machten.

Die Teams gingen in verschiedene Richtungen. Yurai und Wraith nahmen den linken Rundgang, CS und Reaktion den rechten. Luna, Cat und Flaffy machten sich auf den Weg zum Zentrum. Sie beeilten sich, bis sie auf die Ausleger der Stadt trafen, sie waren die unterirdische Verbindung der Portale zum Zentrum. Es waren riesige Kammern. An der Decke des Raumes hing eine gigantische Rechenmaschine, verbunden mit Achsen, die vom Zentrum kamen und weiter Richtung Portal verliefen. Sie hatte viele Ausleger, die arbeiteten. Wraith, Yurai, CS, Reaktion und Flaffy waren erstaunt, was sie sahen. Die Maschinen liefen unrund. Knackende Geräusche hallten in dem Raum hin und her. Von den Maschinen tropfte etwas Schwarzes herunter. Es lief auf den Boden und versickerte in der Stadt. Die beiden Teams begannen, die Räume zu untersuchen. Sie nahmen auch die transzendenten Maschinen unter die Lupe. Yurai kletterte auf die Maschine hoch. Auf hier war eine Plattform, von der aus man die Auslastung überwachen konnte. An der Seite war eine Treppe, die nach unten führte. Wenn man sie von der Seite betrachtete, schien sie immer kleiner zu werden, bis sie letztendlich so dünn wie ein Haar erschien. Von oben war sie allerdings immer gleichgroß. Sie führte in die Heiligen Objekte hinein. Hier konnte man genau sehen, dass diese Maschinen ihre eigenen Regeln hatten. Beide Teams machten an zwei unterschiedlichen Maschinen dieselbe Entdeckung. Yurai war auf den Knotenpunkt geklettert. Wraith wartete unten auf sie. Auf der Spitze angekommen, hörte sie ein Knacken, es schien aus dem Inneren der Maschine zu kommen. Sie schaute an der Seite der Treppe hinunter. Das Gewirr aus Zahnrädern schien mehrere Kilometer entfernt zu sein. Yurai schaute aus dem Orbit auf einen Planeten, der aus Zahnrädern bestand. Nur die Wendeltreppe führte hinein. Sie strengte sich an, etwas zu sehen, aber keine Chance, alles war zu weit entfernt.

„Kannst du etwas erkennen?“, fragte Wraith ungeduldig. Yurai schüttelte den Kopf: „Nein, ich brauche ein Fernglas.“

Wraith zog aus seiner Gürteltasche eines und schmiss es zu Yurai. Er warf einen besonders großen Bogen, damit es nicht in dem Heiligem Objekt verschwand. Yurai fing es. Sie blickte hindurch auf die Zahnräder. Auf der Plattform bewegte sich etwas. Es war eine schwarze Masse. Sie wurde immer größer. Bis Yurai auffiel, dass die Masse nicht größer wurde, nein, sie kam auf sie zu. Sie schoss mit einer unvorstellbaren Geschwindigkeit die Treppe entlang. Yurai schmiss das Fernglas weg und sprang von dem Podest runter. Das schwarze Etwas schoss an die Decke des Raumes und breitete sich wie ein Schirm über Yurai und Wraith aus. Es hatte ihnen alle Auswege abgeschnitten. Sie schwarze Kuppel bewegte sich wie ein lebender Organismus, sie schien aber auch gleichzeitig, wie die anderen Wesen auf der Oberfläche, zu brennen. Wraith zog sein Schwert: „Es sieht so aus, als würden wir Probleme bekommen.“ Die Funkverbindung war unterbrochen worden. Sie waren nun auf sich gestellt. Yurai legte ihre Waffe an. Aus der Wand kam etwas heraus. Es sah ähnlich aus wie die schwarzen Dämonen auf der Oberfläche. Es war wesentlich größer, hatte aber keine abnormalen Auswüchse. „Wie wollen wir es nennen?“, fragte Yurai.

„Nennen wir es einfach Vasall.“ Wraith antwortete trocken. Der Vasall begann, auf das Team zuzustürmen. Beide sprangen auseinander. Yurai hielt sich im Hintergrund, um Wraith Deckung zu geben. Wraith schlug mit seinem

Schwert zu, aber der Vasall griff das Schwert. Wraith ließ seine Waffe einfach los, zog das Kurzschwert und hackte seinem Gegner die Hand ab. Eine feurige schwarze Explosion entstand an der Stelle. Die Hand begann sofort wieder nachzuwachsen. Der Vasall wollte Wraith zusammenschlagen, aber Yurai stand noch an der Außenlinie. Sie schoss immer wieder Salven auf den Vasallen. Wraith versuchte immer weiter, ihn in Stücke zu schneiden, aber er heilte sich immer wieder. Bis es dem Vasallen scheinbar zu anstrengend wurde. Langsam begann der Raum sich zusammenzuziehen. Er drängte das Team immer weiter zu sich. Wraith sah zu Yurai und dann zu der sich drehenden Welle an der Decke: „Du weißt, was ich meine?“ Yurai nickte. Wraith rannte auf das Ungetüm zu und Yurai eröffnete das Feuer. Der Vasall schien sich eher vor dem Feuer zu schützen als vor Wraith, was ihm zum Verhängnis wurde. Wraith hackte ihn in zwei Hälften. Die Hälften taumelten auseinander, bis sie sich wieder verbanden Yurai nahm ein Seil und rannte um den Vasallen. Sie schmiss Wraith ein Seil zu. Er rannte um ihn und knotete es zu einer Schlaufe zusammen. Yurai lud ihre Waffe, diesmal war es ein Enterhaken. Der Vasall war wieder bei Sinnen. Er wollte sofort wieder auf Wraith losgehen. Wraith hingegen stellte sich ganz lässig hin und zeigte hinter seinem Gegner auf Yurai. Der Vasall drehte sich rum, in diesem Moment schoss Yurai den Haken ab. Mitten in das Getriebe des Heiligen Objektes. Sofort wickelte sich das Seil um ein Zahnrad und zog den Vasallen ein. Das Zahnrad machte einen Ruck, als es den Vasallen in Einzelteile zerlegte. Von ihm blieb nur eine Staubwolke übrig. Er verging in den

Wellen des Heiligen Objekts. Mit ihm verschwand auch die Kuppel, die sie einengte.

Wraith blickte Yurai entgegen. „Warum kann es nicht überall solche Maschinen geben, die machen einem das Leben echt einfach.“

Yurai nickte. „Aber wenn das Leben einfach wäre, wären wir nicht hier. Das Leben damals auf der Voyager Z war schon toll. Wie schön wäre es, seine Fähigkeiten wieder verwenden zu dürfen.“ Sie seufzte.

„Oh glaub mir, meine Gute, ich habe alles in die Wege geleitet, damit Flaffy ihm wieder zu alter Größe verhilft und den Schöpfer wieder weckt. Dann können wir endlich wieder das Leben und den Tod genießen.“

Yurai musste lachen. „Aber Flaffy wird das wohl kaum schaffen, wenn wir hier unten nicht bald aufräumen. Also, was meinst du, wie viele von diesen Dingern wird es hier wohl geben?“

Wraith überlegte: „Wenn es an jedem dieser Knotenpunkte einen von diesen Dingern gibt, gibt es sechs, aber so genau kann ich das nicht sagen.“

„Na dann, lass uns dafür sorgen, dass wir mehr Kills haben als die anderen“, machte Yurai Stress. Sie zogen los, gingen weiter, um die anderen Knotenpunkte abzuklappern.

CS und Reaktion hatten ähnliche Probleme. Aber auch ihnen machte der Vasall keine allzu großen Schwierigkeiten, außer dass sie dafür wertvolle Zeit aufwenden mussten. Sie waren auf eine ähnliche Idee gekommen wie Wraith und Yurai. Nur mit dem feinen Unterschied, dass sie keine Probleme mit der Informationsweiterleitung hatten.

Cat, Luna und Flaffy rannten immer noch. Sie mussten den Kern der Stadt erreichen. Die Wände wurden immer verschlissener. Überall schien ein unbekanntes Moos zu wachsen. Pflanzen hingen von der Decke. Sie schienen sich hier wohlzufühlen. Luna rannte vorneweg, dahinter Cat und Flaffy machte den Abschluss. Auch wenn diese Stadt an eine uralte Ruine erinnerte, mussten sie immer daran denken, dass sie ein Heiliges Objekt war. Sie rannten, bis sie auf eine Verzweigung trafen. Cat sah um die Ecke. Er schien noch etwas mehr zu sehen. „Das ist ein Labyrinth. Es erstreckt sich um den Kern, wir müssen es durchqueren, wenn wir das Zentrum erreichen wollen."

„Wir haben keine Zeit für diese Spielereien." Luna war sichtlich genervt. Sie packte einen der morschen Steine an den Rändern und zog ihn heraus: „Wenn wir durch die Wände gehen, sind wir schneller."

In dem Moment, als der Stein seinen Platz verließ, strömte ein helles blaues Licht aus dem Loch. Die Wand fiel zu einem kleinen Teil in sich zusammen. Die Teile fielen einfach ins Nichts. Als sie sich an das Licht gewöhnt hatten, sahen sie, was sich hinter der Wand verbarg. Sie starrten auf eine Wand aus Abermillionen Zahnrädern. Sie waren gefühlt nur ein paar Meter entfernt, aber sah man zur Seite, schienen sie Kilometer entfernt. Die Größe der Zahnräder täuschte. Der Horizont schien blau zu leuchten. An einigen Stellen konnten sie andere Teile des Labyrinths erkennen, aber sie waren wild um den Ring angeordnet. Cat sah Luna an: „Ich denke, es ist besser, wenn wir dem Weg folgen."

„Da gebe ich dir ausnahmsweise recht", stimmte Luna zu. Sie schmiss das Teil aus der Wand weg und schloss sich der Truppe an: „Versuchen wir es auf gut Glück, oder nehmen wir ein Lösungssystem?"

Cat nickte. „Egal, was wir nehmen, es ist immer Zufall, und wohin wir gehen, wir sind in einem Siegel gelandet."

Cat schaute zurück. An der Stelle, wo das Loch war, sollte auch der Ausgang sein, aber der war verschwunden. Das Loch schien sich schon wieder zuzusetzen. Langsam konnte man Umrisse der Steine erkennen. Sie folgten einfach dem Weg bis zur nächsten Abzweigung. Die linke Abzweigung machte immer noch einen Rechtsknick, die andere Abbiegung schien allerdings einen Linksbogen zu machen. Sie rannten drauf los, aber immer gemeinsam. Sie bogen oft ab, aber der Weg schien immer zu einer anderen Stelle des Labyrinths zu führen. Es kam ihnen so vor, als würden sie im Kreis laufen. Bis sie anhielten, um sich auszuruhen, es waren fast 20 Minuten vergangen. Cat keuchte von der Rennerei.

„Hab dich nicht so, Cat. Ich hab nicht mehr viel Zeit", motzte Luna rum.

„Ja, ist ja gut, ich hab begriffen, dass auch meine Kraft nachgelassen hat, musst ja nicht weiter auf mir rumhacken", antwortete Cat keuchend.

„Und so was findet die andere anziehend, was hab ich bloß falsch gemacht?", murmelte Luna vor sich hin.

„Fahr einen Gang runter, Luna. Du holst auch 300 Prozent aus ihrem Körper raus", bremste sie Flaffy aus. „Wir brauchen ein System, wie wir dieses Siegel durchbrechen. Hat jemand eine Idee?"

Cat nickte. „Wie gut bist du dabei, deine eigene räumliche Position festzustellen, wenn du mehrere Körper einsetzt?"

„Du willst mit mir das Siegel ausmessen", stellte Flaffy fest.

„Genau. Lass einfach an jeder Abzweigung etwas von dir fallen, dann kannst du vielleicht feststellen, wo wir uns im Verhältnis zum Rest des Labyrinths befinden. Ist das möglich?“

„Gut, so machen wir es. Ich werde aber nebenbei etwas Zusatzrecherche betreiben.“ Flaffy teilte sich.

An der nächsten Gabelung ging die Truppe nach links, der zweite Flaffy folgte dem rechten Weg. Er ließ noch einen kleinen Sender fallen. An jeder Gabelung teilten sie sich wieder und markierten sie. Immer wieder teilte sich Flaffy. Bis sie an einer Kreuzung auf einen Flaffy stießen.

„Ich glaube, ich habe das das Siegel verstanden, es ist aufgebaut wie eine Hülle um eine Kugel, jede Kreuzung ist ein Portal, das an einen anderen Punkt des Siegels führt. Aber der Weg, den die Portale vorgeben, ist nicht willkürlich, sie führen uns immer von einem bestimmten Punkt weg. Rennen wir zu ihm, werden wir immer wieder weggeleitet. Einfach gesagt, wir müssen einfach von ihm wegrennen, dann wird uns das Siegel zum Zentrum geleiten.“

Cat machte große Augen: „Und wo müssen wir lang?“

„Ich zeige es euch“, antwortete Flaffy, als Luna sich gegen die Wand lehnte. „Sorry Leute, meine Zeit ist abgelaufen“, antwortete sie. Sie rutschte zusammen.

Cat hielt sie fest. „Was passiert nun mit dir?“

„Ich werde mich nun eine Weile ausruhen müssen, ich werde euch eine lange Zeit nicht wiedersehen. Tut mir leid, dass ich euch zur Last werde“, antwortete Luna. „Wenn ich wieder aufwache, werde ich wieder die alte Luna sein.“

Cat setzte sie langsam hin. „Du bist uns nicht zur Last gefallen.“

„Hey, Cat, bevor ich gehe, nimm sie einfach mit auf solche Einsätze.“ Luna schaute zu Flaffy. „Bitte pass weiterhin gut auf sie auf. Sie braucht dich mehr, als du glaubst.“

Flaffy kniete sich zu ihr: „Mach ich.“

„Na dann, Jungs, wir sehen uns wieder.“ Luna schloss langsam die Augen und flüsterte noch leise: „Vielleicht.“ Sie schlief tief und fest.

Cat hob sie hoch und hängte sie Flaffy auf die Schultern. Mit einer Hand hielt Flaffy sie sich auf dem Rücken, mit der anderen griff er über ihren Nacken, um sie an ihrem Backpack festzuhalten: „Na dann, wir müssen weiter, hoffentlich wacht sie schnell wieder auf.“ Flaffy gab die Richtung vor, an einigen Kreuzungen trafen sie auf seine anderen Körper. Er sammelte sie im Laufen wieder ein. Sie rannten immer schneller.

Flaffy führte Cat immer tiefer in das Labyrinth, bis sie an einer Stelle mit einer Kreuzung ankamen. Ein Weg führte in das Licht, der andere in die Dunkelheit. Man konnte nicht erkennen, was dahinter war.

„Welchen Weg nehmen wir?“, fragte Flaffy.

Cat überlegte: „Ich weiß nicht, schwarz und weiß. Ich weiß es nicht, Flaffy, entscheide du.“

„Mich erinnert dieser Tunnel sehr an einen Mythos aus meiner Zeit, als ich noch ein Lebewesen war. Er ähnelt dem Tunnel, der die Lebenden nach dem Tod in das Jenseits führt, allerdings wollen wir nicht ins Jenseits, sondern in die Stadt. Ich würde sagen, wir nehmen den schwarzen.“

Sie wollten gerade los, als sie es hörten: „Stopp.“ Luna hob ihren Kopf. „Wir müssen in den weißen. Der schwarze führt in das Nichts. Ich habe es gesehen, als ich geschlafen habe“, murmelte sie verschlafen.

Flaffy überlegte einen Moment: „Okay, wir nehmen den weißen.“

Sie hatten Angst. Was würde sie wohl hinter dem Portal erwarten? Sie rannten in den Gang und auf das Licht zu. Sie wurden vollständig eingehüllt. Bis sie wieder heraustraten. Sie liefen über einen Abgrund. Es war eine Brücke durch das Siegel. Die Brücke folgte einer kleinen Schneise durch den Ring aus Zahnrädern. Luna hing immer noch auf Flaffys Rücken. Sie hielt sich aber jetzt selbst fest. Sie sah sich um. Sie wusste nicht, was in der Zeit passiert war, seitdem sie angegriffen wurden. Es war ein schwarzer Fleck in ihrer Erinnerung. Sie gingen immer weiter, durch den Ring hindurch. Sie konnten nun eine kleinere Kugel sehen, in die der Weg hineinführte. Sie war nicht wirklich groß. Sie gingen langsam in sie hinein und standen wieder in der Stadt der Sieben Portale, am Ausgang aus dem Labyrinth. Flaffy blickte sich um. Der Weg vor ihnen sah aus wie der Rest der Ruine. Alt und verwahrlost. Er ließ Luna runter, schließlich hatte sie eigene Beine zum Laufen. Sie folgten dem Weg weiter in die Stadt hinein. Langsam wurden die Steine sauberer, das Moos verschwand. Alles schien sauber zu sein. Bis die Steine sich veränderten. Sie wurden weiß, der Belag änderte sich, die Wände wurden weiß und die Decke änderte auch ihr Aussehen. Langsam konnte man erkennen, wie alles ursprünglich aussehen sollte. Der Höhepunkt wurde erreicht, als sie am zentralen Ring ankamen. Vor ihnen tat sich ein Rundgang auf. Er führte um den gesamten Kern der Stadt. Alles war weiß, aber es war ein kaltes, dreckiges Weiß. In den Wänden waren riesige Panoramafenster, durch die man das Heilige Objekt sehen konnte. Der Kern war riesig. Man konnte ihn in eine Kegelform hineinstecken. Am oberen Ende gab es sechs Ausläufer, die scheinbar im Nichts verschwanden. Oben gab es eine riesige Kuhle. Sie ähnelte dem Amphitheater in der Mitte des Platzes, den sie auf der Oberfläche gefunden hatten. Die Räder schienen halb durchsichtig. Es war kein Muster hinter ihren Bewegungen zu erkennen. Wellen, die sich drehten, Walzen, alle verschiedensten Arten von Mechanismen konnte man finden, wenn man genau hinschaute. Die Zahnräder drehten sich, auch wenn sie sich gegenseitig zu blockieren schienen. Einige Zahnräder verliefen sogar durch ein anderes. Alle drei standen an dem Fenster und mussten den Zahnrädern folgen. Wie sie sich bewegten. Nach unten aus der Spitze ging eine große Ansammlung von Wellen weg. Sie waren völlig glatt, ohne Getriebe oder Umwandler. Während Cat und Flaffy nicht aus dem Staunen herauskamen, blickte sich Luna um. Sie tippte Flaffy an. Er reagierte nicht. „Hey Flaffy, siehst du das auch?“, fragte sie nach.

Flaffy drehte sich um. „Ja, ich sehe es auch.“

In dem Gang hatte sich an den Wänden eine schwarze Flüssigkeit gebildet. Kurz bevor Cat sich umdrehte, gab es an zwei Auslegern der Stadt einen kleinen Aussetzer. Die große Welle inmitten der vielen kleinen drehte sich ohne Ruck weiter, nur die ringsum spielten kurz verrückt, um sich dann noch schneller weiterzudrehen.

Cat folgte Luna und Flaffy. Sie sah durch eines der Fenster der Räume, die rings um den Ring angebracht waren. Darin standen Tausende von steinernen Riesen. Sie schienen hier unten zu entstehen. Sie waren die Wächter der Stadt. Sie folgten weiter den schwarzen Spuren. Sie führten zu einem Treppenaufgang. Sie gingen hinunter. Auf der zweiten Etage war alles mit dem schwarzen Schleim verschmiert. Cat schaute wieder aus dem Fenster. Ein weiteres lautes Knacken ertönte. Wieder spielten zwei Wellen verrückt. Yurai, Wraith, CS und Reaktion hatten wieder einen Vasallen vernichtet. Flaffy hatte kein gutes Gefühl dabei.

Sie gingen immer weiter, bis sie an einem Raum ankamen, von dem der schwarze Schleim auszugehen schien. Es quoll richtig aus den Fugen der Tür. Sie blickten durch das Fenster an der Tür. Es war schon bis zur Hälfte mit dem Zeug gefüllt. Luna wollte die Tür öffnen, aber Flaffy hielt sie auf: „Lass das mal lieber mich machen, wir wissen immer noch nicht, was das ist."

Luna machte ein paar Schritte zurück und Flaffy betätigte den Öffnungsmechanismus. Die ganze schwarze Suppe entleerte sich auf den Gang. Cat fasste es an, aber es schien sich nach Nichts anzufühlen, so als wäre es eine Täuschung. Das Innere des Raumes passte in keiner Form zum Rest des Ringes. Die Wände waren mit wild verlaufenden Röhren gepflastert. Einige gingen in die Mitte, wo ein Altar stand. Auf ihm wurde von den Leitungen ein Wesen festgehalten, das Ähnlichkeiten mit dem Vasallen hatte, nur dass es noch definierter war. Es schien sich nicht zu bewegen. Sie betraten den Raum nicht.

„Was ist das?", fragte Luna, als sie um die Ecke lugte. Flaffy betrat den Raum: „Sieht aus wie eine Lebensform, aber sie ist keine von denen, die die Titan kennt." Es hingen schon einige abgerissene Schläuche von der Decke, sie waren scheinbar erst vor Kurzem abgerissen, aus ihnen tropfte noch diese schwarze Flüssigkeit.

Cat sah aus dem Fenster. Wieder fuhr ein Schlag durch einen Ausleger, es war der fünfte. Das Wesen zuckte wild und wieder rissen ein paar Schläuche ab. Flaffy funkte sofort die anderen Teams an: „Bitte auf keinen Fall einen weiteren Schritt gehen. Egal, was ihr gerade gemacht habt, verbarrikadiert euch und stellt die Kampfhandlung ein.“

Cat beendete die Übertragung, sprach aber weiter zu Flaffy und Luna: „Das ist die Quelle aller Dämonen oben auf der Oberfläche, es müssen Duplikate sein.“

Reaktion und CS hatten gerade den fünften Vasallen vernichtet. Auch Yurai und Wraith hörten den Funkspruch, sie standen gerade dem sechsten gegenüber, auch sie bekamen den Funkspruch, Yurai hatte bereits die Waffe am Anschlag. Wraith hatte den Funkspruch gehört. Er wusste, dass er den Vasallen nicht zerstören durfte. Yurais Blicke fragten ihn: Abdrücken oder zurückziehen? Wraith überlegte und nickte dann. Yurai drückte ab und der sechste Vasall wurde eingesaugt. „Jetzt heißt es alles oder nichts“, murmelte Wraith vor sich hin. Die Maschine gab ein lautes Krächzten von sich. Alles begann zu wackeln, als wäre ein Erdbeben ausgebrochen. Das gesamte Heilige Objekt bekam Aussetzer. Lautes Gelächter ertönte in den Gängen: „Endlich, mein neuer Körper steht bereit.“

Cat hörte das Knacken der Maschinen. Er schaute zu dem Wesen: „Es ist zu spät. Wir müssen rennen. Das Netz übernimmt diesen Körper, wir müssen hier weg!“ Er schrie schon fast.

Die letzten Leitungen rissen ab und es öffnete seine Augen. Luna und Flaffy begannen zu rennen, Cat folgte ihnen. Sie rannten, immer im Kreis, Etage für Etage, weiter nach unten, verfolgt von einer schwarzen Wolke und in ihr ein unbekanntes Wesen, das ihnen nach dem Leben trachtete.

„Wir müssen rausfinden, was hier abgeht“, stellte Flaffy fest, während sie rannten.

„Ja, aber im Moment müssen wir vor allem rennen“, erwiderte Cat. Sie kamen immer tiefer. Langsam wurden die Etagen immer weniger. Bis sie auf der untersten Etage angekommen waren, öffneten sie die letzte Tür. Sie führte in eine Schleuse. Flaffy öffnete die Tür, Cat und Luna hechteten hindurch und Flaffy verschloss hinter sich die Tür wieder. Das Wesen hämmerte gegen die Tür. Aber für es gab es kein Durchkommen. Flaffy hielt den Öffnungsmechanismus fest und Luna schaute aus dem Fenster der anderen Seite. „Hey, wir können hier raus, wieder auf die Oberfläche.“

Cat sah nach draußen. „Das ist die Zentrale auf der Oberseite.“

Flaffy warf ein: „Wir müssen uns beeilen. Wenn ich den Öffnungsmechanismus loslasse, kommt dieses Etwas hier rein.“

Luna riss die Tür auf und alle drei sprinteten hinaus. Als Flaffy die Schwelle übertrat, ging die Tür hinter ihm auf und das Etwas fiel ihn von hinten an. Es schlug auf ihn ein und versuchte, seine Rüstung aufzukratzen. Flaffy versuchte sich wegzurollen, aber er war in einem Gang gefangen. Das Wesen kratzte eines der Staufächer auf und Flaffy verlor seine wertvolle Fracht, die drei Kapseln. Es holte sich die drei Objekte der Begierde und sprang durch die Scheibe der Zentrale, zwischen Luna und Cat hindurch. Cat gab es durch, dass der Rest des Teams nach oben kommen und sich zum Theater vorkämpfen sollte. Flaffy stand auf. Als er an die Stelle schaute, wo die Tür vorher gewesen war, sah er nur eine Mauer aus alten moosigen Steinen. Luna meinte: „Wir müssen es verfolgen, es ist zum Altar in der Mitte des Kranzes gerannt!“

Sofort nahmen sie die Verfolgung auf. Sie sahen es an dem Altar. Sie wollten runterrennen, aber sie wurden von einem Feld aufgehalten. Sie konnten es sehen, wie es die Kapseln in die Halterungen stellte. Das Lachen ertönte wieder: „Ich liebe es, wenn jemand meine Arbeit macht, auf euch kann man sich echt verlassen.“ Das Netz lachte höhnisch. „Ihr habt mir zu einem brandneuem Körper verholfen, ich danke euch.“

Flaffy stellte sich gefasst hin. „Was meinst du damit?“

„Wisst ihr, mich hätte es viel mehr Zeit gekostet, jeden dieser Vasallen zu erledigen, aber durch den Verrat von eurem lieben Wraith habt ihr diesen Vorgang wesentlich beschleunigt“, antwortete das Netz.

„Wraith, was hat er getan?“, fragte Cat.

„Er verfolgte eigene Pläne und hat einfach deine Anweisung missachtet, er hat mir das Tor geöffnet. Jetzt habe ich eine Armee aus willenlosen Sklaven und endlich einen Körper. Und weißt du, ich werde mir auch noch etwas mehr holen, ich werde mir auch noch die Macht des Schöpfers holen, die dieser Stadt innewohnt“, führte das Netz seinen Plan aus. Das Wesen stellte sich auf das Podest: „Und das Schöne ist, ihr könnt nichts dagegen tun.“

Alle Ringe begannen sich zu bewegen. Sie drehten sich in verschiedensten Geschwindigkeiten. Die Kapseln öffneten sich, sie selbst waren Heilige Objekte, sie bauten sich zu einem Kranz auf, der über das Wesen reichte. Sie begannen sich zu drehen.

Cat trat einen Schritt zurück und verschränkte die Arme. Ein Rucken fuhr durch die Stadt. Die Ringe hielten schlagartig an. Wieder ertönte ein lautes Knirschen. Das Netz schrie elendig herum: „Nein, *nein*, was hast du getan, warum funktioniert es nicht?“ Die Blase fiel in sich zusammen.

„Weißt du, auch wenn du ein Gott sein magst, bist du immer noch nicht mit dem Schöpfer kompatibel.“ Cat grinste. „Außerdem fehlen dir ein paar Teile für diese Umwandlung.“ Flaffy und Luna sahen Cat fragend an.

„Na, dann muss das warten, dann muss ich halt erst alle Informationen aus dir herausquetschen, bevor ich dich zerstöre.“ Über dem Alarm sammelte sich die Wolke, um gleich als Nächstes die Truppe anzugreifen. Das Netz rannte gleichzeitig auf die Truppe zu. Luna wich ihm geschickt aus. Es versuchte krampfhaft, Flaffy zu erwischen. Beide waren sich im Nahkampf bei ihrem Kampf ebenbürtig. Luna und Cat stellten sich gemeinsam dem Kampf gegen das Netz. Luna konnte die Angriffsmuster des Netzes vorhersehen, sodass sie mit Cat sicher ausweichen konnte. Flaffy und der Dämon zerstörten bei ihrem Kampf viele der Gebäude. Sie kämpften sich durch Ruinen. Es ließ Flaffy keine Zeit, sich auch nur ein einziges Mal zu teilen. Sie kamen immer weiter an den Rand der Stadt, bis das Wesen Flaffy über den Rand hinausschob. Es drehte sich gerade um, als es nachschauen wollte, ob Flaffy auch wirklich heruntergefallen war. Es schaute über den Rand. Flaffy wurde von Reaktion aufgefangen, der unten auf dem Weg stand. Aus dem Boden kam die schwarze Flüssigkeit heraus, aus der sich weitere Dämonen formten. Flaffy, CS und Reaktion stellten sich ihren Gegnern als Team gegenüber. Reaktion und CS waren viel besser im Kampf als Flaffy, er half den beiden aus dem Hintergrund mit Deckungsfeuer. Gemeinsam drängten sie das Wesen zurück. Cat und Luna flüchteten sich auf einen der Ausleger, auf dem eines der sechs Portale stand. Der Dämon stellte seine Kampfhandlung ein und sprach zu Flaffy: „Weißt du, es gab nur zwei Instanzen, die mir ein Dorn in meinem imaginärem Auge waren, Cat und du, Flaffy. Aber weißt du, ich glaube langsam, Cat ist schon lange nicht mehr so stark, wie er einmal war, ich habe ihn total falsch eingeschätzt. Ich denke, mein Fehler war es, sich nicht gleich auf dich zu konzentrieren. Aber jetzt werde ich mir erst mal alle Multiversen infizieren, damit mich nichts mehr aufhalten kann.“ Das Netz war mehr als überheblich geworden, es wusste, niemand konnte es aufhalten. „Und weißt du, Flaffy, auf dem Weg hier hinaus nehme ich dir noch deine geliebte Luna.“

Luna und Cat waren genau auf der anderen Seite der Stadt gelandet. Auch auf einem der Ausleger. Die Portale aktivierten sich. In der Mitte sammelte sich die Wolke wieder. Flaffy blickte nach links, dann nach rechts. „Flaffy, du kannst es dir überlegen. Willst du Luna und Cat retten oder das Universum?“, verhöhnte das Netz Flaffy.

„Sollen wir wetten, ich versuche es.“

In der Mitte explodierte die Wolke in alle Richtungen, es wollte durch alle Portale gleichzeitig. Flaffy ließ zwei Klone los. Sie sprinteten den Stadtrand entlang. Immer an jedem Steg hinterließen sie wieder einen Klon, der sich auch noch einmal teilte. Sie wurden immer schneller, bis sie sich am anderen Ende der Stadt trafen. Die Wolke breitete sich immer schneller aus. An jedem Ausleger der Stadt kniete sich einer der beiden Klone hin und hielt ein Schild in der Hand. Der andere breitete die Arme aus. Der Flaffy, der bei der Truppe stand, zog den Würfel. Er hielt ihn in beiden Händen. Er öffnete sich. Flaffy begann zu schweben. Langsam erhob er sich in die Lüfte. Um ihn herum bildete sich eine Kugel aus Zahnrädern. Über der Stadt bildete sich eine Kuppel. Ein riesiges Schild, welches das Netz einsperren würde. Die Kuppel schloss sich und das Netz raste mit voller Geschwindigkeit gegen diese Wand. Flaffy wurde erschüttert, für ihn war es eine enorme Belastung. Luna hatte nun Angst und hielt sich an Cat fest, der auch nicht viel tun konnte. Jeder, der als Antenne diente, teilte sich noch mal nach außen. Flaffy kniete sich hin und legte seine Hände auf den Boden, vor ihnen zogen sich sofort blaue Linien auf dem Boden in Richtung der Portale. Langsam formten sich aus den Linien Geschütze. Sie bleiben in ihrem halb fertigem Zustand, schossen aber wild drauf los, einfach von außen in die Kanzel hinein. Sie explodierten in dem Netz. Es versuchte ihnen auszuweichen, aber es waren zu viele. Flaffy verschloss die Portale mit einer Wand. Er hatte das Ungetüm eingesperrt.

Zu Luna und Cat gesellte sich ein Klon von Flaffy. „Und was machen wir nun?“

Cat atmete durch. „Ich weiß, was wir machen. Wenn du es schaffst, mich zu dem Altar zu bringen, können wir es besiegen. Aber dafür brauchen wir noch etwas.“

Flaffy fragte: „Und was?“

„Kannst du Titan hierherbestellen, sie soll die Lanzen mitbringen, sie gehören auch mit zu dem Mechanismus.“

„Gut. Ich weise Titan an, herzukommen. Mit den Lanzen.“

Cat seufzte. „Ich hatte gehofft, dass ich diesen Schritt niemals gehen muss.“

Luna sah ihn fragend an: „Was meinst du?“

„Das wirst du schon noch sehen“, antwortete Cat steif.

Flaffy wandte sich wieder den beiden zu. „Okay, Titan wird gleich hier sein. Bis dahin müssen wir am Zentrum sein. Wir müssen uns den Weg freischießen. Luna, du musst für uns die Bewegungen des Netzes vorhersagen, der Rest wird sich darum kümmern, dass wir dort auch ankommen. Und wir müssen die Portale schließen, dann kann ich auch wieder mitkämpfen.“

Luna und Cat waren einverstanden.

„Na dann, Feuer!“, trieb Flaffy die beiden an. Beide machten sich auf den Weg in Richtung der anderen Truppe, CS und Reaktion waren auch schon auf dem Weg. Sie trafen sich genau in der Mitte des Weges. In der Kuppel war die Hölle los. Das Netz tobte vor Wut, dass Flaffy es eingeschlossen hatte. Dort mussten sie nun durch, bis zur Zentrale, und dort dann die Portale schließen. Dann mussten sie mit Flaffy das Theater besetzen und hoffen, dass es Titan bis zu ihnen schaffte. Und zum Schluss mussten sie darauf hoffen, dass Cat wusste, was er tat. CS hatte seine riesige Schrotflinte am Anschlag, Reaktion war mit diversen großkalibrigen Waffen und Energiefeuerwaffen ausgestattet. Cat zog sein Schwert und Luna steckte alle Waffen ein. Alle schauten sie verwundert an. Sie musste nun beweisen, was sie konnte. Sie brauchte keine Waffen, um jemandem auszuweichen. Flaffy verkündete, dass er das Netz kurz ablenken würde. Alle Geschütze feuerten auf die eine Stelle, an der die Truppe durchgehen sollte. Die Stelle wurde frei von Angreifern und die Truppe konnte hindurchgehen. Sie rannten. Reaktion, CS und Cat hielten sich das Netz und dessen Dämonen vom Hals, indem sie sie vernichteten, Luna hingegen legte einen Hindernisparcours hin. Sie rannte über die Dächer der Ruinen und gab währenddessen den anderen noch Hinweise, was als Nächstes auf sie zukam. Sie kämpften sich immer weiter vor. Nicht lange und sie waren an dem Krater angekommen. Das Netz versuchte, die Maschine umzubauen, um sich ein Power-up zu verpassen.

„Wir müssen uns beeilen", sprach CS das aus, was alle dachten. Sie machten sich auf den Weg in die Zentrale. Cat schaute die Konsole an und überlegte. Es war einfach, die Portale zu aktivieren und sie zu verändern, aber ausschalten war etwas schwerer. Flaffy bekam langsam Probleme. Seine Kuppel hielt nicht ewig, auch wenn sie mit dem Würfel gebaut war. Seine Kräfte schwanden schneller, als er es gedacht hätte. Er gab es durch. Luna sprintete in die Zentrale und schubste Cat von dem Pult. Sie drückte zielstrebig auf die Knöpfe. Sie deaktivierte ein Portal nach dem anderen. Sie deaktivierte das letzte, als sie sah, dass sich gerade ein neues Portal über der Stadt öffnete. Es war Titan, die angekommen war. Reaktion machte sich sofort auf den Weg, um sie abzuholen, Flaffy war endlich erlöst. Die Geschütze lösten sich auf und die Kuppel ging zurück. Er verringerte seine Anzahl und die, die näher an Titan dran waren, machten sich auf den Weg zu ihr. Reaktion wartete, bis Titan am Rande der Stadt angekommen war.

„Hi Jungs, ihr seht echt mitgenommen aus", grinste Titan Flaffy an.

„Mach halblang, wir müssen schnellstens zu Cat", trieb Flaffy sie an. Sie machten sich sofort auf den Weg. Die Lanzen waren in einem speziellen Koffer, der schwebte, damit er leichter zu transportieren war. Das Netz wollte dies natürlich verhindern, es versuchte, Titan aufzuhalten. Sie rannten zickzack zwischen den Ruinen. Sie konnten ausweichen, bis hinter einer Ecke der Dämon auftauchte, der im Kern der Stadt gehangen hatte.

„Lauf weiter, Titan, die Lanzen müssen zu Cat!", meinte Reaktion.

Titan nickte und lief weiter. Reaktion und Flaffy stellten sich dem Dämon entgegen. Er versuchte mit aller Kraft, an Flaffy vorbeizukommen, aber Reaktion hielt ihn immer auf, bis er sich entschloss, dass Flaffy ein größerer Fisch am Haken war. Nun begann dasselbe Spiel von vorne, der Dämon griff Flaffy an. Erbitterter als am Anfang. Reaktion versuchte, Flaffy zu unterstützen, aber er hatte keine freie Schussbahn. Der Dämon ging auf einmal auf Abstand. Von oben schlug ein gewaltiger Sturm aus Energie auf sie ein. Der Klon von Flaffy, der schon sehr lädiert war, hörte auf, sich zu bewegen, er war funktionslos. Durch Flaffy fuhr ein stechender Schmerz. Reaktion ging es auch nicht viel besser. Seine zentrale Energieversorgung war beschädigt. Der Saft des Lebens verließ ihn langsam. Flaffy machte sich sofort auf den Weg, um ihn zu reparieren. Auf seinem Weg traf er Titan, er schickte ihr eine Eskorte mit, damit sie auch bei Cat ankam. Es dauerte einen Moment, bis er bei Reaktion war. Flaffy warf Reaktion einen Blick zu, kurz darauf kletterte er auf ihn, um zu sehen, was er noch retten konnte, aber er hatte nicht genügend freie Energie, um ihn zu reparieren.

„Flaffy, lass mich hier liegen, du musst Cat helfen, der kommt ohne dich doch nicht klar", meinte Reaktion.

„Du machst Scherze, ich kann nicht einfach zusehen, wie du ausblutest", erwiderte Flaffy, als er verzweifelt versuchte, ein paar Leitungen wieder zu verbinden.

„Hey, du hast genug getan, rette die, die dir wichtiger sind als ich", versuchte Reaktion, ihn davon abzubringen, weiter seine Zeit mit ihm zu verschwenden.

Aber Flaffy meinte: „Ich bin bei Cat, der hat wesentlich weniger Probleme. Und du bist mir auch wichtig, ich kann dich nicht nochmal sterben sehen, nicht wie beim letzten Mal."

„Du brauchst zu viel Energie, um mich zu reparieren. Du müsstest mich zum Kern schaffen, aber alleine schaffst du es nicht, mich zu tragen." Reaktion hatte schon abgeschlossen. Aber Flaffy überlegte: „Alleine kann ich dich nicht tragen, und im Moment kann ich dich auch nicht reparieren, ich habe nicht genügend Energie übrig. Aber …" An dieser Stelle kam Flaffy eine Idee. Er war nicht alleine. Er begann sich zu teilen. Zehn Flaffys konnten Reaktion tragen, ohne dass er weiter beschädigt wurde. Zehn Klone von Flaffy begannen Reaktion zu tragen, als wäre er ein Ameisenvolk. Er trug Reaktion durch die Gassen der Stadt. Immer versuchte er den Angriffen auszuweichen, aber das gelang ihm nicht immer. Er versuchte, mit ihm den Kern zu erreichen.

Derweil war auch Titan am Zentrum angekommen. Sie machte den Koffer auf. Die Lanzen waren hier in der Stadt außer Funktion. Cat konnte sie hier nicht benutzen. An den Kapseln waren noch Halter für die Stäbe. Cat platzierte sie dort, an jedem waren zwei und um das Podest waren auch nochmal zwei senkrecht. Acht Lanzen, acht Halter. Cat machte ein bedrücktes Gesicht: „Hoffentlich ist noch genug von dem Mechanismus übrig.“ Er stellte sich auf das Podest: „Es tut mir so leid“, murmelte er vor sich hin.

Flaffy aktivierte das System. Eine Schockwelle ging von ihm aus. Die Zeit stand still, zumindest für alles Materielle. Die Körper waren getrennt vom Geist. Nur die Astralkörper konnten sich noch bewegen. Die Stadt begann sich zu verändern. Alles wurde regeneriert. Die Häuser wurden zu prachtvollen Gebilden. Weiß, modern, so als wären sie den Konstrukteuren der Titan entsprungen. Die Straßen glänzten so, als hätten sie noch niemals auch nur ein Staubkorn gesehen. Es entstanden riesige Gebäude, die Zentrale erhob sich in die Luft, so, als müsste sie über das Stadion wachen. Auch dieses wurde weiß. Alles begann sich zu drehen. Auch die Gebäude begannen sich auf ihrer Kreisbahn um das Zentrum zu drehen. Das Amphitheater zog sich nach unten. Zwischen den entstandenen Abständen konnte man nun den Kern des Heiligen Objektes sehen, wie sich die Zahnräder drehten. Wie die Hebel sich bewegten. Die Portale brachen auf. Die Mauern, die Flaffy errichtet hatte, zerfielen einfach. Über der Stadt entstanden Wege, die zum Zentrum führten. Die Maschine begann sich immer schneller um Cat zu drehen, aber der kriegte das schon gar nicht mehr mit. Aus den Portalen schossen die Bewohner der Titan heraus. Sie flogen die Wege entlang, um durch den Trichter dann in der Maschine zu verschwinden. Es war so, als würde diese Maschine sie aufsaugen. Flaffy schaute sich um. Sie alle verschwanden in ihr, in Cat.

Luna dachte, seine Seele sah aus wie zu dem Zeitpunkt, als er seine Menschlichkeit abgelegt hatte. Aber selbst seine Seele sah so aus wie immer. Nur dass sie eine Spur hinterließ. CS, Reaktion und alle anderen waren durchsichtig, aber Flaffys Seele war undurchsichtig, sie schien auch immer einen Schatten zu hinterlassen, so, als wäre er tausendmal vorhanden, hintereinander, nur dass alle eine leichte Verzögerung hatten beim Bewegen. Sie konnte nichts mehr tun, sie konnte sich nur noch bewegen, aber Flaffy war noch in der Lage, Objekte zu bewegen. Flaffy war da scheinbar ein Sonderfall. Aber er konnte an nichts anderes denken, als dass alle Bewohner der Titan in diesem Moment vernichtet wurden. Auch wenn er keine Mimik hatte, sah man ihm an, dass er, egal, ob er sie kannte oder nicht, nicht verlieren wollte. Nach dem Kampf würde die Titan völlig leer sein. Das wollte Flaffy nicht. Luna stellte sich zu ihm. Der Strom wurde immer größer. Flaffy ließ den Kopf hängen, Luna lehnte sich an ihn, so, als würde sie versuchen, ihn zu trösten. Aber als er seinen Kopf hob, konnte er sie sehen. Es waren sieben Weggefährten. Sie standen alle bei ihm. Es waren die Wächter Mitchel, Kryos, Sykes, Zeren, Laila, Zx01 und Zx02. Sykes, Kyros und Mitchel winkten nur und verschwanden dann in dem Strudel.

Laila ging zu Flaffy und legte ihm die Hand auf die Schulter: „Flaffy, du darfst nicht traurig sein. Als wir auf die Titan gekommen sind, haben wir erfahren, dass wir einem höheren Zweck dienen, jeder von uns trägt einen Teil des Schöpfers in sich. Wir waren die Wächter, die darauf Acht gegeben haben, dass ein neuer Wächter, der viel stärker ist als wir, an das Ziel kommt und den Schöpfer wieder zum Leben erweckt.“

Flaffy war verdutzt. „Wusstet ihr davon, dass Cat der Schöpfer ist?“

Zeren trat an ihn heran. „Wir wussten alle davon, nur wir wussten nicht, wer es sein würde, und wir durften auch nicht darüber reden. Man hat uns endloses Leben geschenkt, mit diesem Tag als Ende, wir waren alle glücklich.“

ZX01 und ZX02 traten an Flaffy heran, sie sprachen in abwechselnden Satzgruppen: „Es ist unser Schicksal, wir müssen es erfüllen, auf diesen Tag haben wir hingearbeitet. Alles, was wir taten, geschah, nur um heute hier im Schöpfer aufzugehen. Auch wenn man denken könnte, wir seien wahnsinnig, aber das ist es, was er ist, der Schöpfer.“

Flaffy wollte es nicht glauben, aber die vier verschwanden langsam. Sie vergingen einfach. Es war so, als würden sie sich auflösen, so wie Träume, die im Wind vergingen, gefressen von der Realität des Lebens. Flaffy sah nach oben. Von dort senkte sich das goldene Licht des Schöpfers herab, das sie bei dem Kampf gegen Haydon gerettet hatte. Es war alles Cat gewesen, er war es immer, zerbrochen in Tausende Stücke und verteilt über alle Multiversen. Der Schöpfer war nicht einer gewesen, nach dem Flaffy sich gesehnt hatte, nein, es waren Hunderte, und sie waren ihm immer ganz nah.

In diesem Moment gesellten sich auch Wraith und Yurai zu der Runde. Wraith stellte sich zu Flaffy: „Hey Flaffy, tut mir leid, dass wir deine Befehle missachtet haben, aber sonst hätten wir gegen unser wichtigstes Versprechen verstoßen, ein Versprechen, das dem Schöpfer galt.“

Flaffy war das im Moment egal. Er antwortete nur mit: „Ja, schon in Ordnung.“

Es waren nur ihre Seelen, nicht ihre Körper, die sich gerade bei Flaffy befanden. Als Flaffy zu Luna schaute, sah er sie. Hinter Luna. Es war die Schwarze. Sie symbolisierte Flaffy mit dem Finger vor den Lippen, dass er nichts sagen sollte. Sie winkte und versteckte sich immer hinter Luna. Luna konnte sie niemals sehen. Flaffy verstand das und hielt inne. Auch sie sah sich das Spektakel mit an. Bis sich die Portale wieder schlossen, ging es so weiter. In diesem Moment erstarrte die Stadt wieder und die Häuser lösten sich wieder in Ruinen auf. Und auf dem Podest stand Cat, so wie er vorher war. Er stand da und lächelte sie an. Die Zeit stand immer noch still. Alle knieten nieder, auch Wraith und Yurai, obwohl die sich niemals vor jemandem verneigen würden. Auch Flaffy tat es ihnen gleich. Auch Luna und ihre große Schwester verneigten sich sowie Reaktion und CS. Cat grinste: „Warum so förmlich, ihr müsst euch immer noch nicht vor mir verneigen.“ Er wirkte so, als wäre nichts passiert. „Lasst uns gemeinsam diesem Gott in den Arsch treten.“

Da begann die Zeit, sich wieder weiter zu drehen. Der Kampf ging weiter. Cat schwebte in der Luft. Er hatte jetzt eine wahnsinnige Aura. „Du willst einen Körper haben, ich gebe dir einen Körper“, rief Cat dem Netz entgegen. Es formte sich aus dem Nichts ein Körper, er war aus der Energie gebaut, aus der auch das Netz bestand. Cat gab ihm einen Körper, ein Leben, aber auch die Sterblichkeit, die er bis jetzt nicht genossen hatte. Er sah Flaffy an: „Was meinst du, wollen wir ein paar Dämonen austreiben? Zerstören wir sie alle.“

Das Team rannte los, um alle Dämonen zu zerstören, die vorhanden waren, es konnten auch keine neuen nachwachsen. Nur die umfallenden Ruinen machten es ihnen schwer. Das Netz hatte, obwohl es nun einen normalen Körper hatte, immer noch seine Fähigkeiten. Sie mussten sich vor seinen Angriffen in Acht nehmen. Cat als der Schöpfer griff es höchstpersönlich an. Flaffy hatte sich zusammengezogen, als er in der Seele zusammengefasst wurde. Das Netz schnappte sich ihn, sodass er sich nicht wieder teilen konnte. Und auch Luna wurde geschnappt, wenn sie versuchte, es zu lesen, aber jetzt funktionierte ihre Fähigkeit nicht mehr, sie war einfach überanstrengt. Auch Flaffy war etwas benommen. Sie konnten einfach nichts machen. Der Rest machte seine Aufgabe durchaus gut. Sie jagten die Dämonen, bis keiner mehr übrig war, außer dem einen. Der letzte Dämon und der neue Körper des Netzes. Es stand zusammen vor Cat. Vor dem Theater. Cat schaute es an: „Und? hast du dir deine letzten Worte überlegt?“, fragte Cat siegessicher.

Das Netz lachte. „Weißt du, du hast mir meine Unsterblichkeit genommen, aber auch, wenn du der Schöpfer bist, hast du noch lange nicht deine volle Kraft wieder, dir fehlen noch viel zu viele Teile, um wieder bei vollen Kräften zu sein. Ich habe nicht vor, so sang- und klanglos abzutreten. Deswegen lass ich dich wählen.“ Das Portal inmitten der Stadt begann sich zu drehen. Es begann, eine Verbindung zum Inneren der Maschine herzustellen, die es selbst war, ein Ort, der alles zerstörte, was in ihn hineinfiel. Ein Ort, der selbst Heilige Objekte zerstören konnte, die der dritten Stufe angehörten, also auch Flaffy. Über dem Portal schwebte eine Plattform, auf der standen Flaffy und Luna, sie standen auf Planken, schon fertig zum Sprung. Sie waren beide gefesselt. Cat fragte: „Willst du sie beide wirklich fallen lassen?“

„Oh nein, ich will sie nicht beide fallen lassen, ich werde nur einen fallen lassen, und du darfst wählen."

In diesem Moment verschwand die Plattform und Luna und Flaffy fielen herunter. Cat sprintete an dem Körper des Netzes vorbei. Vor ihm baute sich ein Steg auf, über den er über das Portal laufen konnte. Cat fing beide auf, aber er hing selbst an seinem eigenen Steg. Alles, was er versuchte zu bauen, was unter dem Steg war, wurde sofort von dem Portal aufgesaugt. Er hielt beide mit aller Kraft fest. Er wusste, dass es von Flaffy nur einen gab, so wie es von Luna nur eine gab. Das Netz zerrte an ihm. Es konnte nicht beide retten, er musste sich für einen von beiden entscheiden. Titan sah gespannt vom Rang zu. Der Sog des Portals zerrte so sehr an Luna und Flaffy, dass Cat sie kaum halten konnte. Es schien ihn schon fast zu zerreißen. Luna unterdrückte ihr Schreien. Cat schaute Flaffy an, so, als hätte er sich entschieden, ihn fallen zu lassen. Aber in Gedanken antwortete Flaffy ihm: „Ich mach dir die Entscheidung leicht", und Flaffy ließ seine Hand los. „Versprich mir bloß, dass du es ihr sagst."

Und Flaffy fiel in das Portal hinein, und es schien so, als würde er sich in der Luft auflösen, in einer Welle aus Energie. Sie trieb Luna und Cat aus dem Portal hinaus. Sie landeten gemeinsam auf der anderen Seite des Portals. Luna blickte Cat ins Gesicht, es flossen Tränen herab, die den Boden schwarz färbten. So schwarz wie die Nacht.

„Luna, wir machen dieses Arschloch rund", schwor Cat ihr. Sie konnte nichts sagen, sie stand auf und nickte. Sie traten dem Netz und seinem letzten Dämon gegenüber. So wurde aus dieser Schlacht ein Two vs. Two. Luna vs. Dämon und Cat vs. Netz.

Luna griff mit aller Macht an, drosch mit den puren Fäusten auf den Dämon ein, ein Schlag nach dem anderen saß. Cat hingegen kämpfte gefasst mit seinem Schwert. Luna war rastlos, sie konnte sich nicht beherrschen. Es gab niemanden mehr, der sie beschützte, weder Flaffy noch die Schwarze Schwester. Sie waren beide weg. Sie war nun völlig alleine, sie schlug dieses Wesen zu Brei, ohne dabei Acht auf ihre Knöchel zu geben, ein Knochen nach dem anderen brach, aber diese Schmerzen war sie bereits gewohnt, er war nichts gegen den Schmerz in dem Moment, als sich Flaffy in dem Portal auflöste. Sie schlug so lange auf den Dämon ein, bis er aufhörte, in seinem schwarzen Feuer zu brennen. Luna beteiligte sich nun an dem anderen Kampf. Jetzt stand es Luna und Cat vs. Netz. Beide schlugen das Netz hin und her wie einen Federball, mit dem sie spielten. Es hatte keine Möglichkeit mehr, auf die Angriffe zu reagieren. Sie spielten es immer wieder hin und her. Bis es letztendlich vor dem Portal stand: Luna stand vor ihm, mit gezogener Waffe, die sie von CS geschenkt bekommen hatte. Sie hatte sie auf sein Gesicht gerichtet: „Danke, dass du mir Flaffys Welt gezeigt hast."

Das Netz blickte sie fragend an, als sie ihm einen Kopfschuss verpasste, der es direkt in das Portal schmetterte, wo es mit seiner gesamten Wolke in die Mechanik des Heiligen Objektes eingesaugt und in Einzelteile zermahlen wurde. Selbst sein Astralkörper wurde zerstört. Luna fiel in sich zusammen. Sie schaute um sich. Sie saß in einer Landschaft aus Trümmern. Flaffy war zerstört, vernichtet, tot. Sie hatte sich nicht einmal von ihm verabschieden können. Cat kniete sich zu ihr: „Hey Luna."

Sie sah ihn mit weinenden Augen an. Er wischte ihr mit einem weichen Tuch die Tränen aus den Augen. Als er es wegsteckte, konnte man es vergehen sehen.

„Deinem Gesicht stehen keine Tränen." Cat half ihr aufzustehen. „Weißt du, ich habe Flaffy ein Versprechen gegeben, als er dich gerettet hat."

„Was wollte er von dir?"

Cat musste schmunzeln: „Er wollte, dass ich es dir sage."

Lunas Augen wurden riesig. „Flaffy wusste davon, aber er hat bis fast zum Schluss dichtgehalten. Für mich ist es ein komplett neues Gefühl, ich weiß nicht, wie ich es beschreiben soll. Aber …", wollte Cat ihr sagen.

Luna unterbrach ihn: „Aber du bist doch der Schöpfer und ich … naja, ich bin bloß eine Flügellose."

Cat schüttelte den Kopf. „Das ist mir so was von scheißegal."

Luna griff sich seinen Kragen und küsste ihn leidenschaftlich.

Währenddessen, woanders auf dem Schlachtfeld, grub Titan in den Trümmern der Stadt. Sie legte einen zerstörten Körper von Flaffy frei. Er war dabei draufgegangen, als Flaffy versuchte, Reaktion zu beschützen, sie legte die Trümmer zur Seite. Sie sah auf seine Brust. Der Kern war noch da. Sie zog den Würfel hervor. Flaffy hatte ihn ihr gegeben, bevor sein letzter Kampf begonnen hatte. Sie legte ihn auf den Kern. Es schien so, als würde er sich automatisch öffnen. Dann schloss er sich wieder und der Kern begann wieder zu leuchten.

Flaffy begann zu husten. „Scheiße, hat das zwickt." Seine gesamte linke Seite war zerstört.

Titan half ihm auf. Er musste sich auf sie stützen, damit er nicht umfiel. „Schön, dass es dich noch gibt“, gab Titan zu.

Er schüttelte den Kopf: „Das war aber haarscharf. Ich habe eigentlich nicht mehr daran geglaubt, dass der Körper noch mal funktioniert“, gab Flaffy zu.

Titan drehte den Kopf und entdeckte Luna und Cat. Sie drehte Flaffy in die Richtung, damit er auch was von der Aktion sehen konnte, wie die beiden sich küssten.

„Endlich haben es sich die beiden eingestanden, langsam wurde das nervig“, gab Titan als Kommentar ab.

Flaffy lachte. „Hauptmission erfüllt.“

Titan sah ihn entsetzt von unten an. „Und die Rettung aller Multiversen und aller Dimensionen, inklusive der Heiligen Objekte, war nur eine Nebenmission, oder was?“

Flaffy zuckte mit der verbleibenden Schulter: „Man muss Prioritäten im Leben setzen.“

Der Rest des Teams fand sich wieder bei Flaffy ein, um ihm zu verkünden, wie froh sie waren, dass er nicht draufgegangen war. Luna und Cat lösten sich in diesem Moment wieder voneinander. Sie hatten es noch nicht mitgeschnitten, dass Flaffy noch am Leben war.

Luna schaute Cat tief in die Augen: „Und wie war ich?“, fragte sie verlegen.

Cat lächelte. „Weiß ich nicht, war mein erster Kuss.“

„Naja, dann ist es wohl für uns beide der erste?“, stellte Luna fest. „Also zum Vergleich …“

„Noch eine Runde.“ Diesmal war Cat dran, Luna zu küssen.

Flaffy drehte sich von dem Paar weg und setzte sich auf einen Stein. Langsam begannen die Ruinen, kleiner zu werden. Sie schienen sich selbst zu zerstören. Von den Portalen ging eine Erneuerung aus. So wie sie die Stadt gesehen hatten, sollte sie wieder werden. Sie sollte wieder zu der prunkvollen Metropole werden, die sie mal gewesen war. Der Ort, an dem der Schöpfer mit seinem Volk einst gelebt hatte, bevor er beschlossen hatte, die Welt der Lebenden zu betreten. Als Cat Luna wieder losließ, legte sie den Kopf fertig zur Seite und erkannte dabei die Silhouette von Flaffy, sie ergriff Cats Hand und zerrte ihn zu Flaffy. Luna umarmte den halben Flaffy, sie war so glücklich, dass er noch lebte.

„Junge, hast du uns einen Schrecken eingejagt", schüttelte Cat den Kopf.

„Tut mir leid, aber ich hatte die Hoffnung, es zu überleben. Aber wisst ihr, ich will nur noch zurück auf die Titan und erst mal 'ne Runde auf meiner Couch verbringen", antwortete Flaffy.

„Der Wunsch sei dir gewährt", lachte Cat.

Die Truppe machte sich gemeinsam auf den Weg zurück auf die Titan. Das Portal schien unweigerlich in den großen Saal zu führen. Sie traten durch das Portal in der Angst, dass die Titan vollkommen leer sein würde. Doch auf der anderen Seite wurden sie von dem Gegenteil überzeugt. Die Tribünen waren voll. Alles jubelte und feierte sie. Sie waren alle noch da, es war kein einziger gestorben.

Sie traten alle durch das Portal. Zuerst kamen Wraith und Yurai, danach CS und Reaktion. Titan und der halbe Flaffy waren die nächsten. Als letztes durchquerten Cat Steloun und Luna Pereira Aurora Hand in Hand das Portal. Sie wurden gefeiert. Aber das war für sie schon fast unwichtig, sie wollten einfach nur zusammen auf die Brücke. Sie gingen den Saal entlang, verließen ihn und trafen sich auf der Brücke wieder.

„Ist ja gerade nochmal alles gut gegangen“, fasste Titan den Kampf zusammen. Alle stimmten leise nickend zu.

„Aber wir haben das Buch trotzdem nicht gefunden, obwohl es sich in der Obhut des Netzes befinden sollte“, warf Reaktion ein.

„Also gibt es noch einen weiteren Spieler in diesem verwirrenden Spiel.“ Und Cat drehte sich zu den Sternen und tat so, als würde er sich einen greifen. „Aber jetzt können wir aufatmen, wir haben die Schöpfung gerettet, das muss für heute ausreichen.“ Cat öffnete die Faust und es schien so, als wäre an dieser Stelle in weiter Ferne ein Stern entstanden.

Danksagung

Die Zeiten verändern sich, also müssen wir uns auch verändern. Wir mussten das akzeptieren. Meine Freunde haben es sich erlaubt zu vergessen. Viele der besten Erinnerungen sind damit gestorben. Sie sind Vergangenheit. Die besten Geschichten gingen verloren. Deswegen schreibe ich sie auf und hoffe darauf, dass andere sie lesen und dass sie immer in Erinnerung bleiben, egal, wie absurd oder auch unverständlich sie klingen. Auch in diesem Buch möchte ich meinen Freunden danken, denn sie haben es erst möglich gemacht. Leider gibt es im Leben immer Menschen, die einen verlassen, die nicht mehr Teil des Lebens sind. Deswegen möchte ich denen danken, die mir bei diesem Buch geholfen haben.

Philipp M. Seyler
Amon Kaufmann
Ferdinand Forst
Marc Suter

Ich möchte mich vor allem bei meinem Freund Hannes Michel bedanken, der sich zwei tolle Charaktere ausgedacht hat. Wem ich auch danken muss, ist Niklas Knauf, der auch einen Charakter beigesteuert hat, der noch interessante Zeiten bringen mag. Ich danke euch allen, dass ihr mir geholfen habt.